中华优秀传统文化系列读物

墨学趣谈

孙中原　著

2017年·北京

图书在版编目（CIP）数据

墨学趣谈 / 孙中原著. — 北京：商务印书馆，2017
（中华优秀传统文化系列读物）
ISBN 978-7-100-14671-5

Ⅰ.①墨… Ⅱ.①孙… Ⅲ.①墨家②《墨子》—通俗读物 Ⅳ.①B224-49

中国版本图书馆CIP数据核字（2017）第152556号

权利保留，侵权必究。

（中华优秀传统文化系列读物）
墨学趣谈
孙中原　著

商　务　印　书　馆　出　版
（北京王府井大街36号　邮政编码 100710）
商　务　印　书　馆　发　行
三河市尚艺印装有限公司印刷
ISBN 978-7-100-14671-5

2017年12月第1版	开本 880×1230　1/32
2017年12月第1次印刷	印张 13 3/4

定价：48.00元

创转创发相融通
《中华优秀传统文化系列读物》丛书序

习近平总书记 2014 年 9 月 24 日在纪念孔子诞辰研讨会讲话说，要"努力实现传统文化的创造性转化、创新性发展，使之与现实文化相融相通"。本丛书取名为《中华优秀传统文化系列读物》。以下简述本丛书著作的宗旨、缘起和内容。

一、宗旨

本丛书著作的宗旨，是弘扬中华优秀传统文化，阐发中华优秀传统文化"与现实文化相融相通"的意涵，推动中华优秀传统文化在新时代的"创造性转化、创新性发展"，为振兴中华，实现中华民族伟大复兴的中国梦，提供锐利的思想武器和强大的精神动力，致力于中华优秀传统文化的大众化、普及化，通俗易懂，有科学性、知识性和可读性，适合广大人民群众阅读。

二、缘起

本丛书著作,缘起于我跟商务印书馆多年良好的合作共事。经多年酝酿,编撰拙著《中国逻辑研究》,2006年由商务印书馆出版。2015年经全国哲学社会科学规划办公室组织专家评审,全国哲学社会科学规划领导小组批准,获2015年国家社科基金中华学术外译项目立项,译为英文,在国外刊行。合著《墨子今注今译》,2009年由商务印书馆出版,2012年第2次印刷更新。从2012年开始至今,我陆续跟商务印书馆签约,致力于本丛书的编撰。这是我1961—1964年奉调师从中国科学院哲学研究所汪奠基、沈有鼎教授,专攻古文献,历经数十年教学和研究积淀的成果。

三、内容

本丛书首批出版著作15种:

1.《五经趣谈》:趣谈《诗》、《书》、《礼》、《易》与《春秋》的义理。

2.《二十四史趣谈》:趣谈二十四史的启示借鉴。

3.《诸子百家趣谈》:趣谈诸子百家人物、流派、典籍与学说。

4.《古文大家趣谈》:趣谈古文大家的文学精粹。

5.《墨学趣谈》：趣谈墨学的知识启迪。

6.《墨子趣谈》：趣谈墨家的智慧辩术。

7.《墨学与现实文化趣谈》：趣谈墨学与现代文化的关联。

8.《墨学与中国逻辑学趣谈》：趣谈墨学与中国逻辑学的前沿课题。

9.《中国逻辑学趣谈》：趣谈中国逻辑学的精华。

10.《诡辩与逻辑名篇趣谈》：趣谈先秦两汉的诡辩与逻辑名篇。

11.《诸子百家逻辑故事趣谈》：趣谈诸子百家经典的逻辑故事。

12.《中华先哲思维技艺趣谈》：趣谈中华先哲的思维表达技巧。

13.《东方逻辑趣谈》：日学者趣谈中印西方逻辑，著者授权译介。

14.《管子趣谈》：趣谈《管子》的治国理政智谋。

15.《墨经趣谈》：趣谈《墨经》的科学人文精神。

本丛书著作，由商务印书馆编审出版，谨致谢忱。不当之处请指正。

孙中原

2016 年 4 月 10 日

前　言

墨子（约前468—前376）是中国古代伟大的思想家、科学家、教育家、军事家和社会活动家。由他创始的墨家学派代代相传，从公元前5世纪到前3世纪，在中国兴盛了数百年之久。从战国到秦汉，墨子跟孔子齐名，墨家与儒家并显，学者常以孔墨对举、儒墨并称。

墨子及其后学所创立和发展的墨学，是包含多学科的综合性学术思想体系，如对经济、政治、伦理、教育、哲学、逻辑、自然科学技术、军事等，都有精深独到的创见，在中国文化史和世界文化史上占有极其重要的地位。

秦汉以后，由于儒学特显，而致墨学中绝，几乎沦于无人研究的境地，直至清中叶到近现代，才逐渐由对《墨子》的校勘、训诂和考据，进而到研究。

墨学研究是跟中国学术文化的现代化同步进行的。随着研究的深入，就愈能发现墨学的重要历史价值和巨大的现代意义。如墨家崇尚自然科学技术和逻辑的精神，墨家后学感性和理性并重的认识论等，都是值得我们继承和发扬的。墨家阐发积极防御军事思想的著作，与《孙子兵法》相配，恰似中国古代军事经典宝库中的双璧，在以和平与发展为主题的现时代，越发显示出其重要的价值和意义。

本书从横的方面，展开对墨学的分科研究。例如对墨家的经济、政治、伦理、教育、哲学、逻辑、自然科学技术、军事等思想，无不详为论列。从纵的方面，探讨墨学的渊源流变及其影响。试图由分析而综合，运用逻辑和历史相统一的方法，对墨学进行全面系统的探索。

当然，我们所谓墨学复兴，只是汲取墨学中的精华和合乎今天需要的成分，并不是要全盘照搬墨学于今日。本书就是尝试对墨学做一宏观和微观的分析。既曰尝试，也就只是笔者对墨学探索过程的一个阶段，其中的分析与结论均非自认为是最后的、不可更改的。笔者欢迎同仁的批评讨论。谨以此书献给一切关心墨学和中国文化与建设的人们。

目 录

第一章 千古华夏一显学：论墨学的创立和发展 …………1
　第一节 石破天惊，横空出世：墨学的诞生 …………1
　第二节 推陈出新，后来居上：墨学发展的新阶段 ……6
第二章 考虑平民的利益：墨家的经济、政治、
　　　　伦理和教育学说 …………………………………16
　第一节 论生产、节约和商品交换：墨家的经济学 …16
　第二节 推崇贤才，倡导统一：墨家的政治学 ………30
　第三节 兼相爱和交相利：墨家的伦理学 ……………38
　第四节 智少则学，智多则教：墨家的教育学 ………54
第三章 走向真理之路：墨家的哲学 ……………………60
　第一节 从有神到无神：墨家的世界观 ………………60
　第二节 从三表法到"摹物"之学：一个杰出认识
　　　　 论系统的诞生 …………………………………78
　第三节 同异交得，两而勿偏：辩证的方法论 ………113

第四章　名辩学的高峰：墨家逻辑 ……………… 133
　　第一节　摹略万物之然，论求群言之比：墨家逻辑的
　　　　　　宗旨 ………………………………………… 133
　　第二节　论语词、概念和范畴 ………………………… 141
　　第三节　论语句和判断 ………………………………… 157
　　第四节　论形式逻辑的基本规律 ……………………… 174
　　第五节　论推理、证明和反驳 ………………………… 184
第五章　由工匠之巧中升华：墨家的自然科学
　　　　和技术 ………………………………………… 241
　　第一节　没有规矩不能成方圆：《墨经》的数学
　　　　　　理论 ………………………………………… 241
　　第二节　举之则轻，废之则重：《墨经》的力学
　　　　　　之谜 ………………………………………… 265
　　第三节　异彩纷呈，独树一帜：《墨经》的
　　　　　　几何光学 …………………………………… 284
第六章　积极防御战的经典：墨家的军事学 ………… 304
　　第一节　非攻：反对攻伐掠夺 ………………………… 304
　　第二节　救守：主张积极防御 ………………………… 309
　　第三节　由止楚攻宋到劝卫蓄士：为非攻救守而
　　　　　　游说 ………………………………………… 320

第四节 举全城之民皆兵：防御战中的军队编制 … 331
第五节 备者国之重也：防御战中的武器装备 …… 353
第六节 城者所以自守也：防御战中的工程设施 … 364
第七节 守城者以急伤敌为上：防御战中的战术 … 375

第七章 绝学重光待琢磨：墨学的命运和现代价值 … 384
第一节 长夜星光，空谷足音：墨学的中绝
　　　　和研究点滴 …………………………… 384
第二节 否极泰来，绝学再兴：墨学研究的重振
　　　　和展望 …………………………………… 402

参考文献 …………………………………………… 418
后　记 …………………………………………… 427

第一章　千古华夏一显学：
论墨学的创立和发展

第一节　石破天惊，横空出世：
墨学的诞生

在华夏的传统文化中，有一个不容忽视的重要学术思想体系，这就是曾经盛行于神州大地的墨家显学。韩非（约前280—前233）说："世之显学（著名学派），儒、墨也。儒之所至，孔丘也。墨之所至，墨翟也。"（《韩非子·显学》）这表明由墨翟所创始的墨学，确曾跟孔丘所创始的儒学，处于分庭抗礼、并驾齐驱的显赫地位。

墨子姓墨名翟。战国初鲁国人，主要活动年代约在孔子（前551—前479）死后和孟子（约前372—前289）生前这段时间。关于墨子的生卒年，没有留下确切史料。清孙诒让（1848—1908）考证墨子约生于公元前468年，卒于公元前376年。任继愈认为墨子约生于公元前480年，卒于公元前420年。还有其他一些不同说法。总之，关于墨子生卒年的确定，目前学术界还没有取得一致认识。

关于墨子的出身，历史上也没有留下具体可靠的史料。根据《墨子》和《韩非子》、《淮南子》等书记载，我们可以推断墨子是一位由手工业工匠而上升的士（知识分子）。

大量资料表明，墨子熟悉木工和其他手工业技术。他的木工技艺可以跟古代名匠公输般（鲁班）相媲美。墨子自称能"须臾斫（砍削）三寸之木，而任五十石之重"。（《墨子·鲁问》，以下只注篇名）表明他会做大车。墨子还亲自制作"守御之器"（守城器械），帮助宋国守城。他在楚惠王（前488—前432年在位）面前，用小木片代表各种攻守城池的器械，把公输般比输了。（《公输》）说明墨子熟悉当时各种各样的军事器械。

墨子曾用木片制成会飞的老鹰，并亲自操作演示，弟子们见了说："我们的老师真巧啊！竟能使木鹰飞起来！"（《韩非子·外储说左上》、《淮南子·齐俗训》）墨翟经常用"百工"（即各种手工业工匠）的技巧作为谈话论证的资料。（《法仪》、《尚贤》、《节用》、《天志》和《非命》等篇）墨子熟谙各种手工业技艺，思想感情比较接近劳动人民，这是他的学说带有强烈人民性的根源。

庄子（约前369—前286）后学赞扬墨子"好学而博"

(《庄子·天下》)。墨子仰慕周公"朝读书百篇"的学习精神，称自己"上无君上之事，下无耕农之难"，所以更要发愤攻读。墨子连外出游说，车中也"载书甚多"。(《贵义》)他平日谈话和讲演，经常引用《诗经》和《书经》等古代典籍，并自称看过百国《春秋》(即历史书)，可见其知识面之广。

墨子对包括儒学在内的中国传统文化功底深厚。他曾向周王朝的礼官史角的后代学习过周礼。《吕氏春秋·当染》篇说，鲁国的国君曾派人去向周天子请教"郊庙之礼"，周天子派礼官史角去鲁国传授周礼，鲁国国君把史角留了下来。于是史角的后代就居住在鲁国。墨子早年曾向史角的后代学习过。《淮南子·主术训》说："孔丘墨翟，修先圣之术，通六艺之论，口道其言，身行其志，慕义从风。"可见墨学和儒学有部分相同的渊源，也都讲究仁义之道。墨子承认孔子学说中有"当而不可易"(恰当而不能改变)的客观真理成分，就像"鸟闻热旱之忧则高，鱼闻热旱之忧则下"这些天经地义的道理一样，是谁也无法否定的。所以墨子有时也称引、转述孔子的话，作为论证的根据。(《公孟》)

西汉淮南王刘安说，墨子曾"学儒者之业，受孔子之术"，后来发现"其礼烦扰而不悦(烦琐不易实行)，厚葬靡财而贫民，久服伤生而害事"，于是"背周道而用夏政"。(《淮南子·要略》)墨子推崇传说中原始社会末期部落联盟领袖和治水英雄夏禹。他称颂夏禹亲自拿着土筐、木锨，疏通江河，治理洪水，奔波劳累得股上没有肉，腿上没有毛，是为了天下的利益而不辞劳苦的大圣人。他要求自己的门徒效法夏禹，"以裘褐为衣，以跂蹻为服，日夜不休，以自苦为极"，并说："不能如此，非禹之道也，不足谓墨。"(《庄子·天下》)可见墨子的学术，渊源于儒学，又不同于儒学。墨学在自身成长过程中，逐渐跟儒学分道扬镳，形成了独具特色的学术思想体系。

有一次，墨子外出游说，跟从的弟子魏越问墨子："您见到四方的君主，将先说什么呢？"墨子说：

凡入国，必择务而从事焉。国家昏乱，则语之尚贤尚同。国家贫，则语之节用节葬。国家喜音沉湎，则语之非乐非命。国家淫僻无礼，则语之尊天事鬼。国家务夺侵凌，则语之兼爱非攻。故曰，择务而从事焉。(《鲁问》)

所谓尚贤、尚同、兼爱、非攻、节用、节葬、天志、明鬼、非乐、非命，是墨子有关社会政治、经济、伦理、哲学、宗教、文化教育和军事学的十个论题。在流传到今天的《墨子》一书中，恰有与此相应的篇章，专门阐述这些论题。

今本《墨子》是墨家著作的总集。其中《尚贤》至《非命》各篇，大多有"子墨子曰"（我们的老师墨子说）的字样，说明它们是弟子记述老师墨子的谈话、讲演资料，经编纂整理而成的。《非儒》、《耕柱》、《贵义》、《公孟》、《鲁问》、《公输》各篇，是墨子的学说和传记资料。《亲士》、《修身》、《所染》、《法仪》、《七患》、《辞过》、《三辩》各篇，也从不同角度记载和发挥了墨子学说。《备城门》以下各篇，则记载、发挥了墨子的军事学说。

清学者俞樾（1821—1907）曾经"推而论之"说："墨子惟兼爱，是以尚同。惟尚同，是以非攻。惟非攻，是以讲求备御之法。"（《墨子间诂·序》）扩而言之，由于讲求备御之法，进而制造备御之器。由于制造备御之器，进而钻研自然科学。为了宣传学说，游说辩论，进而钻研谈辩技巧，成为中国古代逻辑的奠基人。

"女娲炼石补天处，石破天惊逗秋雨。"紧跟着儒、道之学而横空出世的墨子学说，从政治、经济到自然科学、逻辑，无所不包，真可谓"达于天人之理，熟于事物之情"，内容丰富，包罗宏广，是一个带有很大综合性的学术思想体系，在中国文化史上产生了深远的影响。

墨学具有跟儒学不同的内涵和风貌。儒学在古代被称为"圣王之道"或"君子之学",而墨学则被叫作"役夫之道"或"贱人之所为"。(《荀子·王霸》;《贵义》)墨子的学说表达了被役使的劳动者的要求,体现了"农与工肆之人"的利益。(《尚贤上》)楚国大臣穆贺曾称墨子学说是"贱人之所为",所以楚王不能应用。(《贵义》)这说明,墨学在其产生时期,本来就是属于一种民间的学问,即所谓"私学",而不是当时统治者的所谓"官学"。

第二节 推陈出新,后来居上:墨学发展的新阶段

一、墨学的成熟和分化

"芳林新叶催陈叶,流水前波让后波。"墨学不是一成不变的学术思想体系,而是在发展中逐渐成熟和分化。韩非说:"自墨子之死也,有相里氏之墨,有相夫氏之墨,有邓陵氏之墨。"按韩非的说法,墨子死后,墨家分为三派,这就是所谓后期墨家。他们"取舍相反不同",而皆自谓真墨。(《韩非子·显学》)《庄子·天下》篇也说:"相里勤之弟子,五侯之徒,南方之墨者苦获、已齿、邓陵子之属,俱诵《墨经》,而倍谲不同(解释不同),相谓别墨(称对方是非正统墨家)。以坚白同异之辩相訾,以奇偶

不忤之辞相应（互相辩论）。以巨子为圣人，皆愿为之尸（把巨子拥戴为首领）。冀得为其后世，至今不决（希望墨家代代相传，至今没有断绝）。"《吕氏春秋·去宥》篇提到"东方之墨者谢子"和"秦之墨者唐姑果"。墨家集团的人曾经遍布祖国的南北西东。《吕氏春秋·有度》篇说："孔墨之弟子徒属充满天下。"《当染》篇说："（孔墨）从属弥众，弟子弥丰，充满天下。""孔墨之后学，显荣于天下者众矣，不可胜数。"可见在墨子死后，墨学确曾有很大的发展。墨子后学的活动范围比墨子更广，足迹踏遍神州大地。

墨子死后，墨家内部分为许多派别，他们相互之间存在着激烈的争论，这是学术发展中的正常现象。真理在辩论中发展，愈辩则愈明。包含在今本《墨子》中的《墨经》，就是墨者经过长期辩论而总结的科学理论著作，它反过来又成为墨者共同诵读的经典。《墨经》代表了墨学发展中具有新质的阶段。我们这里所说的"墨学"，既包括以墨子为代表的前期墨学，也包括以《墨经》为代表的后期墨学。有的论者把墨学主要理解为墨子本人的学说（以十大论题为代表），而相对忽视了《墨经》中的科学内容，这是不可取的。

治学如积薪，后来者居上。以《墨经》为代表的后期墨家思想，同以十大论题为代表的墨子思想有某些共同点，如均维护"兼爱"学说，主张功利主义、利他主义等。但二者又有质的区别。如狭义《墨经》四篇（即《经》上下和《说》上下）彻底抛弃了墨子"天志"、"明鬼"的宗教迷信思想，而坚持唯物主义一元论的宇宙观；抛弃了墨子的经验论倾向，而坚持感性与理性并重的认识论；系统地发展了自然科学和逻辑学；等等。显然，后期墨学是前期墨学在发展中的继承和具有新质的阶段。

墨子的主要活动年代在公元前5世纪，而后期墨家活动的时代在战国中、后期，约公元前4世纪至前3世纪中叶的150年间。后墨的学术思想，在当时诸子之林中可谓异军突起，光辉灿烂。它综合了各家之长，摒弃了各家之短，是战国时期百家争鸣在科学和逻辑学上的杰出总结。与先秦各家相比，墨家（尤其是后期墨家）是最重视科学和逻辑思维的一家。

《庄子·天下》篇说的为后期墨家所"俱诵"的《墨经》，应是指《墨子》书中的《经》上下和《经说》上下。因为正是这些篇总结了先秦的"坚白同异之辩"，充满了庄子后学所谓的"奇偶不仵之辞"。"奇"指讲演，"偶"指辩论，"不仵"即不同的各科知识。①《墨经》是

---

① 唐成玄英《庄子·天下》篇疏："独唱（即讲演）曰奇，对辩（辩论）曰偶。"唐陆德明《释文》："仵，同也。""不仵"即不同。

后期墨家讲演、辩论各科知识的记录和教材。这些篇内容连贯，写作体例有统一安排，是一部一气呵成的著作。其中一个主要内容是研究辩论的形式、方法和规律，所以又有人把它叫作《墨辩》。晋朝的鲁胜有《墨辩注》一书（已佚），其序中说："《墨辩》有上下《经》，《经》各有《说》，凡四篇。"（见《晋书·隐逸传》）鲁胜有时又把《墨经》（或《墨辩》）叫作《辩经》，即研究辩论的"经"。这是从辩论角度或以泛逻辑的眼光来看待《墨经》。

"经"在战国末期是一种写作的体裁。它用极简练的语言概括表达一个思想，然后在《经说》里加以解释。这是为了学习、诵读和记忆的方便。《韩非子》中有内外《储说》，也是这样的体裁。后来又有人把《大取》、《小取》也算进去，叫作《墨经》。清汪中（1745—1794）在《述学·墨子序》中说："《经上》至《小取》六篇，当时谓之《墨经》。"清孙诒让也说："《墨经》即《墨辩》，今书《经》、《说》四篇，及《大取》、《小取》二篇，盖即相里子、邓陵子之伦所传诵而论说者也。"（《墨子后语》）

到今天，《墨经》和《墨辩》的名称同样流行，都是指《墨子》书中的《经上》至《小取》六篇。为了行文方便，我们把这六篇叫广义《墨经》，而把《经》上下和《经说》上下四篇叫狭义《墨经》。

二、关于《墨经》的作者

关于《墨经》作者，历来有两种意见。一种意见是认为《墨经》全部或部分为墨子自著，如鲁胜、毕沅、梁启超、栾调甫、高亨和詹剑峰等。另一种意见认为是后期墨家所著，如汪中、孙诒让、胡适、冯友兰和张岱年等。我认为第二种意见似较为合理。

（一）《墨经》全部或部分为墨翟自著说

鲁胜《墨辩注序》说："墨子著书，作辩经以立名本。"他所谓辩经，即指《墨经》。

毕沅《经上》注云："此翟自著，故号曰《经》。"又《墨子注序》云："《经上》、《经下》疑翟自著。"

梁启超在《墨子学案》中说："《经》上下当是墨子自著。《经说》上下，当是述墨子口说，但有后学增补。《大取》、《小取》，是后学所著。"①

栾调甫在《墨子研究论文集》中说："《经》上下篇，墨子所著，以'经'题篇之义，盖谓：篇中所载，皆其根本教义。"②

高亨认为："《墨经》初本当是墨翟自作。"引《墨子·耕柱》篇载墨子说"能谈辩者谈辩"，说"墨子教授

---

① 梁启超：《墨子学案》，商务印书馆1921年版，第14页。
② 栾调甫：《墨子研究论文集》，人民出版社1957年版，第116页。

弟子，是重视辩论的"，并引《庄子·天下》篇载墨徒"俱诵《墨经》"的话，说："因为《墨经》初本是墨子自作，所以墨徒都读它，而称它作《经》。但是《墨经》两篇也有墨徒增补的文字，至于《经说》两篇大概都出于墨徒之手了。"①

詹剑峰认为《墨经》"大体是墨子自著，但其中不无墨家后学增益和引申的部分"。其理由有四：第一，"如果这部《经》不是墨子著的，怎样能使各派墨者'俱诵'呢？所以我们说，从'俱诵《墨经》'一语就可证实墨子著《经》"。第二，"从墨子献书以证明墨子著《经》"。（《贵义》篇曾述及墨子南游于楚，献书惠王事）第三，"从鲁胜《墨辩注序》以证明墨子著《经》"。第四，"从墨子的言行以证明墨子著《经》"（"只有墨子能著《经》及《说》四篇那样的'良书'"）。②这些理由似乎比较牵强，其论证也缺乏说服力，问题还容有讨论余地。

（二）《墨经》为后期墨家所著说

汪中《述学·墨子序》说，《墨经》六篇为墨子之"徒诵之，并非墨子本书"。他认为《墨经》的时代相当于惠施、公孙龙的时代（战国中后期），"是时墨子之没

---

① 高亨：《墨经校诠·自序》，科学出版社1958年版，第1页。
② 詹剑峰：《墨家的形式逻辑》，湖北人民出版社1979年版，第224—229页。又见《墨子的哲学与科学》，人民出版社1981年版，第8—9页。

久矣",因此非墨子自著书。汪中在二百多年前(1780)首倡此说,见解是相当新颖的。

孙诒让在《墨子间诂》中针对毕沅《墨经》为墨翟自著的说法写道:"据《庄子》所言,则似战国之时墨家别传之学,不尽墨子之本旨,毕(沅)谓翟所自著,考之未审。"(见《经上》题注)笔者认为孙的意见似有一定道理。

胡适在《先秦名学史》中认为《墨经》六篇"绝非墨子所作",而是"后期或新墨家的著作",是在墨翟死后又过了很长一段时间才写出来的。其时代当在公元前4世纪后半期和公元前3世纪前半期,即惠施和公孙龙的时代。[1] 他在《中国哲学史大纲》(卷上)中也说:"这六篇中的学问,决不是墨子时代所能发生的。"[2] 因为从风格、文体、提法、理想、所讨论的问题、提出和阐述问题的方式等方面看,均与墨翟和前期墨家不同。

冯友兰在旧著《中国哲学史》中说:"《墨子》书中《经》及《经说》等篇,乃战国后期墨者所作。"他的理

---

[1] 胡适:《先秦名学史》,学林出版社1983年版,第76、52、57、58页。
[2] 胡适:《中国哲学史大纲》(卷上),商务印书馆1932年版,第186—187页。他在该书中用了一个含混的说法,引起许多人反对。他说:"《墨辩》诸篇若不是惠施、公孙龙做的,一定是他们同时代的人作的。"说是惠施、公孙龙做的不对,因为施、龙与墨家不是一个学派,如说是施、龙同时代墨者做的则有可能。

由是《墨经》为经之体裁，战国前期尚无此体裁之著作。"《大取》、《小取》篇皆为据题抒论之著述体裁，亦非墨子时代所有。"① 且六篇中所说的一些辩论皆以后所有。冯氏在《中国哲学史史料学初稿》中又说，《墨经》六篇的内容（自然科学、认识论和逻辑）"不是墨子时代所有的"。在这六篇中对先秦其他各派的批评，也只有在各学派相当发展以后才能有。从形式方面看，是使用的战国末期流行的经体。"根据这些情况，我们认为这六篇是后期墨家的作品。当然，所谓后期也还代表一个相当长的时期；这六篇也并不是一人一时所作。"②

张岱年在《中国哲学史史料学》中说："从（《墨经》）这六篇的内容看，有对公孙龙言论的批驳，有对庄子思想的批驳。而庄子、公孙龙都比较晚。因此，这六篇是战国中期以后的作品，是这一时期的墨家学者即后期墨家所作。"③

我们认为，《墨经》六篇同前期墨家的著作似乎是属于两个不同时期的文献。因为战国时代的著作，大都是

---

① 冯友兰：《中国哲学史》，中华书局1961年版，第110—111页。
② 冯友兰：《中国哲学史史料学初稿》，上海人民出版社1962年版，第37页。
③ 张岱年：《中国哲学史史料学》，生活·读书·新知三联书店1982年版，第57页。

"一家之言",即一个派别的著作,并非一定是一位学者的专著。我们看到,连代表墨翟和前期墨家思想的文献,都不一定是墨翟本人写的(是墨翟弟子对老师思想言论的记录和发挥)。那么,在思想内容与写作方法上,跟代表墨翟和前期墨家思想的篇章有质的不同的《墨经》,似更不能说是墨翟本人写的,而可能是后期墨家的著作。

《墨经》中所论述的问题,大都是属于战国中、后期争论得最激烈的问题,其中有些问题的提出,最早可溯源到春秋末战国初。但只有各种争论发展到一定程度,才能出现《墨经》这样的总结性论著。人类的认识总是由个别到一般,由具体到抽象,由零碎到系统地向前发展的。《经上》对宇宙万物到人类思维认识的众多概念范畴做出定义分类。《经下》列举各门科学的定理、原则及其论证的理由。《经说》上下对《经》做出有相当理论价值的解释和发挥。《大取》对逻辑学原理做出经典性的精辟概括。《小取》提出逻辑学的简明纲要。这种系统性、综合性、结论性的理论成果,没有先秦长期百家争鸣的基础,思想的酝酿、讨论和发展,怎么可能在战国初期就由墨派创始人墨翟和盘托出呢?《墨经》的成就,远在先秦百家争鸣中出现的各家各派之上。把它说成是墨翟和前期墨家的创作,似乎不符合学术文化发展的规律。我们曾用完全归纳的方法,研究了从墨翟和前期墨家到后期墨家逻辑范畴的演进，从范畴发展的角度，论证了前后墨家观点似属两个不同质的发展阶段，不宜混为一谈。① 因此，我们在论述墨学各方面的内容时，将力图探寻其发展的轨迹。

---

① 参见孙中原:《论墨家逻辑范畴的演进》，《求是学刊》1983年第3期。

第二章　考虑平民的利益：墨家的经济、政治、伦理和教育学说

第一节　论生产、节约和商品交换：墨家的经济学

墨子以及墨家学派的许多成员出身于劳动人民。他们终生没有完全脱离劳动，思想感情与劳动人民息息相通。关于国家和劳动者的经济生活，他们非常关心。因而在其著作中对涉及国计民生的重大经济问题发表了许多重要见解，特别是对生产、节约和商品交换，有精辟论述。

一、赖其力者生：论生产

墨子看出生产是人跟动物相区别的本质特征，他说：

> 今人固与禽兽、麋鹿、飞鸟、贞虫异者也。今之禽兽、麋鹿、飞鸟、贞虫，因其羽毛，以为衣裘；因其蹄爪，以为绔屦；因其水草，以为饮食。故虽使雄不耕稼树艺，雌亦不纺绩织纴，衣食之财，固已足矣。今人与此异者也：赖其力者生，不赖其力者不生。(《非乐上》)

即动物是靠自己的身体条件（羽毛蹄爪）和现成的自然条件（水草）来求生存，而不是靠生产来求生存。而人则不同：依靠自己的力量从事生产才能生存，反之就不能生存。墨子所说的"力"包含着以人力改变自然、创造财富（衣食之财）而从事生产的意思。墨子后学用人举起重物做例子，来阐明"力"的概念：

> 力，形之所以奋也。(《经上》21)[①]
> 力：重之谓，下举重，奋也。(《经说上》)

即力是形体运动的原因。《广雅·释诂》说："奋，动也。"人自下而上举起重物，就是力使形体运动的实例。墨子后

[①] 为了便于查阅检寻，我们在引《墨经》条文时，注出条文编号。编号次序据高亨《墨经校诠》。见该书第10—30页。下同。

学又把生命定义为形体和认识能力的结合。《经上》22：
"生，形与知处也。"也就是说，人生来就有从事生产劳动的能力。墨子虽然没有直接使用"生产"这个词，但他说的"力"间接地包含生产的意思，并且他所列举的"耕稼树艺"（耕种庄稼、栽培果树）和"纺绩织纴"（纺纱、织布），就是满足人们吃饭、穿衣等基本生活需要的生产劳动。

墨子运用冷静、理智的观察，认识到人与动物的本质区别在于生产劳动，这是一种非常精辟的见解。墨子的生产观点像一根红线，贯穿于他的全部议论，如墨子理想中治理国家的贤人就重视生产，劝民多聚菽粟而足食；他反对大国攻伐小国的掠夺战争，是由于这种战争耽误农时，伤害劳动力，破坏生产；他反对"厚葬久丧"的陋习，是由于这种陋习妨碍生产；他反对"命定论"，是由于人们相信穷为命中注定，则会懒散怠惰，不用力气生产，于是就会更加贫穷。可见，生产的观念是墨子学说的一个出发点和归宿。

墨子谈论得最多、最为重视的，是农业和农民的家庭纺织业生产。因为吃饭、穿衣是人们最基本的生活需要，"饥者不得食，寒者不得衣"，即所谓温饱问题，是最为迫切的社会问题。墨子说："凡五谷者，民之所仰也。""食者，国之宝也。""故食不可不务也，地不可不力也。""以时生财，固本而用财，则财足。"(《七患》)他把农业看作国民经济的根本、基础，这个基础需要得到巩固。农业要抓紧季节时令，要充分发挥土地的潜力。墨子认为社会应该保证有足够的劳动力来从事农业生产。他说："为者疾，食者寡，则岁无凶；为者缓，食者众，则岁无丰。"(《七患》)他打比方说，一个人有十个儿子，而只有一个儿子种地，却有九个儿子闲着没事，那么这个种地的儿子不能不着急，为什么呢？因为"食者众而耕者寡"，即张口吃饭的人多，而种地打粮食的人少。同样，一个社会如果从事农业生产的人少，而吃饭消费的人多，那也要造成严重的社会问题。

墨子劝人积极生产，强力而为。他说，人们强力从事，勤勉生产，就会带来富裕，能够吃饱、穿暖；而不强力从事，就会招致贫穷，只能忍饥受寒，所以不敢怠倦(《非乐上》、《非命上》)。在当时条件下，墨子主要是规劝农民增加劳动时间和提高劳动强度。他说农夫的"分事"是"早出暮入（起早贪黑），强乎耕稼树艺，多聚菽粟"，农妇的"分事"是"夙兴夜寐（早起晚睡），强乎纺绩织纴，多治麻丝葛绪"。他认为"禁耕而求获"，不劳而求富，是无法实现的谬想(《非乐上》、《非命上》、《节葬下》)。

墨子出身于工匠，会做大车，他的门徒也多半是各行各业的能工巧匠。他希望他所熟悉的各种手工业者也应该积极生产。他说:"凡天下群百工,轮车、鞼匏、陶冶、梓匠,使各从事乎其所能。"(《节用中》)即车工、皮革工、陶工、冶金工和木工等各种手工业者,都各自发挥所长,"修舟车,为器皿",制造各种产品,以供给民用。在战时,墨者集团就组织各种工匠,制造军用产品,以供给军需。

墨子及其后学不仅是强力从事、积极生产的宣传者,也是身体力行者。他们对于生产民用和军用器械、修筑民用与军用工事的劳动,肯于苦干。《庄子·天下》篇说墨者一生勤劳,累得腿肚子上没有了肉,小腿上失去了汗毛,还要互相鼓励着向前。这跟儒者鄙薄生产劳动,"贪于饮食"而"惰于作务"的风气大相径庭。

不过,墨子也并不是一味鼓吹增加劳动时间,提高劳动强度,而不关心劳动者的休息和劳动过程中技术、技巧的提高。墨子的理想是"使饥者得食,寒者得衣,劳者得息"(《非命下》),而把"饥者不得食,寒者不得衣,劳者不得息"视为老百姓的三项"巨患",必欲加以解决。墨子的学生禽滑厘承包防御工事的修筑和军事器械的制作,非常辛苦,墨子十分心疼他,专门预备了酒和肉,在泰山的茅草地上款待他,让他稍稍休息。由于墨子的提倡,其后学花费很大力气,研究农业和各种手工业技术、技巧,从中概括出数学、力学、光学和简单机械学的知识,其目的归根结底是为了提高生产的效率和效益。仅就应用杠杆原理的桔槔机来说，就在相关领域提高生产效率百倍。

墨子除了关心物质资料的生产，还注意人口即劳动力的生产。当时中国地广人稀，有许多荒地没有开垦，加上连年战事，人口锐减，更感劳动力不足。所以增加人口是当时的当务之急。墨子常把"人民之众"跟"国家之富"、"行政之治"并提，作为国家强盛的标志。因为人多，就能扩大垦殖，生产更多财富，使国家强盛。墨子反对当时统治者有碍人口增殖的几种做法：一是统治者"使民劳，税敛厚"，"民财不足"，冻饿而死；二是诸侯兴师，"攻伐邻国，久者终年，速者数月"，便"男女久不相见"；三是"厚葬久丧"，"败男女之交"；四是君主蓄养宫女姬妾，"大国数千，小国累百"，使"男女失对"。为此，墨子主张实行古代早婚的风俗，男子二十娶妻，女子十五出嫁。墨子的这些议论，当然是根据当时的历史条件而发，而非今日情况可比。

二、墨术诚行，天下尚俭：论节约

节约尚俭是墨子的一个基本思想。他的一个主要论题是"节用"，即主张节约开支，反对浪费。他解释"节用之法"说："使各从事其所能，凡足以奉给民用则止。诸加费不加于民利者弗为。"（《节用中》）即各尽所能，从事生产，而消费则以保持基本生活条件为限，超过这个限度，对老百姓不利的消费就算是浪费。墨子认为，如果把所有浪费现象都消灭，"去其无用之费"，则国家的财富"足以倍之"（等于增加一倍）。这是多么可观的一个数字啊！（《节用上》）

墨子主张，社会财富除用于必要的消费之外，还应该有必要的储备。他说："备者国之重也。""仓无备粟，不可以待凶饥。库无备兵（兵器），虽有义不能征无义。""国罹寇敌则伤，民见凶饥则亡，此皆备不具之罪也"，有备无患。储备了足够的粮食，就可以比较顺利地度过荒年。储备了足够的武器，就可以有效地抵御外来侵略。

在衣、食、住、行、丧葬等各方面，墨子都主张贯彻节约的观点。他在阐述节约的主张时，反映了当时部分劳动人民，即所谓"农与工肆之人"的利益，把批评的矛头直接指向当时的统治者，对他们的奢侈浪费行为进行了毫不留情的揭露和谴责。

墨子认为穿衣服只要能"冬以御寒，夏以御暑"就足够了，不求过分华丽好看。而当时的统治者对待穿戴，一定要重重搜括老百姓，残暴地掠夺人民的"衣食之财"，做成"锦绣文采靡曼（轻细）之衣"，还要"铸金以为钩，珠玉以为佩"，命令"女工作文采，男工作刻镂，以为身服"。这是"殚财劳力,毕归之无用"。如此形成风气,则"其民淫僻而难治,其君奢侈而难谏",必然导致天下大乱。所以,要想把国家治理好,在穿衣方面不能不提倡节约。

饮食只要能"增气充虚,强体适腹"就可以了。而当时的国君,却"厚作敛于百姓,以为美食刍豢蒸炙鱼鳖,大国累百器(要一百个餐具盛装),小国累十器,前方丈(摆满一方丈大的桌面),国不能遍视,手不能遍操,口不能遍味",吃不完就扔掉。"富贵者奢侈,孤寡者冻馁",形成鲜明对照。这也必然导致天下大乱。要想治理好国家,在饮食方面不能不提倡节约。

住房只要能避潮湿、"御风寒"、"别男女之礼"就可以了,不是为了好看。而现在的国君,"必厚作敛于百姓,暴夺民衣食之财,以为宫室。台榭曲直之望,青黄刻镂之饰",耗费大量财力,搞得"国贫而民难治"。要想治理好国家,在住房方面一定要提倡节约。

制造舟车,讲究"用财少",而得利多,只要能"完固轻利",足以"任重致远"就可以了。而现在的国君,制造舟车,"必厚作敛于百姓","饰车以文采,饰舟以刻镂。女子废其纺织而修文采,故民寒。男子离其耕稼而修刻镂,故民饥",这也必将导致天下大乱。要想治理好国家,行的方面一定要节俭。

墨子制订"节葬之法"说:"棺三寸足以朽骨,衣三领足以朽肉;掘地之深下无沮漏,气无发泄于上,垄足以期其所,则止矣。哭往哭来,返从事乎衣食之财。"埋葬死人,以有利于活人的卫生为原则。封土堆能让人知道埋葬的地方就可以了。送葬的人哭着去,哭着回来,接着就可以参加生产,用不着长时间守丧。这种"节葬之法"的实质是节俭节哀,以有利于人民的生产与生活为目的。而当时的统治者提倡"厚葬久丧",要求"棺椁必重,葬埋必厚,衣衾必多,丘垄必巨"。"虚府库,然后金玉珠玑比乎身,纶组节束车马藏乎圹,又必多为幄幕鼎鼓几筵壶鉴,戈剑羽旄齿革,挟而埋之。"送死就像大搬家,把生前奢侈生活所需一应埋入地下。"厚葬"是把人民创造的巨量财富埋入地下,是统治者生前奢侈靡费的延续。而"久丧"是"久禁从事",即长期耽误物质资料的生产,并且"败男女之交",又耽误劳动力的生产,所以墨子把"厚葬久丧"比喻为"禁耕求获"(禁止耕种而想求得收获)、"负剑求寿"(把利剑的刃放在脖子上而想求得长寿),真是愚不可及,荒谬绝伦。所以墨子认为"厚葬久丧"是亟须革除的恶劣习俗。

除了在衣、食、住、行、丧葬各方面贯彻节约观点外,墨子主张在文化娱乐上也应节约。历来引起争论的是墨子"非乐"的论题。"非乐",从字面上说是否定音乐。否定音乐，取消群众的文化娱乐活动，自然大家是不赞成的。但是墨子"非乐"，主要是针对当时统治者用搜刮来的财富大办音乐，恣意享乐，从而给人民带来的深重灾难。墨子揭露说："上不厌其乐，下不堪其苦。"统治者的欢乐是建立在老百姓的痛苦之上，以老百姓的痛苦为代价的。

据《史记·田敬仲完世家》记载，齐康公是个"淫于酒、妇人，不听政"的昏君，他指使人为他操办有一万名演员参加表演的大型音乐歌舞，供他随意游乐。墨子在《非乐》的专题讲演中曾予以抨击：

> 昔者齐康公兴乐《万》，万人不可衣短褐，不可食糟糠，曰：饮食不美，面目颜色不足视也。衣服不美，身体从容（举动）不足观也。是以食必粱肉，衣必文绣。此常不从事乎衣服之财，而常食乎人者也。是故子墨子曰：今王公大人惟毋（虚词）为乐，亏夺民衣食之财，以拊（兴）乐如此多也。是故子墨子曰：为乐非也。（《非乐上》）

齐康公兴办的这个取名为《万》的大型音乐歌舞，有万余名演员参加。于是这一万人就要吃得好，穿得漂亮。因为据说吃得不好，面部颜色不好看，声音不调和，眉目不能传递复杂的感情。衣服不漂亮，腰肢动作不美观。所以要吃精米肉食，穿锦绣文采。于是这些人不仅自己不能从事生产，还要广大劳动者用辛勤劳动供养。墨子认为统治者如此大办音乐歌舞，等于剥夺广大人民的衣食之财，因此必须加以反对。可见墨子"非乐"，是其生产观和节约论的必然引申，是墨子反映平民利益的经济思想中的应有之义。墨子全部"非乐"的专题讲演，都是发挥这个观点。

"夫妇节而天地和，风雨节而五谷熟，衣服节而肌肤和。"墨子用自然比喻人事，认为节约顺乎天理，合乎人情，是不得不如此的必然规律。他从历史经验中得出结论说，圣人节俭，小人淫逸，而"节俭则昌，淫逸则亡"（《辞过》），对当时统治者提出严厉警告。

墨子的节约论，在百家争鸣中是一个很突出的合理思想。司马谈《论六家要旨》说，墨子"强本节用，不可废也"，"强本节用，则人给家足之道也，此墨子之所长，虽百家弗能废也"，肯定墨子加强农业生产和提倡节约的思想，是墨学的长处，是其他各家都无法否定的真理。荀子也曾说"墨术诚行，则天下尚俭"（《富国》），即如果真的实行墨家思想，那么天下的人都会崇尚节俭。墨子提倡节俭，自己先身体力行。他自称"量腹而食，度身而衣"。弟子自述在墨子门下穿的是"短褐之衣"，吃的是"藜藿之羹"（《鲁问》）。墨子已有了"北方贤圣人"的盛誉，出远门还要步行。墨子关于节约的思想和精神，应该在新的条件下得到发扬。

三、价宜则售：论商品交换

墨子时代，"男耕女织"已成为农村中的普遍现象。墨子经常把"农夫耕稼树艺，农妇纺绩织纴"挂在嘴上。当时养蚕、缫丝、治麻葛、纺纱、织布，是每位农妇的经常性工作（《非乐上》、《非命下》）。当时农民家庭手工业生产的布帛，已有小部分带有商品性质。农民通过集市贸易用布帛交换其他商品。

这时，个体经营的小手工业已普遍存在。墨子曾说"凡天下群百工，轮车、鞼鞄、陶冶、梓匠"（《节用中》），即车工、皮革工、陶工、冶金工、木工。在大小城市或乡村小镇上，已遍布经营各种商品的店铺，叫作"肆"。坐地买卖，摆摊售货，或往来贩贱卖贵赚取利润的商人阶层已经形成。墨子说："商人之四方，市价倍蓰（蓰是五倍），虽有关梁之难，盗贼之危，必为之。"他把不怕路途遥远和盗贼抢劫危险而盘算着赢利（"计利"），看成"商人之察"，即商人的聪明、智慧（《贵义》）。农民、手工业者和商人，就是墨子常说的"农与工肆之人"。他们已经形成为一种强大的社会势力，以至于从中酝酿产生了代表其利益的墨家学派。墨子的议论在一定程度上喊出了他们的心声，代表了他们的智慧。

由于商品生产和交换的发展与货币的广泛流通，促使墨者大师们钻研商品交换规律：

买无贵，说在反其价。（《经下》130）刀（货币）籴（粮食、商品）相为价。刀轻则籴不贵，刀重则籴不易（贱）。王刀无变，籴有变。岁变籴，则岁变刀。（《经说下》）价宜则售，说在尽。（《经下》131）尽也者，尽去其以不售也。其所以不售去，则售。价也宜不宜在欲不欲（买方购物的欲求）。（《经说下》）

意思是，商品价格的贵贱不是绝对的、不变的，而是相对的、可变的。因为商品价格受货币币值和供求关系的制约，商品和货币相互比价。当货币贬值时，商品表面价格上涨，而实际价值并未上涨。当货币升值时，商品表面价格下跌，而实际价值并未下跌。如果国家规定的货币币值不变，因供求关系变化，商品价格也会有变化。而商品价格的变化，迟早也会引起币值的变化。

商品价格适宜，交易就会成功。这里关键在于对方不想买的原因是否都除去了。不想买的原因都除去了，交易就会成功。价格适宜不适宜，决定于买方是否有购物的需求。这说明"宜"（价格适宜）的概念不是绝对的、不变的，而是相对的、可变的。商品的价格受买方对该商品需求程度的制约。对方急切想买，价格宜于提高。对方不急切想买，价格宜于降低。

墨者在这里指出商品价格受货币币值和供求关系（包含商品供应的质量和买方的需求程度）的制约。其中心思想是主张根据具体情况灵活决定合适的价格，以促进交易的成功。墨者的议论在一定程度上反映了商品交换的规律。

墨者关于商品交换的思想，在其军事著作中也有反映：

> 民欲以财帛、粟米贸易凡器（一般器械）者，以平价予。
>
> 收粟米、布帛、金钱，出纳畜产，皆为平值其价，与主人券（物价债券），书之，事已，皆各以其价倍偿之。（《号令》）
>
> 民献粟米、布帛、金钱、牛马畜产，皆为值平价与主券（给予主人物价债券），书之。（《杂守》）

这里规定，老百姓在守城期间愿意用粮食、布匹交换一般器械的，依照公平合理的价格计值。在筹集备战物资时，政府收取老百姓的粮食、布匹、畜产，要按公平合理的价格，给主人发放物价债券，项目数量要书写清楚，如"某县某里某子献粟米六百石，每石值三十钱"，到战后给予加倍偿还。这里也贯彻了等价交换的商品经济原则。墨者这些主张都多少反映了当时"农与工肆之人"的利益、愿望和要求,在中国经济史上有一定意义。

第二节　推崇贤才,倡导统一:墨家的政治学

一、制衣索良工,理国选贤能——墨子"尚贤"论

墨子独创学说,第一个论题就是"尚贤",即崇尚贤人。所谓"贤人",用现在的话说,就是德才兼备的人。《玉篇》:"贤,有善行也。"《说文》:"贤,多才也。"用墨子的话说,贤人,即"贤良之士",是"厚乎德行、辩乎言谈、博乎道术"的人,是有"智慧"的人,是道德高尚的"仁人"和知识渊博、能说会道的"智者"。墨子把这种德才兼备的贤人看作国家的珍宝、社稷的梁柱。他声称:"国有贤良之士众,则国家之治厚;贤良之士寡,则国家之治薄。"所以他把"尚贤"看作是"为政之本",即把选贤使能看作治理好国家的决定性因素。他认为国君的当务之急是鼓励、选拔和任用大批贤人。

在墨子的专题讲演中,他反复论证尚贤的重要,批评当时统治者在这个问题上的谬误:

今王公大人，有一衣裳不能制也，必借良工。有一牛羊不能杀也，必借良宰。故当若之（此）二物者，王公大人未尝不知以尚贤使能为政也。逮至其国家之乱、社稷之危，则不知尚贤使能以治之，亲戚则使之，无故富贵、面目姣好则使之。夫无故富贵、面目姣好则使之，岂必智且有慧哉？若使之治国家，则此使不智慧者治国家也。国家之乱，既可得而知也。（《尚贤中》）

今王公大人，有一疲马不能治，必索良医。有一危弓不能张，必索良工。当王公大人之于此也，虽有骨肉之亲，无故富贵、面目美好者，实知其不能也，必不使。是何故？恐其败财也。当王公大人之于此也，则不失尚贤而使能，逮至其治国家则不然，王公大人骨肉之亲，无故富贵、面目美好者则举之。则王公大人之亲其国家也，不若亲其危弓、疲、马、衣裳、牛羊之财与？我以此知天下之士君子，皆明于小而不明于大也。此譬犹喑者（哑巴）而使为行人（外交官），聋者而使为乐师。（《尚贤下》）

墨子在这里运用形式逻辑的类比推理和归谬法（或名之曰归谬式的类比推理），批评当时统治者在尚贤使能问题上言行的自相矛盾和荒谬。在日常生活中，做衣服、杀牛羊、医病马、修弓箭，都知道找有关的能人，而一到处理治国平天下的大事，就不知道尚贤使能，而只知任用血缘关系上亲近的人。墨子把他提出的"任人唯贤"的方针，跟当时统治者"任人唯亲"的方针，鲜明地对立起来，揭示了"任人唯贤"方针的合理性和"任人唯亲"方针的荒谬性。

实行"任人唯贤"的方针，"不辨贫富、贵贱、远迩、亲疏，贤者举而上之"，"不党父兄，不偏富贵，不嬖颜色（不宠爱脸蛋漂亮的人），贤者举而上之"。（《尚贤中》）即用人不区分血缘关系的亲疏远近，等级的贵贱，出身的贫富，只考虑一个人的德和才。这种德和才是可以通过后天学习得来的，即"学而能者"（《尚贤下》）。这就为出身贫贱，通过后天努力增长了知识才干的"贤人"、"智者"开辟了从事国家管理的广阔途径。墨子响亮地提出："官无常贵，而民无终贱，有能则举之，无能则下之。""虽在农与工肆之人，有能则举之。"（《尚贤上》）即打破官和民的传统界限，即使来自民间，出身农民、手工业者和商人，只要有能力，同样可以选拔出来参与国家管理。这在当时是一种非常大胆的、富有革命性和独创性的学术主张。

反之，任人唯亲只考虑血缘亲近、等级高贵和出身富有这些天赋的、世袭的、生来如此的条件，而这些条件并非是通过后天努力学习得来的，即"非可学而能者"（《尚贤下》)。这些天生的亲者、贵者、富者却未必是有德有才的贤人智者,而可能是一些愚蠢无能之辈,叫他们来管理国家,这就像让哑巴当外交官,叫聋子做乐队指挥,必然把事情搞乱搞糟。《非儒》篇开宗明义反对儒家提倡的"亲亲有杀,尊贤有等",也就是反对这种以血缘为基础的用人之道。所谓"龙生龙,凤生凤,老鼠的儿子会打洞"之类的谬论,也是这种根深蒂固的偏见。

墨子批评当时统治者,处理做衣服、杀牛羊、医病马、修弓箭这种日常小事,知道"尚贤使能",可是一到处理国家大事,反而不知道"尚贤使能",这就叫作"明于小而不明于大"或"知小物而不知大物",这是明显的自相矛盾、悖论与荒谬。制衣索良工,理国选贤能,在墨子看来是合乎逻辑的、天经地义的真理。墨子"尚贤"的学术主张,是建立在理智与科学基础上的。这种主张代表了平民,即墨子所谓"农与工肆之人"的利益,反映了他们要求提高自己的社会政治地位、参与国家管理的强烈愿望,喊出了劳动人民和由劳动人民出身的知识阶层的心声。

二、把贤人政治推向全国——墨子"尚同"说

墨子学说的第二个论题是"尚同",即崇尚统一。当时作为统一象征的周王朝已徒具虚名,而诸侯割据和连年战争搞得社会极不安定、民不聊生。"尚同"说是墨子为

解决这一迫切的社会问题所提出的方案。

"尚同"说是墨子"尚贤"论的延伸。墨子主张把贤人政治推广到全中国，让贤人担任从中央到地方各级政权的管理工作，形成中央集权、全国统一的政治局面。墨子打比方说，就像"丝缕之有纪，网罟之有纲"（丝缕有归总，渔网有总绳）一样，国家应该由贤人用仁、义来一统。墨子统一中国的方案，不是运用武力，而是通过游说，希望当时的统治者接受他的学说，然后通过自上而下的和平改革来实现。虽然后来中国的统一，是通过诸侯国长期的兼并战争，最后由秦始皇按照法家思想，运用武力来实现的，但墨子的"尚同"说作为战国早期的一家之言，仍有一定的历史与认识价值。

墨子在"尚同"的专题讲演中说，天下之所以混乱，是因为没有"正长"，即正确的各级长官。要使国家得以治理，应该"选择天下贤良、圣知、辩慧之人，立以为天子"。（《尚同中》）依次再选择贤人，立为三公（司马、司徒、司空，一说太师、太傅、太保）、诸侯国君、卿大夫，乡长、里长。在墨子的时代，盛行以血缘为基础的氏族贵族世袭、分封、等级制度，而墨子却试图以普遍的贤人政治取而代之，这应该说是一种大胆革新的主张，有进步意义。

在墨子所设计的政权结构蓝图中，从天子、诸侯到乡长、里长等各级长官都是由仁人、贤者中选拔任命的。各级长官由于都是由仁人、贤者来担当，他们首先便能够以身作则，推行仁义，然后上行下效，下边学着上边的样子做，这样全国便能够用仁义来一统了。

为了维持政权的良性运转机制，墨子主张运用批评、表扬、奖励和惩罚等方法，即运用认识和道德评价，以及行政和法律的手段。墨子说："上之所是，必皆是之。所非，必皆非之。上有过则规谏之，下有善则访荐之。上同而不下比（同）者，此上之所赏，而下之所誉也。""上以此为赏罚，甚明察以审信。"（《尚同上》）判断是非，属于认识和道德的评价。规谏是批评，访荐是表扬。《墨经》对批评、表扬、奖励和惩罚等概念做了专门规定，主张划清是与非、功和罪的界限：

> 诽，明恶也。（《经上》30）
> 诽之可不可以理。（《经说下》178）
> 誉，明美也。（《经说下》29）
> 赏，上报下之功也。（《经说下》36）
> 功，利民也。（《经说下》35）
> 罚，上报下之罪也。（《经说下》38）
> 罪，犯禁也。（《经说下》37）不在禁，虽害无罪。（《经说上》）

批评的目的是指明错误,批评的成立和不成立就看其是不是合理。表扬的目的是彰明优点。奖赏是上级报答下级的功劳。功劳是做出对人民有利的事情。惩罚是上级处置下级的罪过。罪过是违反国家法禁。如果一个行为不在国家法令禁止之列,那么虽然对社会有害(可以运用道德评价和舆论的力量来加以阻止),但却不属于犯罪,不需要动用刑罚。《墨经》这些规定和说明是精深独到的,至今还有启示意义。

墨子认为在全国统一的贤人政治下,"上下通情"(即上情下达,下情上达),所以办事的效率高而且准确。"上有隐事遗利,下得而利之。下有蓄怨积害,上得而除之。是以数千万里之外,有为善者,其室人未遍知,乡里未遍闻,天子得而赏之。数千万里之外,有为不善者,其室人未遍知,乡里未遍闻,天子得而罚之。"在这种情况下,遍天下的人都"不敢为淫暴",干坏事,都会说:"天子之视听也神(天子看和听的能力简直像神)。"墨子说,这并不是由于天子是神,而是由于天子"能使人之耳目,助己视听。使人之唇吻,助己言谈。使人之心,助己思虑。使人之股肱,助己动作。助己视听者众,则其所闻见者远矣。助己言谈者众,则其德音之所抚循者博矣(声音传得广)。助己思虑者众,则其谋度速得矣(多谋善断)。助己动作者众,则其举事速成矣(办事效率高)"。(《尚同中》）这是用众人的智能来弥补个人智能的不足。墨子引用古语说，一目之视不若二目之明；一耳之听不若二耳之聪；一手之操不若二手之强。这种思想是非常合理的，也说明人民的智慧是墨子学术观点的源泉。墨子论"尚同"政治的好处说：

> 千里之外，有贤人焉，其乡里之人皆未之均闻见也，圣王得而赏之。千里之内，有暴人焉，其乡里未之均闻见也，圣王得而罚之。故唯毋（虚词）以圣王为聪耳明目与？岂能一视而遍见千里之外哉？一听而通闻千里之外哉？（在有了现代化通讯、视听设备的条件下，这一点已经可以变为现实）圣王不往而视也，不就而听也。然而使天下之为寇乱盗贼者，周流天下无所重（立）足者何也？其以尚同为政善也。（《尚同下》）
> 是以赏当贤，罚当暴，不杀不辜（不错杀无罪的人），不失有罪（不放纵有罪的人），则此尚同之功也。（《尚同中》）

墨子认为在"尚同"的政治秩序下，国家管理和人事管理的手续可以大大简化："治天下之国，若治一家。使天下之民，若使一夫。"

墨子理想的"尚同"（即全国统一的贤人政治），就其实质来说，仍是属于封建地主阶级的专政，但确实也在一定程度上反映了小生产者（即"农与工肆之人"）希冀国家统一和社会安定的心理。在墨子对"尚同"说的论证中，包含了许多真理的颗粒，足以启人智慧，发人深省。

第三节　兼相爱和交相利：墨家的伦理学

墨家的伦理学是围绕着"兼相爱、交相利"这一基本论点而展开的。它由墨子开创，并为后期墨家所发展，内容丰富，影响深远。

一、兼爱：普遍平等的相爱互助

"兼爱"是由墨子提出，而为后期墨家所坚持的一个基本伦理概念。其含义是人与人之间应该普遍地、平等地相爱互助。

"兼"在中国文字中是一个会意字，本意为一手执两禾（即一只手拿着两棵稻子），引申为兼有、兼顾等义。

"兼"在《墨经》中是一个基本的逻辑学和哲学范畴。它表示"整体"、"全部"的含义。如《经上》2说："体，分于兼也。"《经说上》说："若二之一，尺之端也。"即部分是从整体中分出来的。"二"是整体,"一"是其中的组成部分。"直线"是整体,"点"是其中的组成部分。"兼"字在《墨经》中跟"尽"、"俱"、"周"等词意思相同,彼此可以互相代换,"兼爱"也可以说是"尽爱"、"俱爱"、"周爱"。"兼爱"即把"爱"推广到人的外延之全部。《经下》、《经说下》论证了"无穷不害兼"(空间和人的无穷不妨害兼爱)、"不知其数知其尽"(不知道人口的数量不妨害兼爱)和"不知其所处不害爱"(不知道人的住处不妨害兼爱)等论题。《大取》论证了"爱众世(人口多的世)和爱寡世(人口少的世)相等"、"爱过去的人、现在时人和未来的人相等"、"兼爱关系不可分割"和"爱人包括爱自己"等论题。《小取》论证了"爱人待周(周遍),不爱人不待周"等论题。也就是说,在墨家看来,爱人应该普遍、周遍、穷尽:不管是别人或者自己,不管是过去、现在或未来,也不管是人口多的世代或人口少的世代,只要是人,都是被爱的对象,甚至一反西周奴隶制的传统观念,连奴隶、仆人也都在爱的范围之内。在《墨经》中,春、臧、获等奴隶或仆人的生、病、死都为墨者所关注,一点也没有歧视之意。《小取》还特地论证说:"获,人也。爱获,爱人也。臧,人也。爱臧,爱人也。"

"兼",有"整体"的意思,还有"无差别"的意思。

《孟子·滕文公上》叙述墨者夷之主张"爱无差等",即主张人与人之间应该不分血缘关系的亲疏远近和身份等级的贵贱高低,而施以平等的、无差别的爱。它同儒家"爱有差等"的论点针锋相对。《非儒》篇开宗明义批评儒者"亲亲有杀,尊贤有等"的差别等级观念。墨子始终把他的"兼爱"说同儒家的"别爱"(差别等级之爱)对立起来,从比较中加以阐述。墨子说:

> 非人者必有以易之。若非人而无以易之,譬之犹以水救水,以火救火也,其说将必无可焉。是故兼以易别。

很明显,墨子是非常自觉地用"兼爱"说来否定和代替儒家"别爱"论。进而墨子又用"兼爱"说必"生天下之利","别爱"论必"生天下之大害"来论证"别非而兼是"。(《兼爱下》)墨子批评儒家传统的宗法等级观念,反映了当时迫切想改变自己的社会政治地位的小生产者的利益,墨者的伦理思想汲取了下层劳动人民之间相爱互助的朴素道德观念。

由于墨子"兼爱"说具有鲜明的人民性和尖锐的批判性,所以在当时及以后不可避免地受到儒家信徒的反对,引起许多激烈的辩论。《墨子》一书中保存了许多有关这方面的材料。如墨子的同乡、儒家信徒巫马子有一天碰见墨子。他对墨子说："我跟你不同，我不能兼爱。我爱邹国人胜过爱越国人，爱鲁国人胜过爱邹国人，爱同乡胜过爱鲁国人，爱家人胜过爱同乡，爱父母胜过爱家里其他人，爱自己胜过爱父母，因为跟我越来越近。打我，我感到疼痛；打别人，我不感到疼痛。我为什么不设法去掉我的痛苦，而要设法去掉我感觉不到的别人的痛苦？所以只能杀别人以利我，而不能杀我以利别人。"

墨子说："你这个意思是要藏在心里，还是要告诉别人？"

巫马子说："我为什么要藏在心里呢？我当然要告诉别人！"

墨子说："你认为一个人可以为了自己的利益而杀别人。如果人们喜欢你，并照着你的话做，那么人们就会杀你以利己。反之，如果人们不喜欢你，认为你说了不好的话，那么人们就会想杀你。于是，人们喜欢你会想杀你，不喜欢你也会想杀你。就因为你说了这一番话，就使你经常面临杀身之祸。你讲这番话对你并没有什么好处，言而无利，不如不言，你不如趁早收回你的话！"（《耕柱》）

巫马子在这一篇反对"兼爱"，宣传"别爱"的言论中，渗透了极端的利己主义思想和不折不扣的自我中心论，甚至公然说可以为了自己的利益而杀别人。墨子运用形式逻辑的二难推理，以其人之道还治其人之身，指出按照巫马子极端利己主义的逻辑，别人同样可以为了自己的利益而杀他。而各人为了自己的利益与好恶而彼此相杀，岂不是天下大乱？墨子的反驳是机智巧妙、一针见血的。

在墨子死后，儒家代表人物孟子曾对墨子的"兼爱"说给予猛烈抨击。他说："墨氏兼爱，是无父也。"接着又推演攻击墨子"是禽兽"，认为不把墨子的思想批判倒，孔子的道理就不能得到发扬；要捍卫孔子之道，就必须反对墨子的"邪说"、"淫辞"。(《孟子·滕文公下》)

其实，墨子提倡"兼爱"，并不排斥爱父亲。在他阐述"兼爱"说的讲演中，明白肯定"父子相爱，则慈孝"，谴责"子自爱，不爱父，故亏父而自利"的不道德行为。《经上》13说："孝，利亲也。"把"孝"定义为做有利于父母的事。《大取》把"以臧为其亲也而爱之，爱其亲也。以臧为其亲也而利之，非利其亲也"作为推理的实例，意为把臧（奴仆名）误以为自己的父亲而爱他，是表现了"爱父亲"的心，但把臧误认为自己的父亲而做对他有利的事（如给他食品和衣服），并不是"利父亲"。这是"爱父"动机和"利父"效果的不一致。总之，从墨子到他的后学，在主张"兼爱"的同时，都没有否定"爱父亲"的孝道。孟子的攻击是出于误解或偏见。

墨者在提出"兼爱"说的同时,还始终坚持鲜明的是非观和善恶观,即在真理和谬误、好与坏之间没有一点调和的余地,表现了很强的原则性。墨者把人分为仁人和暴人(即好人和坏人)两种。仁人以"兴天下之利,除天下之害"作为人生目的和办事宗旨。《非儒》说:

> 仁人以其取舍是非之理相告,无故从有故,弗知从有知,无辞必服,见善必迁,何故相敌?

即仁人坚持真理、修正错误,没有理由互相敌对。而暴人如盗贼之流则不劳而获,非其所有而取,亏人自利,不仁不义,因此"众闻则非之,上为政者得而罚之",即受到舆论谴责和法律惩处(《非攻上》、《天志下》)。在《小取》中,墨者论证"杀盗非杀人"的论题,认为为保卫劳动成果而杀强盗是正当合理的。而发动侵略战争、公开进行掠夺,则其不仁义更甚于盗贼,故应给予更严厉的谴责和诛讨。墨者主张,在惩办"有罪"的同时,应保护好人,不错杀无辜(《尚同中》)。在讨厌强盗时,不能株连好人。如一个房间内有两个人,其中一人是强盗,这时要弄清究竟哪个是强盗而加以惩治,决不能牵连好人(《大取》)。

那么,墨者反对盗贼、惩罚暴人的论点,同"兼爱"说是不是相矛盾的呢?大概当时的人已经提出过类似的疑问，为此墨者专门进行了反驳。在墨者看来，"兼爱"，即普遍平等的相爱互助是一种奋斗目标和道德理想（要求、愿望），它同现实之间还有一定距离。"兼爱"作为一种道德理想，应该大力宣传，力争更快、更完满的实现，但现实的盗贼、攻国者等暴人，也应该旗帜鲜明地谴责，并必欲除之而后快。

墨者在讲解逻辑时作为实例，对这一点有精辟阐发。

墨者认为，用"有人不是黑的"这一论据，可以驳倒"所有人都是黑的"这一论题，因为这里论据和论题都是关于现实的。这一反驳符合同一律，运用了正确的推理形式。用亚里士多德逻辑来分析，这是用一个O判断（特称否定）来反驳一个相同主、谓项的A判断（全称肯定）。相比之下，用"有人不被人爱"却不能驳倒"所有人应该被人爱"。因为"有人不被人爱"，是关于现实的实然判断。而"所有人应该被人爱"是关于理想的规范判断。因而用前者驳不倒后者，所用推理违反同一律和充足理由律，犯了"推不出"的逻辑错误。

二、义利之辩

义利之辩是中国传统文化中的一个重要辩论。义指道义，即道德仁义，利指利益、功利。孔子和孟子把义和利对立起来，崇尚道义，排斥利益。孔子说："君子喻于义，小人喻于利。"(《论语·里仁》)即君子懂得的是仁义,小人懂得的是利益。他的弟子也说孔子"罕言利"。(《子罕》)孟子对梁惠王说:"何必曰利,亦有仁义而已矣。"(《孟子·梁惠王上》)墨家反对儒家思想,贵义但也重利,把义和利统一起来。《墨子》有《贵义》篇,其中记载墨子说:"万事莫贵于义。"墨家把他们的全部事业都归结成"为义"(为实现道德仁义的理想而奋斗)。但同时又把"为义"解释为"兴天下之利,除天下之害"。墨子把"国家百姓人民之利"作为衡量言论是非的标准。(《非命》)他经常把"兼相爱、交相利"并提。(《兼爱中》)因此,他所谓仁人、义士决不像儒家那样,脱离实际利益而空讲仁爱,而是具体实行"义"的行动。如墨子所谓的"兼君"、"兼士",要能对万民或朋友做到"饥即食之,寒即衣之,疾病侍养之,死丧葬埋之"。他所谓的"贤人",要能做到"兼而爱之,从而利之","有力者疾以助人,有财者勉以分人,有道者劝以教人",即尽力所能及,给人民实际利益。对老而无妻子者,要有所侍养,以终其寿;对幼弱孤童之无父母者,要有所放依(收养),以长其身。(《尚贤》中下、《鲁问》、《兼爱下》)后期墨家始终坚持义利统一的思想。《大取》说:"有爱而无利,乃客之言也。"即空讲仁爱、不讲实际利益是墨家论敌的言论。《墨经》做出定义式的表述:

> 仁，爱也。义，利也。爱利，此也。所爱利，彼也。(《经说下》176）

这里用"利"来规定"义"的内涵，把仁、义和爱的道德观念同利益、功利直接联系起来，清楚地表现了墨家义利统一和重视功利的思想。这里"此"指道德责任的主体，"彼"指道德责任的客体。墨者肯定主体有自觉爱他人、利他人的道德责任和义务。墨者义利统一和重视功利的思想，反映了劳动人民之间相互关心、相互帮助、互利互惠的传统美德。

三、"为彼犹为己"——论对等互报的原则

墨子在阐述他的"兼爱"学说时，提出"为彼犹为己"（即为别人就像为自己）的道德原则。如对待别人的国家，就像对待自己的国家；对待别人的都市，就像对待自己的都市；对待别人的家，就像对待自己的家；等等。也就是说，事事处处替别人着想，急人之所急，与人为善，成人之美。

墨子"为彼犹为己"的原则，出发点是先"为彼"，即把为他人放在第一位。墨子认为真正贯彻了"为彼犹为己"的原则，自己先为他人，他人也会对等地给自己以回报："爱人者，人必从而爱之。利人者，人必从而利之。

恶人者，人必从而恶之。害人者，人必从而害之。"(《兼爱中》)"吾必先从事乎爱利人之亲，然后人报我以爱利吾亲也。"(《兼爱下》)这里的条件是自己先爱、利他人，然后他人也会给自己以对等的报答。他引用《诗经》中的话说："无言而不售（回答），无德而不报。""投我以桃，报之以李。"这些诗句反映了劳动人民之间早已存在的道德风尚，这是墨子爱利对等互报原则的理论渊源。

四、"志功为辩"——论动机和效果

墨者提出志和功（即动机与效果）这一对有关道德评价的基本范畴，讨论了它们之间既对立又统一的关系。

《鲁问》篇记载，鲁国国君对墨子说，他有两个儿子，一个好学，一个仗义疏财，那么立哪个儿子为太子呢？墨子说，这很难下断语。因为做好事的动机，也可能是想得到别人的赞赏称誉，于是墨子建议鲁君"合其志功而观焉"，即把动机和效果结合起来考察，初步表达了动机与效果对立统一的思想。

然而，在两个事项的效果还没有充分表现出来的情况下，根据以往的经验和知识，也可以断定二者的动机是好，还是坏。例如某处失火，一个人提水想灭火，另一个举火想把火点燃得更旺些。根据以往的知识和经验，我们可断定提水准备灭火的人动机是好的，而拿火想点燃得更

大的人动机是坏的。同理,墨子认为宣传"兼爱"的动机是好的,而儒者巫马子宣扬"不爱天下"的动机是坏的。(《耕柱》)

后期墨家著作《大取》中说:"志功为辩(辨)","志功不可以相从也",这是说的动机和效果相区别、不一致的情况。而《经上》和《经说上》84把"矢至侯中,志功正也"作为动机和效果"正合"的例证,这是说的动机和效果相一致的情况。意思是,我们用箭射靶子,希望射中靶心,结果恰恰射中了,这是动机和效果正好符合的例子。

总的来说,墨者比较注重人的行为的效果,但也没有忽视动机善恶的考察,他们肯定了动机和效果的既对立又统一的关系,提出了较为深刻的见解。

五、"摩顶放踵利天下为之"——人生观和价值论

墨子的道德理想是实现仁义,而他所谓仁义就是谋取公众的利益,用他的话说,即"为天下兴利除害"。墨子说:"仁人之所以为事者,必兴天下之利,除去天下之害。"(《兼爱中》)在墨子那里,仁和义是意义相近的词,可以互相解释、互相代替,所以仁人墨子又叫作义士(《贵义》)。

墨子的"义"即公众的、他人的、功益的利。《经说下》176定义:"义,利也。""义"是道德主体发出的对

于道德客体有利的行为。墨子把"为义",即实现道德理想,维护公众利益看作自己的人生目的。墨子说:

> 必去六僻(六种邪僻、偏颇,指下文说的个人主观的喜、怒、哀、乐、爱、恶),默则思,言则诲(用义的道理教诲别人),动则事,使三者代御(交错发挥作用),必为圣人。必去喜、怒、乐、悲、爱、恶,而用仁义。手、足、口、鼻、耳、目从事于义,必为圣人。(《贵义》)

他认为克服个人主观的感情和爱好,把全部身心都投入实现仁义的事业,就能成为圣人。墨子在青壮年时代,就已被称为"北方的贤圣人",可见墨子提倡的"仁义"之道在当时已有广泛而深刻的影响。在墨子的仁义之道中渗透了他的人生观和价值论思想。

(一)"自苦而为义"

墨子有一次从鲁国出发,到齐国从事游说活动,在半路上遇见一位老熟人。他对墨子说:"今天下莫为义,子独自苦而为义。"(《贵义》)墨子为了实现仁义的事业而自讨苦吃的事迹,在华夏大地远近闻名。他平日生活清苦,"量腹而食,度身而衣",其门徒则"短褐之衣,藜藿之羹"(《鲁问》)。《庄子·天下》篇说墨子让他的后学"以裘褐为衣，以跂跻为服（穿木麻鞋）"，"日夜不休"。他为天下谋利益，提倡"自苦"的原则，并说："不能如此，不足谓墨。"（做不到这一点，就不算是真正的墨家）所以《天下》篇在对墨子的批判性评论中又赞叹说："墨子真天下之好也（天下好样的），将求之不得也（少有），虽枯槁不舍也（骨瘦如柴也不放弃目标），才士也夫！"连激烈抨击墨学的孟子也说："墨子兼爱，摩顶放踵利天下为之。"（《孟子·尽心上》）即只要对天下有利，就是把自己从头到脚磨成粉末都肯干。墨子的行为证明，他确实达到了这种崇高的道德境界。

（二）"为义非避毁就誉"

墨子"为义"，脚踏实地为公众谋利益，不是为了在人们面前表现自己，以图求得别人赞誉。墨子的同乡、儒家信徒巫马子对墨子说："子之为义也，人不见而子为之，有狂疾。"（《耕柱》）意思是，您为了实现仁义，辛苦奔走，尽管许多人并没有看见，也不知道，您还是照样干，这简直是有神经病！巫马子对墨子"自苦"而为义的批评，是从他的极端利己主义逻辑中引申出来的。但也可看出墨子"为义"的真诚。

墨子推荐弟子高石子到卫国做官。卫国国君看在墨子的面上，给高石子很高的俸禄，让他担任卫国的卿大夫（高级官吏）。高石子每次朝见卫君，都尽力阐述墨子的治国思想，但卫君丝毫也没有准备实行的意思，因此高石子愤而离职，去见墨子。高石子对墨子述说了离职的原因，并问墨子说："卫君会不会认为我有神经病呢？"墨子回答说："为义非避毁就誉，去之苟道，受狂何伤？"认为"为义"不是要避开人们的毁谤，而企图受到人们的赞誉，如果辞职符合道义，人家说你有神经病怕什么？这说明墨子"为义"完全屏弃了计较个人荣辱的心理因素。

（三）"为义"需不怕牺牲

墨子教育门徒为了实现道德理想，要有不怕死的勇敢精神。《淮南子·泰族训》说："墨子服役者百八十人，皆可使赴火蹈刃，死不旋踵，化（教化，教育训练）之所致也。"其门徒因参加防御战争而死，墨子认为死得其所，并用这个道理来说服家属，做家属的思想工作（《鲁问》、《墨经》）。这说明墨子"为义"具有超越生死、不怕牺牲自己的精神境界。

（四）"万事莫贵于义"

墨子的义（也叫道义）被定义为公众的、他人的、客观的利。而这种义（即公利）同私人的利（功名利禄）相比，前者高于后者，即公利高于私利，道义高于俸禄。因此，后者要服从前者。这就是墨子的价值论原则。

《墨子》有《贵义》一篇，开宗明义说："万事莫贵于义。"即义是天下第一可贵的,所以他要"独自苦而为义"。《耕柱》篇又载墨子说,和氏之璧、隋侯之珠等是"诸侯之良宝",但这些所谓良宝,并不能给人民带来实际利益。"所谓良宝者,可以利民也。而义可以利人,故曰义天下之良宝也。"因为"义"的定义是为公众谋取利益,所以宣传、实行道义,就成为天下最宝贵的事情,而个人升降、荣辱、利禄,就是从属的、占第二位的事情。墨子以身作则,自觉地带头实行这个价值论原则。

有一次,墨子专程到楚国首都郢,向楚惠王(前488—前432年在位)奉献著作,希望楚王能实行自己的学说。楚王尽管口头上称赞墨子的书是好书,并许诺给墨子以高官厚禄,但看来并不准备实行墨子的道理。墨子说:"道不行而不受其赏,义不听不处其朝。今书未用,请遂行矣。"把道义放在名位利禄之上,决不贪图利禄而出卖道义。后来楚王又加封五百里国土,让墨子世代享受封君的特权,墨子毅然不受而去。越国国王也曾用五十部豪华轿车,派墨子弟子公尚过专程去鲁国迎请墨子到越国做封君,墨子也以不出卖原则为理由而辞绝。他说:"意越王将听吾言,用吾道,则翟将往,量腹而食,度身而衣,自比于群臣,奚能以封为哉?抑越王不听吾言、用吾道,而吾往焉,则是我以义粜(出卖)也。均之粜,亦于中国耳,何必于越哉?"(《鲁问》)意思是,如果越王能实行我的学说，我可以应命，待遇跟一般大臣一样就可以了，用不着分封。如果越王不准备实行我的学说，我要是去，等于拿我的仁义学说出卖。我如果愿意出卖原则，那早在中原地区出卖了，何必一定要出卖给偏远的越国？由这里可以看出墨子"道义高于利禄"的价值观念是多么鲜明。

墨子也以同样的明确性督促门徒实行"道义高于利禄"的价值论原则。他曾以高石子坚持道义，不贪恋高官厚禄，愤然辞去卫国公卿大夫职位的范例教育弟子。高石子对墨子说："昔者夫子有言曰：天下无道，仁士不处焉。今卫君无道，而贪其禄爵，则是我苟陷人食也。"意思是老师您曾说过，仁义之士不跟无道之君合作，现在卫君无道，我怎能贪恋其高官厚禄而白吃饭呢？墨子听了很高兴，马上把弟子禽滑厘叫来，对他说：

> 姑听此乎？夫背义而向禄者，我常闻之矣。背禄而向义者，于高石子焉见之也。（《耕柱》）

意思是，你听到了吗？背叛仁义而贪图禄位的大有人在，可是不贪恋利禄而崇尚仁义的，我们在高石子这里看到了很好的榜样。同时，墨子又抓住胜绰"背义而向禄"的反面典型以教育弟子。墨子指派弟子胜绰做齐将项子牛的随从，而胜绰竟贪图厚禄，违背道义，纵容支持项子牛"侵鲁地"。墨子叫高孙子把胜绰辞退，严厉批评他说：

> 言义而弗行，是犯明也。绰非弗知之也：禄胜义也。（《鲁问》）

即口头说仁义，而实际不实行，是明知故犯。墨子认为胜绰的错误是在于以利禄压倒仁义，也就是"背义而向禄"，这跟高石子"背禄而向义"的精神恰恰相反。

总之，墨子的伦理思想丰富、深刻、精到。其"兼爱"和对等互报的原则反映了下层劳动人民的伦理风尚和道德要求。墨子对动机与效果、道义与功利范畴及其相互关系的论述，有重要伦理意义。墨子牺牲自我而为公众谋利益的人生观和道义、公利高于私利的价值论，为后世中华民族的志士仁人所取法，是理所当然的。

第四节　智少则学，智多则教：墨家的教育学

一、有道者劝以教人——教育和"为义"

墨子是一位伟大的学者，又是一位卓越的教师。他

毕生从事教育事业，成就非凡。吕不韦说，墨子"无爵位以显人，无赏禄以利人"，但是全天下的"显荣者"，都称誉他，并愿意把子弟托付给他教育，以至于在他死了以后很久，社会上还有他的弟子在从事活动。而他的弟子还有弟子，代代相传。"禽滑厘学于墨子，许犯学于禽滑厘，田系学于许犯。孔墨之后学显荣于天下者众矣，不可胜数。"（《吕氏春秋·当染》）

在墨子看来，教育即"为义"（实现理想事业）。墨子在劝人向学时说："今子为义，我亦为义，岂独我为义哉？子不学，则人将笑子，故劝子于学。""夫义，天下之大器也。何以视人，必强为之（不用看别人的样子，一定要以顽强的毅力坚持学习才对）。"（《公孟》）

"染于苍则苍，染于黄则黄。所入者变，其色亦变。五入毕而已，则为五色矣。"这是墨子在看到染丝工匠操作时所发出的感叹。（《所染》）以染丝来类比教育，可知人通过学习，是可以改变自身的道德水准和知识状况的。于是墨子经常劝人，如果道德和知识不如别人，就要虚心向别人学习。而道德和知识比别人强的，就要毫无保留地教别人。墨子主张"有道者劝以教人"，认为"隐匿良道而不相教诲"是不仁不义的。（《尚贤下》）他理想中的圣人能做到"默则思，言则诲，动则事"，即沉默时就动脑筋思考，开口说话就耐心地教导别人，身体力行则做对别人有

利的事情。(《贵义》)

从"为义"的观念出发,墨子认为学和教都应该有高度的积极性与主动性。孔子门徒公孟子对墨子说:"君子恭己以待,问焉则言,不问焉则止。譬若钟然,扣则鸣,不扣则不鸣。"墨子为积极救世而主动施教,"遍从人而说之","强说人"以使人知,这种态度就是"不扣而必鸣"。他批评公孟子"不扣而不鸣"的消极态度,是只知其一而不知其二,是对社会不负责任的表现。墨子还运用形式逻辑的矛盾律,批评公孟子的这一番话是"未有扣而言",即"不扣而鸣",因而成了他所谓的"非君子"。(《公孟》、《非儒》)

墨子后学专题阐述了教和学的意义。《经下》177条论证了"学习是有益的"这一论题,认为反对这一命题的人必然陷于自相矛盾,即"以学为无益也教,悖"。《经说下》169条指出:"唱而不和,是不学也。智少而不学,功必寡。和而不唱,是不教也。智多而不教,功适息。"即老师在积极地教,而学生不跟着学,问题在于学生缺乏学习的积极性。学生知识少而不向老师学习,教育的功效必然寡少。学生愿意学,而老师不教,问题在于老师缺乏教书育人的积极性。老师知识多而不教学生,教育的功效恰恰等于零。可见教育的成就,需要师生双方积极性的配合。

二、谈辩、说书和从事——教育的内容和科目

有一次,墨子的学生治徒娱、县子硕跟墨子对话。学生问:"什么是实现理想事业的当务之急?"墨子回答说,就像筑墙一样,能修筑的修筑,能打夯的打夯,能测量的测量,然后墙就筑成了。实现理想的事业也是一样,"能谈辩者谈辩,能说书者说书,能从事者从事",然后理想的事业就能实现。(《耕柱》)看来,谈辩、说书和从事,就是墨家教育的内容与科目。

"谈辩"一科,指学习谈话辩论的技巧方法,目的是培养当时社会需要的说客、游士。"说书"一科,是解说讲习文化科学知识,目的是培养学者、教师。"从事"一科,指学习农、工、商、兵等实际技能,目的是培养各种应用的专门人才。重视自然科学和应用技术,是墨家教育的特色与优秀传统。

现存《墨子》一书,就是墨家谈辩、说书和从事三项教学活动的实录与教材,如掌握其中的逻辑学知识属于"谈辩",学习政治、经济、伦理等知识属于"说书",演练手工业和军事技艺属于"从事"。

三、士虽有学行为本——学以致用、言行一致

墨者教育注重教书育人、学以致用、言行一致。墨子

说:"士虽有学,而行为本焉。"(《修身》)例如墨子的学说之一是"节用",提倡勤俭,于是在墨子说学校里就让学生接受艰苦生活的锻炼。墨子的学生曹公子回忆在墨子门下,穿的是"短褐之衣"(粗布短袄),吃的是"藜藿之羹"(粗劣的饭菜),"朝得之,则夕弗得"。(《鲁问》)《庄子·天下》篇说墨子"使后世之墨者多以裘褐为衣,以跂𫏋为服(穿木麻鞋),日夜不休,以自苦为极"。即使在这种艰苦的条件下,还互相鼓励着向前。

墨子注意到继续教育和终身教育的问题。他对学生毕业出去工作以后的表现,仍给予关注。对表现好的给予表扬、鼓励,如高石子任卫国的卿,由于卫国不行墨子之道,愤而离职,"背禄而向义",受到墨子称赞。而对表现不好的则给予批评、谴责,如胜绰事奉齐将项子牛,跟随主人"三侵鲁地",墨子把胜绰辞退,批评他"言义而弗行",明知故犯,是"禄胜义",即"背义而向禄"。(《耕柱》、《鲁问》)

四、暴者巨狡成名士——墨家教育的改造力量

墨子的学生大多来自社会的下层,且多不脱离生产,又有严密的组织纪律和艰苦生活的锻炼,所以表现了巨大的改造人的力量,即使学生中有少数原来表现不好的,也有办法将他们教育熏陶为新人。

据《吕氏春秋·尊师》篇记载，高何、县子硕两人，原是齐国的"暴者"，其粗野蛮横的行为素为乡里人所痛恨，他们后来做了墨子的学生。索卢参原为"东方之巨狡（巨奸大猾）"，后来做了禽滑厘的学生，这三位原来都算是"刑戮死辱之人"，即有可能被判死刑的人，后来在墨子、禽滑厘的教育下，"务进业"，"疾讽诵"，"称师以论道"，"尽力以光明"，不仅免除了"刑戮死辱"的结局，还成了"天下名士显人"，"以终其寿"，受到"王公大人"的礼遇，这显然应归功于墨家教育的奇迹般的改造力量。

第三章　走向真理之路：
墨家的哲学

第一节　从有神到无神：墨家的世界观

从墨子到后期墨家，在世界观上经历了一个从有神论到无神论，即从谬误走向真理的过程，这是中国文化史上值得大书的一件事。

一、"我有天志，譬若轮匠之规矩"——墨子有神论世界观的特点

（一）"天志"和"明鬼"：墨子有神论

天志，就是说天有意志。明鬼，就是证明鬼是存在的。本来，到春秋末期，商周以来对作为人格神的天的至高无上的权威和对鬼神的迷信，在一部分人中已经发生怀疑。如孔子"不语怪、力、乱、神"（《述而》），提出"未能事人，焉能事鬼"（《先进》），并说："天何言哉，四时行

焉，百物生焉"（《阳货》），把天看成自然界的一部分，否定天有意志。他"不怨天"，不向天祈求福祉，主张"敬鬼神而远之"（《雍也》）。而墨子在新的条件下，又来提倡尊天事鬼，这究竟是为什么呢？

原来，墨子提出尚贤、尚同、兼爱、非攻、节用、节葬、非乐、非命等一定程度上反映劳动人民利益的政治、经济、伦理学说，并且企图依靠"上说诸侯，下说列士"的宣传、教育、说服的办法，使诸侯到普通人接受和实行他的学说，但是他又感到自己力量单薄，不足以强制当权者相信和实行他的学说，于是他不惜在世界观上来一个倒退，从传统文化仓库中拣来了现成的上帝崇拜和鬼神迷信观念，然后加以改造、重铸，在传统的旧瓶中注入墨子的新酒，在上帝、鬼神迷信的旧形式中熔进墨学的新内容。经过墨子加工改制的天和鬼神，无一不是说墨子想说的话，做墨子想做的事，起着墨子所希望的对人的行为的监督、检察作用。

墨子说："顺天意者，兼相爱，交相利，必得赏。反天意者，别相恶，交相贼，必得罚。"（《天志上》）又说："天之意，不欲大国之攻小国也，大家之乱小家也，强之暴寡，诈之谋愚，贵之傲贱，此天之所不欲也。"不仅如此，天还"欲人之有力相营（相互帮助），有道相教，有财相分也。又欲上之强听治也，下之强从事也"。"顺天之意，奉而广施之天下，则刑政治，万民和，国家富，财用足，百姓皆得暖衣饱食，便宁无忧。"可见墨子所说的"天意"、"天志"，实际上不过是墨子自己的意志。墨子是想借用"天"这个旧权威来推行自己的新学说。所以他明确地宣称："我有天志，譬若轮人之有规，匠人之有矩。"（《天志上》）墨子学生更发挥他的学说：

> 子墨子之有天志，譬之无以异乎轮人之有规，匠人之有矩也。曰：中吾规者谓之圆，不中吾规者谓之不圆，是以圆与不圆皆可得而知也，此其故何？则圆法明也。曰：中吾矩者谓之方，不中吾矩者谓之不方，是以方与不方皆可得而知之，此其故何？则方法明也。故子墨子之有天之意也，上将以度天下之王公大人为刑政也，下将以量天下之万民为文学、出言谈也。观其行，顺天之意，谓之善意、行；反天之意，谓之不善意、行。观其言谈，顺天之意，谓之善言谈；反天之意，谓之不善言谈。观其刑政，顺天之意，谓之善刑政；反天之意，谓之不善刑政。故置此以为法，立此以为仪，将以量度天下之王公大人、卿大夫之仁与不仁，譬之犹分黑白也。（《天志中》）

墨子和他的许多徒弟是能工巧匠，熟练的手工业者，常常一开口说话便要拿工匠所熟悉的事物来打比方，从上述这些话里可见，墨子把他倡导的"天志"、"天意"，比喻成轮匠手中的圆规和矩尺，他就用特地改制的"天志"、"天意"作为标准、方法，来量度诸侯、卿大夫直到"天下万民"的言行，从而区分是与非，辨别仁和不仁，认为这就会像区分黑白、方圆一样容易。正像规矩是墨子几何学和手工操作的工具一样，上帝鬼神这些历来的神秘之物被墨子予以世俗的特性，发挥着墨子所给予的工具论、"方法"论的作用。

不过墨子的有神论毕竟还是有神论，他所谓的"天"被说成是有意志、有感觉的人格神，同时又具有超自然和超人的力量，能赏善惩暴，降福除祸，是宇宙万物的创造主、社会人事的支配者。墨子说："天"能在人迹罕至的"林谷幽间无人"之处看清一切东西。天有欲恶："欲义而恶不义。"（《天志上》）他声称："天子为善，天能赏之。天子为暴，天能罚之。"天子有"疾病祸祟"，只要虔诚祭祀，"则天能除去之"。（《天志中》）尽管墨子的动机是企图借助"天"的权威来宣传和推行自己的学说，同商周奴隶主贵族假借上帝的权威来统治奴隶的情况有所不同，但墨子拣起早已引起人们怀疑的宗教迷信的传统观念加以改头换面，作为其学说的一个组成部分来进行兜售，这无疑是一种倒退，是属于墨子学说中的糟粕。

墨子谈了天,接着又来弄鬼。他企图假借鬼神的力量,来帮助"天"赏善罚暴,实际上也就是帮助墨子用他的学说来改造世界、治理国家。墨子特地做了"明鬼"的讲演,煞有介事地证明鬼神的存在。他在讲演中,开宗明义地说,天下之所以混乱,就是因为人们怀疑鬼神的存在,不了解鬼神能赏善惩暴。

为了证明鬼神存在,墨子首先提出一个证明某物存在与否的原则,即感觉论的原则。他说:"天下之所以察知有与无之道者,必以众之耳目之实,知有与无为仪(标准、法则)者也:诚或闻之见之,则必以为有;莫闻莫见,则必以为无。"这是历来在群众中相当流行的一种狭隘经验主义原则。如果失去正确理论的指导,则所谓"闻见"的狭隘经验,很可能会受假象的迷惑而陷于谬误。墨子有鬼论、有神论论证的失足之处,恰恰就在这里。

墨子在讲演中说,要想证明鬼神是否真正存在,"何不入一乡一里而问之,自古及今,生民以来者,亦有尝(曾)见鬼神之物,闻鬼神之声,则鬼神可谓无乎?"在这里,墨子摆出一种完全客观公正的样子,要让众人来充当关于鬼神是否存在的辩论的裁判。接着他列举周、燕、宋、齐等国《春秋》和《诗经》等书所记载的有关传闻,声称鬼神乃"众人所同见"与"众人所同闻"。孟子曾说过:"尽信《书》,则不如无《书》。吾于《武成》(《书经》篇名），取二、三策（竹简）而已矣。"（《尽心下》）孟子懂得对《书经》上的记载要加以分析，去伪存真。墨子对他的学生弦唐子也说过："同归之物，信有误者，然而民听不均，是以书多也。"（《贵义》）即天下事理虽然一致，而言论不能没有错误，老百姓闻听不一，所以记载就多了。墨子虽提倡学生用心思考精微的道理，分辨是非曲直，但在鬼神存在与否问题上，却还是上了古书错误记载的当，盲目相信了古书上记载的荒唐无稽的传闻，从而得出有鬼、有神的错误结论。

墨子相信古书上和乡里人关于鬼神的传闻，说"有天鬼，有山水鬼，亦有人死而为鬼者"，把鬼神的存在说得活灵活现，有形象，有声音，"能赏善罚暴"，对"吏治官府之不洁廉，男女之为无别者"，以及"民之为淫暴寇乱盗贼，以兵刃、毒药、水火迫无罪人乎道路，夺人车马、衣裘以自利者"都能看见，即使在"幽间广泽，山林深谷"，鬼神也能明知，任凭你"富贵众强，勇力强武，坚甲利兵，鬼神之罚必胜之"。在墨子的描绘中，鬼神的威力可谓大矣，墨子企图用鬼神这种虚幻的超自然力量来执行人间的监督、检察职能，这自然是徒劳的。墨子从中国传统文化中汲取的这一套鬼神迷信，并没有使他如愿以偿，吓倒当时的统治者，使他们回心转意，改恶从善。由于这一篇虚构的理论经不起实践的检验，于是受到学派内外的齐声反对，他也不得不对自己的理论做出某种修正和让步，在一定程度上表现出对有神论的动摇。

（二）"百门而闭一门"——墨子对有神论的动摇

墨子是一个比较重实际的人。由于他的"鬼神能赏善罚暴"等有神论观点同实际生活相矛盾，不断遭到学生的怀疑、质问和反对，墨子不得不对自己有神论的说教，做出某种程度的限制和修正。

有一次，墨子病了，他的学生跌鼻去看他。跌鼻颇为不解地问墨子："先生您认为鬼神什么都知道，能够给人降祸或赐福；行善的人必得赏，行不善的人必得罚。先生您是圣人，为什么也会得病？莫非您的话也有不对的，鬼神也不一定什么都知道？"墨子回答说：

虽使我有病，鬼神何遽不明？人之所得病者多方，有得之寒暑，有得之劳苦，百门而闭一门焉，则盗何遽无从入？（《公孟》）

意思是，信仰和祭祀鬼神，只能堵塞导致人生病的一个漏洞，这实质上等于只给有神论留下了百分之一的地盘，而把剩下的百分之九十九的地盘让位给了无神论，即从世界的本来面目来解释世界，如得病有气候冷热、劳累过度等多方面的原因。"百门而闭一门"的说法，形象地反映了墨子从有神论倒退、向无神论让步、又不打算完全放弃有神论，而对有神和无神两种观点采取折中调和的立场。

在"明鬼"的讲演中，墨子对鬼神的存在也曾做出"若使鬼神诚无"的无神论的假定。他说假使鬼神真的没有，那么花费在祭品上的钱财，也不是白白地倒在沟壑中抛弃掉，而是可以"合欢聚众，取亲于乡里"，即把本家族和同乡里的人欢聚在一起，大家一起痛痛快快地吃一顿，联络一番乡里的亲情，何乐而不为？这种解释也反映了墨子从有神论向无神论立场的倒退。

在日常生活中，墨子有时还干脆抛弃有神论的观点，而直接从世界的本来面目去解释世界。如有一次墨子从鲁国出发往北去齐国游说，路上遇见一个"日者"（即相面算卦、搞迷信职业的人），日者说："上帝今天在北方杀黑龙，而您的脸色长得黑，往北去不吉利。"墨子不听他这一套迷信说法，毅然北行，遇淄水暴涨不得过而返回，日者说："我告诉您不能往北去您不相信，果然行不通吧！"墨子用归谬法给予驳斥：

> 南之人不得北，北之人不得南，其色有黑者，有白者，何故皆不遂也。且帝以甲乙杀青龙于东方，以

丙丁杀赤龙于南方，以庚辛杀白龙于西方，以壬癸杀黑龙于北方。若用子之言，则是禁天下之行者也，是违心而虚天下也。子之言不可用也。(《贵义》)

意思是如果河水暴涨，则不论南、北方的人，也不论长得黑、白，都过不去，跟我长得黑无关。并且按照你的迷信禁忌，不论脸是什么颜色都会被禁止通过，这是用你自己也不相信的教条来欺骗天下，你的话显然不对。这说明墨子在日常生活中还能坚持一般人所具有的朴素唯物主义的立场，而不为上帝鬼神之类的谎言所欺骗。

二、否认命运，强调人为——墨子思想中的无神论因素

墨子思想是驳杂不纯的，他既有"天志"、"明鬼"的有神论思想，也有"非命"、尚力的无神论因素，形成谬误与真理的奇妙结合。

墨子"非命"，是针对儒者所宣扬的"死生有命，富贵在天"(《论语·颜渊》)的命定论。《公孟》篇载，墨子批评儒者公孟子"贫富寿夭，错（全）然在天，不可损益"的论点，并对儒者程繁说，儒者"以命为有"，认为"贫富寿夭，治乱安危"，都由命中注定，人力不能改变一点，这必然消磨人的意志，"为上者行之，必不听治矣，为下者行之，必不从事矣，此足以丧天下"。《非儒》篇也说，儒者"执有命以说议"，宣扬"寿夭贫富，安危治乱，固有天命，不可损益"，这样，人的智力不能得到发挥，"群吏信之，则怠于分职；庶人信之，则怠于从事。吏不治则乱，农事缓则贫，贫则乱政之本，而儒者以为道教，是贼（害）天下之人者也"。《非命下》更指出："命者暴王所作，穷人（安于贫困的懒人）所述，非仁者之言也。"认为宣扬命定论是不道德的行为。

为了反驳儒者宣扬的命定论，墨子在"非命"的讲演中特地提出著名的衡量言论是非的"三表"法。

第一表是"上本之于古者圣王之事"，即用历史上的事实来衡量言论的是非。他说，古代暴王夏桀和商纣把国家搞乱了，商汤和周武王起而治理。他说："此世未易、民未渝，在于桀纣则天下乱，在于汤武则天下治"，由此可见，国家的安危治乱完全是由于人力所为，哪里是由于命中注定呢？这是引用历史经验，借助形式逻辑的归纳法来驳斥儒者的命定论，论证人力的作用。这种反驳是有说服力的。

第二表是"下原察百姓耳目之实"，即用老百姓的现实经验来衡量言论的是非，把人民群众的实践经验作为认识的来源，自然是十分重要的。不过墨子对这一标准的理解，有经验主义的倾向。就像墨子用老百姓的"耳闻目见"证明鬼神的存在一样,在这里他又用"众人耳目之情"证明"命"的不存在。墨子天真地说:"自古以及今,生民以来者,亦尝(曾)有见命之物,闻命之声者乎?则未尝有也。"由于自古及今没有人看见过"命"的形象,听见过"命"的声音,于是就证明"命"不存在。其实这种幼稚的经验主义的论调,决不能驳倒儒者认为"命"(命运)存在的论点。因为儒者所谓"命"不过是一种抽象的观念,是指谓某种人力对之无可奈何的一般必然性,并没有一位儒家信徒说"命"是能看见其形象,可听见其声音的具体物件。墨子这种议论,是以经验论反驳儒者的唯理论和机械论。他并没有站在一个更高的理论境界来分析儒者"命"的概念,这是墨子在方法论上的缺陷。

第三表是"发以为刑政,观其中国家百姓人民之利",即把言论应用于实际政治,看其是否符合国家人民的利益,这是用实践效果来检验言论的是非。用这一标准来衡量,命定论不仅无益,而且是"天下之大害"。"若信有命而致行之",人们"贪于饮食",而"惰于从事",于是必然导致民穷国弱,足以丧天下。要想实现民富国强,就要强力从事,充分发挥人的主观能动作用。所以儒家的命定论"不可不非"。

墨子反对儒家命定论,主张强力而为的观点,代表了小生产者阶层的利益、要求和愿望。这一阶层在当时积聚了一定的势力，他们不能安于旧秩序强加给他们的地位，迫切要求改变现状，希望通过自己的努力，发挥聪明才智，努力增加生产，改变社会政治地位，争取过更好的生活。墨子对有神论思想的动摇和非命尚力的无神论思想因素，为后期墨家发展系统的无神论世界观开辟了道路，充当了先导。

三、后期墨家的无神论

墨家是一个有严密组织纪律和强烈传承性的集团。例如墨子的"兼爱"论，就被后期墨家全盘继承，并且加上了更为细致周密的逻辑论证。但在哲学世界观上，后期墨家却基本上屏弃了墨子的有神论，而发展了系统的无神论。这里说"基本上"，是由于后期墨家又分为许多派别。其中做《大取》和《小取》的派别，在其推理的实例中还偶尔提到了"鬼"。《大取》中说："人之鬼，非人也。兄之鬼，兄也。"《小取》除了这个例子之外，又加上："祭人之鬼，非祭人也。祭兄之鬼，乃祭兄也。"这是被作为推论中"一是而一非"的实例而谈到的，意思是一般情况和个别情况有差异，不是一回事。如"人之鬼"不等于"人"。但在某种特殊情况下，"兄之鬼"（如哥哥的灵位）还可以权且代表"兄"（如把对哥哥的灵位的祭祀，权且作为对兄的祭祀），这可以解释为讲逻辑联系实际，从俗从众援引实例，并不是系统宣扬有神论的世界观。但似乎可以说在某些后期墨家思想中还遗留着墨子有神论的残余。

跟《大取》和《小取》的情况不同，在狭义《墨经》四篇（以下称《墨经》均指此）中，绝无一字一句谈神论鬼，贯穿着彻底无神论或唯物主义一元论的世界观。

（一）唯物论一元论，鬼神无处容

在《墨经》作者看来，世界上一切实际存在着的东西，除了"物"（物质）以外，什么也没有。《经说上》说："物，达也，有实必待之名也命之。"这意味着"实"（实际）和"物"的概念外延一样大，可以互换使用。把"物"定义为外延最大的概念（达名），它的内涵就是"实"，即实际存在着的东西。而"物"是在时间、空间中运动的。时间被叫作"久"，空间被叫作"宇"。"久，弥异时也。"时间概念是一切不同的具体时间形式（如旦暮古今）的概括。"宇，弥异所也。"空间概念是一切不同的具体空间形式（如东西南北）的概括。

《墨经》作者对物质、运动、时间、空间以及有穷、无穷等范畴的关系有深刻论述。《经下》说："行修以久，说在先后。"《经说下》："行者必先近而后远。远近，修也。先后，久也。民行修必以久也。""进行者先步近后步远","宇徙而有所处,宇南宇北,在旦又在暮,宇徙久",即认为物质是在运动着的,而物质的运动必然表现为时间和空间,如人走路,先走近处,后走远处。这先后就是时间,远近就是空间。可见时间空间紧密相连,它们都是物质运动的表现形式和存在方式。并且物质、运动、时间和空间都既是有穷的,又是无穷的。《经说下》说:"区不可遍举宇也",即有限空间不能一一列举,有限空间不能穷尽整个宇宙。《经说下》形象地定义了有穷、无穷的概念,说:"或不容尺有穷,莫不容尺无穷也。"即若空间用尺子量尽了,就是有穷,量不尽就是无穷。《墨经》认为整个宇宙空间是无穷的,他们同意惠施"南方无穷"的命题,并且认为无穷宇宙充盈着无穷无尽的物质,他们有"盈无穷"和"盈,莫不有('有'是物质的存在)也"、"尽,莫不然('然'是物质存在的状况)也"等杰出命题。《经说下》说:"久:有穷;无穷。"即时间也既是有穷的,又是无穷的。如"人过梁"(人走过一座桥)就是"有久之行",即有穷长时间的运动。而无穷宇宙无穷物质存在的绵延性,就是无穷长时间的运动。《经说下》说:"无天陷,则无之而无。"他们认为永远不存在"天塌下来"这种奇怪的事情,宇宙的存在无始无终。

总之,在《墨经》作者看来,世界上实际存在着的一切事物，都可以归结为物质，而物质是处在运动中的，物质运动的表现形式和存在方式是时间和空间，而物质、运动、时间、空间都既是有穷的，又是无穷的。在无限广袤的宇宙中，充满着无穷的物质，它们永久地运动着。简言之，空间无穷，物质充盈，时间永恒。这就是《墨经》作者关于本体论的基本观点，是他们精心描绘的关于世界存在和运动的图景。在这里，没有给鬼神的存在留下任何余地，世界上的事情不需要鬼神的干预，也根本没有鬼使神差的奇异幻想。所以从本体论上说，《墨经》作者的世界观是彻底的无神论和唯物主义的一元论。而只要坚持唯物论的一元论，鬼神之类的迷信也就无处容身了。

（二）生老病死科学看，无须求神灵

《墨经》作者不仅用唯物主义一元论的观点解释宇宙，也用来看待人生。

人的生老病死等生理现象，曾经长期困惑着科学知识尚不发达的先民们。由于对这些现象缺乏科学解释，于是宗教迷信思想就乘隙而入，使人们更加陷入困惑不解的恶性循环中。《墨经》作者毅然从这些神秘莫测的解释中跳出来，完全从事物的本来面目去加以认识，廓清了笼罩在人生问题上的有神论的迷雾。

什么是生命呢？《经上》22说："生，形与知处也。"《经说上》："盈之生，常不可必也"，即生命是形体和精神的兼有，人有"形"有"知"则有生命，有"形"而无"知"则为死亡。而"知"即精神，是否可以脱离人的形体而单独存在成为鬼魂或神灵呢？《墨经》作者的回答看来是否定的。因为《经上》对"知"的定义为："知，材也"，即认识能力或精神是人的形体所具有的才能、本能，它并不能脱离人身而单独存在。如果人的"知"即精神能力，在人死后可以脱离人的躯壳而独存，那就得出了有鬼论、有灵论的结论。墨者曾经对当时儒者的这种想法给予嘲笑：

> 其亲死，列尸弗殓，登堂窥井，挑鼠穴，探涤器，而求其人矣，以为实在，则赣愚甚矣。（《非儒》）

自己的父亲死了，把尸体陈列着不封闭棺材，然后登堂屋，察井口，甚至连老鼠洞，炊饮器具都要探测翻拣一遍，看看父亲的灵魂是否在那儿藏着，企图把灵魂再寻找回来重新装进躯壳，使父亲这个大活人重现人间。人死如灯灭，死者不可复生。墨者认为，儒者相信巫婆神汉玩弄的这一套招魂的把戏，真是愚蠢透顶了，在墨者的这种议论中贯穿了唯物主义一元论的观点。

人的生老病死都是自然现象，可以认识，也可以有所作为。《经下》110说："物之所以然，与所以知之，与所以使人知之，不必同，说在病。"《经说下》："或伤之，所以然也。见之，所以知也。告之，所以使人知也。"即人的生病也是一种自然现象，其现象或原因可以认知，也可以言传使别人认知。如一个人因受伤而生病，这是他生病的原因。我亲眼所见，这是认知的途径。我用言论转告别人，这是使别人认知的途径。这同天下雨使地湿一样，是一种自然而然的现象，并无丝毫神秘之处。

人生病的现象不仅可以认识，也可以有所作为。他们把人治病、去掉病根的活动作为人的基本实践行为之一。《经说上》27说："治病，亡（读为无）也。"即治病是除掉病因，去掉病根。而这种"治病"的行为，是有意识的实践活动的基本形式之一。《经说上》81说："志行，为也。"《经上》86："为：存，亡……"《经说上》："甲台，存也。治病，亡也。"即实践是人的有意识的自觉行为。如造城堡、制铠甲，这是图存自卫的实践行为，而治病是除去病根的实践行为。

《小取》作为分析推理形式的实例说：

"且夭"，非"夭"也。寿"且夭"，"寿夭"也。"有命"，非"命"也。非"执有命"，"非命"也。

即将夭折，不等于夭折，而采取措施使"将夭折"的人延续寿命，却可以说是"使将夭折之人有寿"。儒者宣扬"有命"论，不等于"命"这东西就成立，但墨者批评儒者"坚持有命论"，却可以说是"非命"，即墨者"非命"（否定命运）的论题成立。暂且撇开推理形式的理论不谈，墨者这里也是主张人在治病的问题上不是无所作为的，如自己的孩子生了病，眼看着将要夭折，这时如果相信儒者"命定论"所说，"死生有命，富贵在天"，从而不积极采取治疗和调理的措施，而眼睁睁地望着孩子夭折，这是要不得的。只要治病有方，措施得力，说不定原以为要夭折的孩子药到病除，转危为安呢！由此可看出，墨者非命尚力的观点是鼓励在困难面前（包括在疾病面前）充分发挥人的主观能动作用，而力争好的可能，避免坏的可能。这里体现了墨者积极进取的精神状态。而儒者的命定论则体现了在困难面前无所作为、消极悲观的精神状态，为墨者所不取。

即使人得了在当时条件下的不治之症，墨者也不主张疑神疑鬼，而是认为有规律可探寻的。《经下》150说："擢虑不疑，说在有无。"《经说下》："疑无谓也。臧也今死，而春也得之，之死也可。"臧（男仆名）得了一种不治之症死了。春（女仆名）受到感染，那么她也可能死。在这时疑神疑鬼是没有意义的，找巫婆神汉来装神弄鬼更无必要。这时人们认识的任务，在于从这些事件中抽引出一般规律。如果事实证明我们抽引的一般规律是对的，那就用不着怀疑。这里关键在于我们抽引出的一般规律是否确实存在。

《墨经》作者对生老病死等生理现象的解释，也贯穿了唯物主义一元论和无神论的观点，没有给有神论留下可乘之机。这是墨者在墨子无神论思想因素的基础上，对中国古代唯物主义哲学的巨大贡献。我们看到，在狭义《墨经》四篇中已经把墨子的有神论思想抛弃得无影无踪，这是在墨家学派内外学术争鸣的反馈中，墨学自身由谬误走向真理的一个自我调适与更新，是中国文化史上值得称颂的一大盛事。

第二节　从三表法到"摹物"之学：一个杰出认识论系统的诞生

在认识论上，墨学经历了由片面到全面、由不系统到系统的发展过程。墨翟的认识论，是以"三表"为主要内容的唯物主义经验论，它有过于偏重经验的弊端，又有若干理性论的思想因素。而后期墨家则在全新的科学思维的基础上，建构了一个杰出的认识论系统，至今仍保有其充沛的生命力。

一、墨子的"三表"——唯物主义经验论的认识论

墨翟作为一个熟练的工匠,对法则、标准的作用有深刻的自觉。他认为各种工匠操作都有法度可循,如:"为方以矩,为圆以规,直以绳,正以悬(用悬垂的直线取垂直),平以水。"(《法仪》)无论技术熟练或不熟练,手艺巧与不巧,都要使用这些普遍的标准、法则。技术熟练者制器施工能较好地达到标准,合乎法度,初学者虽然技术不精,但谨慎地模仿、比照着这些标准、法则去做,还是比按自己的意想办事要好得多。所以说:"百工从事,皆有法所度。"推广来说,从士到将相,以至于天下从事者,都不可以无法仪。"无法仪而其事能成者,无有也。"(《法仪》)由此墨子又想到,人的认识也应该有法度可循。他说:

> 言必立仪。言而无仪,譬犹运钧之上而立朝夕者也,是非利害之辩不可得而明知也。故言必有三表。何谓三表?有本之者,有原之者,有用之者。于何本之?上本之于古者圣王之事。于何原之?下原察百姓耳目之实。于何用之?发以为刑政,观其中国家百姓人民之利。(《非命上》)

正如无法在一个旋转着的盘子上立标杆、测日影以确定时间一样，人的言论、认识也必须有确定的标准，才能区分是非、真假。"三表"是墨子提出的检验认识是非真假的三条标准，所谓"上本之于古者圣王之事"，是追溯、根据前人的间接经验。"下原察百姓耳目之实"，是以人民群众现实的直接经验作为认识的来源。"发以为刑政，观其中国家百姓人民之利"，是把认识贯彻于社会政治实践，观察其实际应用的效果。墨子把人们的直接经验和间接经验作为认识的唯一来源和检验认识真理性的标准，这是有开拓意义的、非常杰出的唯物主义经验论的认识论。它是荀子的"符验"、韩非的"参验"和王充的"效验"等思想的先驱，对后世有重大影响。墨子唯物主义经验论的认识论，是直接生产者在自己的生活实践中容易形成的朴素观念，而墨子则把这些朴素观念加以集中，并初步系统化了。

墨子认识论的弊端，是有时片面夸大感觉经验的作用，没有把感觉和思维、经验和理论适当结合起来，以至于从人们虚幻的感觉、错误的经验和离奇的记载中引出"鬼神存在"的武断结论。

在中国古代各学派争论很激烈的名实关系问题上，墨子提出"取实"重于"命名"的唯物主义观点。他认为称呼一个名，要检察是否有相应的实。墨子说：

> 今天下之诸侯，多攻伐兼并，则是有誉义之名，而不察其实也。此譬犹盲者之与人，同命白黑之名，而不能分其物也，则岂谓有别哉？（《非攻下》）

他批评当时某些大国诸侯，实行的攻伐掠夺、兼并小国的政策，不具备仁义之实，却要别人赞誉他有仁义之名，这就像瞎子只会说黑、白之名，而不能分清黑、白之实一样，没有实际意义。墨子又说：

> 今瞽（瞎子）曰："皑者白也，黔者黑也。"虽明目者无以易之。兼白黑使瞽取焉，不能知也。故我曰：瞽不知白黑者，非以其名也，以其取也。今天下之君子之名仁也，虽禹、汤无以易之。兼仁与不仁，而使天下之君子取焉，不能知也。故我曰：天下之君子不知仁者，非以其名也，亦以其取也。（《贵义》）

即瞎子也懂得黑白名称的含义，但如果要把黑、白的东西混杂放在一起，让他从行动上加以选取和区分，那就办不到了。瞎子只知道黑、白的名称，还不算是真正的、完全的知识，必须既知其名又察其实，把名和实、言与行、理论跟实践结合起来，才算是真正的、完全的知识。墨子关于理论与实践相统一的思想，是正确而独到的。这一思想为后期墨家所继承和发展。《墨经》中有一段话恰恰是墨子上述思想的升华和提高："知其所不知，说在以名、取。"（《经下》148）"杂所知与所不知而问之，则必曰：'是所知也，是所不知也。'取、去俱能之，是两知之也。"（《经说下》）

总的来说，墨子的认识论具有经验论的倾向，但由于他是一位杰出的学者、教育家和科学家，所以也常常表现出某些理性论的思想因素。例如，他提出"察类"、"知类"、"辩故"、"明故"的认识原则（《非攻下》、《公输》、《兼爱中》），重视"方法"、"法则"的探究，提倡"以见知隐"（从外在的现象到隐蔽的本质）的分析法和"以往知来"的类推法（《非攻中》），并肯定认识的预见性。当时有一个人叫彭轻生子，他提出一个论题："往者可知，来者不可知。"即过去的事情可以知道，未来的事情不能知道。墨子举例反驳说，假如你的父亲在一百里之外遇到危难，你要是在一天之内赶到，就能够救他，赶不到，他的生命就难保。现在有"固车良马"（坚固的车子、善跑的马）和"驽马四隅之轮"（四方轮子的车、跑不快的马）让你选择，你选择哪一种？彭轻生子说："那当然是乘固车良马，因为这可以尽快赶到。"墨子说："那你怎么说未来的事情不能知道呢？"于是驳得彭轻生子无话可说了。（《鲁问》)这些都是墨子思想中杰出的理性论因素,这些思想受到后期墨家的关注,并把它大大地向前推进了。

二、后期墨家的"摹物"之学——经验与理性并重的认识论

后期墨家继承了墨子认识论中重视经验与效果的优良传统,汲取并阐扬了其理性论的科学因素,建立起一个深刻、精到的认识论系统。后期墨家认识论的一个主要特点,是经验与理性并重。由前墨到后墨,其认识论思想明显地经历了由片面到全面、由不甚系统到系统的发展过程。借黑格尔的用语来说,后墨的认识论是对墨子认识论的"扬弃",即既有抛弃,又有保留、发扬和提高。这再一次为中国文化史树立了一个"取其精华、弃其糟粕"的批判继承的范例。

(一)摹略万物之然:论认识目的

以孔子为代表的儒者,其认识的兴趣主要在于政治、伦理,而对自然界的事物和生产技术漠不关心。墨子认识的主要兴趣固然也在于为天下兴利除害,其学说的十大论题从"尚贤"至"非命"亦多涉及社会人事,不过与儒者不同的是,墨子关心普通劳动者(农民和手工业者)的各种生产技艺,并从中汲取精神营养,援引辩论的素材。而后期墨家则更把认识的兴趣拓宽到宇宙万物,包括自然

界、人类认识和思维的各个领域，从中概括出自然科学、社会科学和思维科学的种种知识，成为百科全书式的学者。后期墨家著作《小取》规定"辩"的总任务是"摹略万物之然，论求群言之比"，即认识宇宙万物的本来面目，讨论搜求各家言论的是非得失。这里的"辩"，包含了现今所说的认识论和逻辑学的内容。古代"辩"与"辨"相通，后期墨家说"辩"包含"辨"，即辨别、分析的意思。如《经上》"心之辩"即"心之辨"，是指心智的分析、辨别作用。从"辨"的意义上说，指认识论（辨别、分析事物）。从"辩"的本义或狭义说，指逻辑学（研究辩论的形式、规律和方法的学问）。分别来说，"摹略万物之然"主要指认识论；"论求群言之比"主要指逻辑学。所以后墨的认识论可以说是"摹物"之学，即研究认识世界的一般形式和规律的学问。

"摹略万物之然"中的"摹"，即摹写、反映。后墨的认识论是极明显的反映论。"略"即约要、要略，相当于抽象、概括，即在认识过程中有所弃取（去粗取精、去伪存真）。"然"，指事物的面貌、状态、现象。不过后墨所谓"然"，也包括"所以然"（原因、本质、规律）。《小取》说："其然也，有所以然也。"《经下》"物之所以然"在《经说下》中被简称为"然"。（墨者集团在成员能心知其意的情况下经常使用一些缩略语、简括语。这一

是为了省文字、简篇幅，使竹帛之书更便于携带。二是为了易于诵读，便于记忆、流传）

要真正做到"摹略万物之然"，即概括反映宇宙万物的"然"和"所以然"，就要"求故"和"明法"。

"故"在本体论意义上相当于原因，在逻辑学意义上相当于理由和根据。所谓"求故"，从认识论上说，即寻求事物"所以然"的原因，这是认识的一个重要任务。

"故"即原因概念的诞生，是文化史、思想史、哲学史和逻辑史上的大事。在文化不发达的远古时代，人们还没有把自己同自然界区分开来，还自然而然地把自己看成自然界的一个组成部分。随着生产和文化的发展，人们已经给自己提出一个新的认识任务，即遇事要问明"为什么"，也就是探明事物的原因。这时"故"即原因的概念就应运而生了。"故"在《论语》中还没有成为跟"原因"同义的哲学范畴，而在墨子的讲演和平日谈话中则分明成为跟"原因"同义的范畴。墨子谈话时处处都要问一个"为什么"，"是何故也"之类的问话比比皆是。而当在答案中摆出一件事情的"故"即原因之后，就把问题的分析深入了一层，引导人们从认识现象到认识本质。如问"入人之场园，取人之桃李瓜姜者，上得且罚之，众闻则非之，是何故也？"当回答说"不与其劳获其实，以非其所有而取之故"时，就把偷窃行为的本质是不劳而获给指明了。墨子明确总结出"故"即原因的概念，并提出"辩故"、"明故"、"无故从有故"等认识的原则，这比孔子的哲学思想境界已经高出很多。

后期墨家在墨子哲学成就的基础上，进一步对"故"的概念做出了规定。《墨经》第二条开宗明义就给出"故"的定义为"所得而后成"，并细分"小故"和"大故"。"大故"是"有之必然，无之必不然"（相当于充分且必要条件），"小故"是"有之不必然，无之必不然"（相当于必要条件）。《经说上》又说："故也，必待所为之成也。"断定有因必有果，天下雨（因）必然引起地湿（果），从而揭示了因果联系的必然性。而真正认识了因果联系的必然性，也就能进而把握事物的法则（规律）。所以《墨经》把"求故"和"明法"相提并论：

> 巧传则求其故。法同则观其同。法异则观其宜。（《经上》96、97、98）

> 法取同，观巧传。取此择彼，问故观宜。（《经说上》97、98）

> 法，所若而然也。循，所然也。说，所以明也。（《经上》71、72、73）

> 意、规、圆三也，俱可以为法。然也者，民若法也。（《经说上》71、72）

后期墨家是由能工巧匠出身的理论家,他们不满足于各行业代代相传的手工技艺,要求知其然并知其所以然之"故",所以说"巧传则求其故"。"求故"有助于"明法"。跟"法则"同义的"法",也是由墨子首次明确提出的。在《论语》中"法"字还没有独立成为表示法则的哲学范畴,而在《墨子》中则明确地确立了这个范畴。墨子有关于"法仪"的讲演,指出各行各业都有自己普遍遵守的法则,并进而总结出"言有三法"(即三表)。《墨经》给"法"(法则)明确下了定义,即遵循着它就可以得到一定结果的东西。解说论证是为了揭明事物的法则。例如圆的定义("一中同长"),圆规和标准的圆形,都可以作为画圆、制圆之法。

由于规定认识的目的是了解宇宙万物之然和所以然,把握事物存在的原因和规律,就使墨家的认识论达到了一个前所未有的高度。

(二)"过物"之知与"论物"之知——论认识的能力和过程

《墨经》在比较靠前的部分有相邻数条,意义连贯地论述了人的认识能力和认识过程,提出了精确深湛的观点:

> 知,材也。(《经上》3)知也者,所以知也,而不

必知。若明。(《经说上》)

虑，求也。(《经上》4) 虑也者，以其知有求也，而不必得之。若睨。(《经说上》)

知，接也。(《经上》5) 知也者以其知过物而能貌之。若见。(《经说上》)

恕，明也。(《经上》6) 恕也者以其知论物，而其知之也著。若明。(《经说上》)

后期墨家认为人具有认识世界的能力。这里"知"字多次重复出现，意义不尽相同，需要仔细分辨。"知，材也"的"知"指人的认识能力（才能）。这种能力是人们用来认识世界、获得知识的生理条件，所以说"知也者，所以知也"，但仅有这种能力还不必然取得知识。犹如人有健全的眼睛，还不必然看见东西一样。这就同孔子"生而知之"的唯心主义先验论划清了界限。

"虑，求也"是指人的思虑求知的状态与活动。它是运用人的认识能力来探寻求索的过程。所以说"虑也者以其知有求也"。"而不必得之"说明仅有求知的状态与活动，虽冥思苦索，也不必然获得知识。所以说"而不必得之"。犹如人用眼睛的一角斜着一瞥，不正面仔细审视（观察），不一定看清事物的面目一样。这里肯定了求知不等于有真知，这就同一切主观武断和臆想划清了界限。

"知，接也"的"知"是指感性认识，它的最主要特点，是"接"和"过"，即用人的认识能力同事物相接触，相过从，而能描摹出事物的面貌和外部联系，犹如人用眼睛看东西看见了一样。这里用"接"字来定义感性认识，强调用人的认识能力来接触外界，"过物而能貌之"，这是极其精练而准确的概括，是很明显的唯物主义反映论的观点。由于墨者认为"物"先存在，然后人们才"以其知（认识能力）过物"、"接物"，所以也同唯心主义的感觉论划清了界限，这是对墨子唯物主义经验论的继承、改造和发展。

"恕，明也"的"知"是指理性认识。墨者为了表明这种知识要通过心智思维来把握，所以特地造了一个新字，即在"知"下加一个"心"字，这个字为古今字书和其他书籍中所无，足见墨者在表达新见时的良苦用心。墨者认为理性认识的特点，是用人的认识能力（心思）来分析事物、整理感性材料而把握事物的条理、规律和内部联系。这种"知"（理性之知）具有深切著明的特点（把握了事物的本质和规律，认识也就明确了）。所以要用"明"来定义，并断定"其知之也著"。犹如人用眼睛看东西，看得一清二楚，毫无模糊不清之处。墨者对理性认识特点的把握也是极为精当的。这种明确的理性论思想是对墨子理性论因素的极大发展，也是对墨子经验主义偏向的纠正。

《墨经》反复申述了心智思维超越感性认识的特殊作用：

> 闻，耳之聪也。循所闻而得其意，心之察也。言，口之利也。执所言而意得见，心之辨也。（《经上》90至93）
>
> 知而不以五路，说在久。（《经下》146）
>
> "以目见"而目见，"以火见"而火不见。唯以五路（五种感官）知久，不当"以目见"，若"以火见"。（《经说下》）

《墨经》把眼、耳、鼻、舌、身五种感性认识器官叫作"五路"（五种信息通路），这是形象而贴切的。墨者认为这五种感性认识是人的所有认识的必要条件，犹如光线是见物的必要条件一样。所谓必要条件是"无之必不然，有之不必然"，即如果没有感性认识就一定没有理性认识；但仅有感性认识，不一定就有理性认识。如认识时间（久）的概念，没有感性认识提供的经验材料，就不能形成时间概念；但仅有关于时间的感性认识，不一定就有时间的一般概念（理性认识）。要形成时间的一般概念，除了"五路"提供的感性信息，还需要有心智思维的抽象概括作用。即"五路"不是认识"久"(时间)的器官,而"心"才是认识"久"的器官。"五路"对于"知久"(认识时间)只相当于光线对于见物的作用,而不相当于眼睛对于见物的作用。所以说"唯以五路知久,不当'以目见',若以'以火见'"。推广来说,一切理性认识都要在感性认识的基础上,运用心智思维的辨察(辨别、分析)作用。由于语言形式的多样性、复杂性,听其言要知其意,也离不开心智思维的辨别分析作用。有时言在正而意在反,如说"好容易"而意思是"好不容易"。有时言在反而意在正,如说"好不威风"而意思是"好威风"。至于一词多义、一语歧解的现象亦属多见。如"羁"可指旅客,也可指马笼头。"夔一足"可解为夔这个人天生只有一只脚,也可解为夔这个人有一个就足够了。俗话说:"听话听声,锣鼓听音。"若不用心思辨察,岂不要差之毫厘,谬以千里?

(三)闻、说、亲;名、实、合、为——论知识的来源和内容

《墨经》把知识按来源和内容加以分类,并分别给予了定义:

> 知:闻、说、亲;名、实、合、为。(《经上》81)
> 传受之,闻也。方不㢑,说也。身观焉,亲也。

所以谓，名也。所谓，实也。名实耦，合也。志行，为也。(《经说上》)

这里亲知、闻知和说知是按来源对知识的分类。名知、实知、合知和为知是按内容对知识的分类。

1. 亲知、闻知和说知。"亲知"是认识主体通过亲身观察得来的知识，即运用感觉器官（五路）感知外界事物，从客观世界获取各种知识信息。亲知属于直接知识，其优点也正在于其直接性和现实性。在墨者所规划的小城保卫战中，就充分利用了守望和侦察的亲知形式。他们规定在城市的四面郊野，每隔一定距离，筑一高台，台上建守望观测楼亭，发现敌情，即刻以烽火报警，将敌情信息迅速传达于城上。此外，还于四郊派出警戒兵与侦察兵，勘察观望敌人踪迹，并从速报告。(《号令》)《墨经》还指出观察有片面和全面两种。《经上》83说："见：体，尽。"片面观察被称为"体见"，《墨经》中"体"指部分，"体见"即只见一面。《经说上》说："特者体也。"全面观察被称为"尽见"，"尽"指全部，"尽见"即见到全部。《经说上》说："二者尽也。"《小取》还说"不可偏观"，看来墨者在认识论中是提倡全面观察，而不赞成仅仅停留于片面观察的。当然全面也要经由片面，由片面发展到全面。所以在小城保卫战中，墨者规定，要在城市的各个方向派员守望观察，以便全面汇集敌情，不遗漏重要信息。

"闻知"是认识主体通过听觉接受别人传授的知识信息。《经上》90说："闻，耳之聪也。"听觉是健全耳部器官的功能。"传受之，闻也"，表明闻知是别人传受来的知识。对于认识主体而言，闻知是属于间接知识。闻知比起亲知，增加了传播媒介的环节，即通过别人的嘴巴说，经由我的耳朵听。这时，不管是别人说错，或是我听错，都等于增加了犯错误的可能。传播的次数越多，信息失真的可能性越大。所以《墨经》又把闻知分为"亲闻"和"传闻"两种。《经上》82说："闻：传；亲。"《经说上》："或告之，传也。身观焉，亲也。"一般说，"亲闻"比"传闻"更可靠些。《经下》110举例分析说："物之所以然，与所以知之，与所以使人知之，不必同，说在病。"《经说下》："或伤之，所以然也。见之，所以知也。告之，所以使人知也。"一个人因受伤而生病，这是"物之所以然"。我确实亲眼看见了，这是"所以知之"。我亲口如实告诉别人，这是"所以使人知之"。"物之所以然"、"所以知之"与"所以使人知之"三者是同一个信息，则"我知"和"人知"的内容就都是真的、可信的。如果三者不是同一信息，不管是我观察（"见"）错了，还是我传达（"告"）错了，都会使讯息失真而变得不可信。在小城的保卫战中，墨者规定对侦察员的敌情报告要"相参审信"（《号令》），即互相比较，仔细审察，务使情报真实可信。必要时甚至要"三发三信"，即多次派人侦察，反复比较参照。"有能深入至敌国者，问之审信"（《号令》），即对深入敌国所取得的情报，更要慎重对待。这都是要保证闻知的可靠性、避免在传播过程中信息失真所采取的预防措施。

"说知"是超越时空限制、由已知推出未知的推论之知。这是在感性认识基础上，运用思维而获得的理性认识，是属于间接知识。《墨经》举例阐述了说知与亲知、闻知的关系：

闻所不知若所知，则两知之，说在告。（《经下》170）在外者，所知也。在室者，所不知也。或曰："在室者之色若是其色。"是所不知若所知也。犹白若黑也，孰胜？（"若"的意思是相似、相等。说"甲之色若乙之色"，只能理解为白若白，黑若黑，决不能荒谬地说白若黑或黑若白，这样说究竟是黑、是白就不肯定了）是若其色也，若白者必白。今也知其色之若白也，故知其白也。夫名（概念和推论的知识）以所明（已知前提）正所不知（结论），不以所不知疑所明。若以尺度所不知长。外，亲知也。室中，说

知也。(《经说下》)

这里指出"说知"即推论之知的实质,是用已知的前提做标准,去衡量未知的东西,这时未知(结论)就转化为已知。犹如用一根尺子(已知其长度为一尺)去量度不知其长度的物件。量度的结果,原来不知其长度的物件就转化为已知。从比较思想史上来看,墨者的这种论述和比喻是意味深长的。在印度逻辑(即因明)中,推论之知被称为"比量",其梵文为 Anumānapramāna,也有标准、尺度和比较、量度的意思,即在一定知识的基础上,由比度推论而获得知识,如从见烟比度推论有火。因明也把建立推论的形式称为"立量"。"夫名以所明正所不知,不以所不知疑所明",意味着《墨经》主张由已知(所明)做前提和标准去衡量、推度未知,不能反过来由未知去怀疑已知。《墨经》把可知论贯彻到整个认识领域,而反对形形色色的怀疑论、不可知论。

在这里,《墨经》列举一个由亲知和闻知做前提推论新知的实例:

亲知:室外之物的颜色是白的。
闻知:室内之物的颜色是室外之物的颜色。

说知：所以，室内之物的颜色是白的。

其推理形式可公式化为：

M 是 P
S 是 M
─────
S 是 P

这是跟亚里士多德三段论相似的演绎推论。后期墨家推崇科学，重视论证，所以也必然承认说知即推论之知在认识中的地位和作用。墨者把推论叫作"说"。《小取》说："以说出故。"即举出理由论证一个论题。整部《经下》和《经说下》便是由论题、论据和论证组成的科学著作，是表达"说知"即推论之知的范例。

2. 名知、实知、合知和为知。"实知"是关于实物即认识对象的知识。如墨者集团有一位新吸收的门徒，在小城保卫战中看到连弩车的实物，这就是关于连弩车的实知。

"名知"是关于认识对象的语词、概念的知识。如前述某位新来的墨者门徒，读了《墨子》一书中关于连弩车结构、作用、驾驶知识的说明，知道了"连弩车"的概

念,这就是关于连弩车的名知。(《备高临》)

"合知"是把实知和名知配合起来,既知其实、又知其名的知识。如这位墨者门徒见到了连弩车的实物,又知道了它的语词、概念,能把二者结合起来,这就是有了关于连弩车的"合知"。

"为知"是有计划、有目的自觉行动的知识,犹如我们今天所谓实践之知。如墨子大弟子禽滑厘在关于连弩车的实知、名知和合知的基础上,能带领众门徒熟练地制作大批的连弩车,以供小城保卫战的应用,这就是"为知"。《墨经》列举六种常见的"为知":

为:存、亡、易、荡、治、化。(《经上》86)
甲台,存也。病,亡也。买鬻,易也。削尽,荡也。顺长,治也。蛙鹑,化也。(《经说下》)
化,征易也。(《经上》45)
若蛙为鹑。(《经说上》)

制铠甲、筑城台,是救亡图存的行为。治病除掉病根,是把病由有变无的行为。买进卖出,是交易的行为。追剿来犯之敌,是扫荡寇仇的行为。遵循庄稼生长规律而耕作,是治理农事的行为。"化之为",是指养殖动物的行为。不过《墨经》"若蛙为鹑"的举例不当。这说明墨者没有亲身从事动物养殖的实验，否则他们就不会把"青蛙能变成鹌鹑"的传说作为实例。然而今天确有青蛙与鹌鹑养殖的专业户，在从事墨者所说的"化之为"，即促使动物生长变化以致富的实践行为。墨者列举的"为知"，涉及农副业、商业、医疗和军事（进攻与防御）等各个领域。墨者把"为知"，即关于实践的知识作为认识的一个重要内容，或认识的一个高级阶段，这种思想是非常杰出、合理的。我们不能不叹服墨者在这里所表现的高度智慧及其所发掘的深湛哲理。

（四）知识和意见的分野——论臆测和猜疑

在西方哲学中，区分知识和意见这两个范畴。《墨经》中有类似思想：

知（知识）与意（意见）异。（《大取》）

以楹为抟，于"以为"无知也，说在意。（《经下》157）楹之抟也，见之，其于意也，不易先知。意，相也。若楹轻于萩，其于意也洋然。（《经说下》）

意未可知，说在可用、过悟。（《经下》158）破、锤、锥俱事于履，可用也。或破履过锤，与或锤过栝履同，过悟也。（《经说下》）

必也者可勿疑。（《经说上》84）

摧虑不疑，说在有无。（《经下》150）疑无谓也。

> 臧也今死，而春也得之，之死也可。（《经说下》）

《大取》中明确肯定知识和意见的不同。所谓知识，从认识论上说，即"摹略万物之然"和"所以然"，即反映事物的存在及其本质、原因和规律。从逻辑上说，知识被表达为确凿无疑的实然判断和必然判断。如臧（男仆名）得了在当时条件下的不治之症死了，而春（女仆名）被感染了同样的病，可以断定她也会死。如果这种判断的模态只能达到"或然"（可能）的程度，那就只是"意见"，即臆测、猜想、想象。如果能达到"必然"的程度，即能讲出理由，从而断定她必死无疑，那就算"知识"。如果了解她事实上已不在人间（实然判断），那也算知识（经验知识），所以知识即是对一事实的存在及其必然性的了解。而单凭主观想象所下的不确定的判断，则只能算是意见，即臆测、猜想、想象。《经说下》"意，相也"的"相"同"象"，即想象。韩非子对"想象"这个词有生动的解说："人稀见生象也，而得死象之骨。按（依）其图以想其生也，故诸人之所以意想（臆测、想象）者，皆谓之'象'也。"（《解老》）照墨者的说法，"意见"即是这种想象。他们举例说：如果你先前曾经确实看见过柱子是圆柱形的，那么留存在你心中的"意"就不会改变，那就算是"知识"。而如果你从未见过，只是凭主观想象说:"我以为柱子(可能是)圆柱形的。"这个"以为"是相当不可靠的。《经上》:"卧,知无知也。梦,卧而以为然也。"人在熟睡中认识能力是处在"无知"状态,而做梦时却也在那里"以为"如何,这"以为"能算作知识吗?"以为"即"想当然"。"以为"如何在现代人口中也常说。墨者说单凭这"以为"如何,还不算知识,所以说"于以为无知也"。如果进而凭空想象柱子比萩蒿还轻,那种"意"就更是虚无飘渺、茫然无所据了。

人用不同方式和途径可以达到同一目的。工匠制鞋可以使用砧子(破)、锤子和锥子。可以先上帮后过锤,也可以先过锤后上帮,无一定之规。这时,对于工匠操作的具体程序,只能猜测,不能确知;只能下或然判断,不能下必然判断。

《墨经》对意见的一种形式,即猜疑,进行了分析:

疑,说在逢、循、遇、过。(《经下》111)

逢为务则士,为牛庐者夏寒,逢也。举之则轻,废之则重,若石、羽,非有力也。柿(fèi费,削下的木片)从削,非巧也,循也。斗者之弊也以饮酒,若(或)以日中,是不可知也,遇也。知与?以已为然也与?过也。(《经说下》)

猜疑虽然也是认识的形式，但毕竟也是或然性的判断，还不是确实可靠的知识。这里列举了逢、循、遇、过四种疑的形式。

见到忙于事务的人，就猜疑他是管事的头目。见到搭牛棚的人，就猜疑他是为了夏天乘凉之用。这是偶然遭逢所引起的猜疑。

见人举物向上轻如羽毛，舍之置地重如磐石，这并不是有力的表现，不过是顺其势而为。循着木头纹理刮削，木屑轻轻落地，并非如你想象是有什么了不起的技巧。这是顺势循理所引起的猜疑。

见人打架斗殴，猜疑可能是由于饮酒过量，也可能是由于市场交易的争执，不能确知。这是凑巧遇见所引起的猜疑。

是确切知道呢？还是过去如此，就以为现在也如此呢？这是由过去的经验所引起的猜疑。"知与"的"知"是知识。"以已为然"（《经说下》）另一条作"过而以已为然"，这是对经验主义者"过去如此，所以现在也是如此"的荒谬逻辑的一种概括。有经验主义思想的人喜欢说，"因为过去怎样，所以现在怎样"。墨者反对这种错误逻辑：

> 昔者之虑也，非今日之虑也。昔者之爱人也，

非今日之爱人也。昔之知穑（节俭），非今日之知穑也。(《大取》)

或过名也，说在实。(《经下》133) 知是之非此也，又知是之不在此也，然而谓此南、北：过而以已为然。始也谓此南方，故今也谓此南方。(《经说下》)

过去曾经动脑筋考虑问题，不等于今天动脑筋考虑问题。过去曾经坚持相爱互利的立场，不等于今天坚持相爱互利的立场。过去曾经懂得节俭，不等于今天懂得节俭。已经知道这个东西不是这个了（性质改变），或已经知道这个东西不在这里了（空间转移），然而还死抱住过去的老皇历不放，仍说这个东西是这个东西，或这个东西还在这里，这就是遵循经验主义的逻辑：从过去怎样推出现在还怎样。如过去在赵国，说魏国在南方；现在到了楚国，还说魏国在南方，这不是很荒谬吗？可见，"过而以已为然"只是依据经验主义的逻辑所做出的错误猜测，并不是确实可靠的知识。

臆测与猜疑虽然跟确实可靠的知识不同，但也是人们认识世界的形式，其中也往往包含某些知识的成分和要素，对其加以分析，去粗取精，去伪存真，可以为知识的构成提供材料，或成为走向知识的起点。

（五）理智与欲望的抉择——论人为什么犯错误

《墨经》讨论了理智和欲望的关系，从认识论与心理学上探索了人之所以犯错误的原因：

> 讹，穷智而悬于欲也。（《经上》76）
>
> 欲饮其鸩，智不知其害，是智之罪也。若智之慎之也，无遗于其害也，而犹欲饮之，则饮之是犹食脯也。搔（搔马）之利害，未可知也，欲而搔，是不以所疑止所欲也。墙外之利害，未可知也，趋之而得刀（钱币），则弗趋也，是以所疑止所欲也。观"讹，穷智而悬于欲"之理，食脯而非智也，饮鸩而非愚也。所为与所不为相疑也，非谋也。（《经说上》）

这里"讹"指犯错误。"智"指知识、理智，是人们辨别是非、利害，从而控制行为的认识与能力。"欲"指欲望，是人们想得到某种东西或达到某种目的要求。墨者认为犯错误是由于行为没有用理智支配，而受欲望支配的结果。如想喝毒酒，如果理智不知道喝毒酒的害处，这是理智的过失（犯错误）。如果理智清楚地了解喝毒酒的害处，但还是想喝，那么喝毒酒就像吃肉干一样，是由于受欲望支配而犯错误。又如搔马，马是否受惊踢人不知道，但由于想搔马而去搔，这是没有用自己对利害的疑问克服欲望的结果，这时也会因受欲望支配、冒险行动而犯错误（如被马踢伤）。再如对墙外的利害不知道，即使到墙外能拾到钱币，但还是不去，这是用自己对利害的疑问克服欲望的结果，这时就不会因受欲望支配、冒险行动而犯错误（如受盗匪抢劫杀伤）。由上述可知，吃肉干不是由于理智，喝毒酒也不是由于愚蠢，而都是由于受欲望的支配。搔马由于侥幸冒险而可能被踢，不去墙外则由于谨慎稳妥而免于灾祸。干搔马的事和不干去墙外的事，都是在对利害疑而未决的情况下采取的行为态度，并不是由于有良好的谋略。墨者认为人的行为应该受理智（即正确知识）的支配，这样才能不犯或少犯错误。不受理智支配（穷于智），而受欲望或不确定的意见（疑问）支配，则难免犯错误。墨者从认识论和心理学上对犯错误原因的解释是合理的，颇有启发意义。

（六）"假必悖，说在不然"——论认识的真假和检验标准

后期墨家主张在认识和辩论中要"明是非之分"，即区分认识与表达的真和假、正确和错误。言（语言）和意（认识、判断）合乎事实，叫"是"、"正"或"当"，反之就叫"非"或"假"。《经说上》81说："所以谓，名也。所谓，实也。名实耦，合也。"名和言是用来称谓、陈述事物的工具。实际存在的事物是名言称谓的对象。名言

符合事实构成正确的认识。《经上》84说:"合:正、宜、必。"《经说上》举例说:"矢至侯中,志功正也。臧之为,宜也。非彼必不有,必也。必也者可勿疑。"射箭竞技时,想射中靶心,射的结果,真的射中了靶心,这叫动机与效果、认识与实际正好一致(相合)。臧(人名)的行为合乎中道(适度),叫作"宜合"(恰如其分、适宜、合适)。"必合"指一个结果的出现合乎必然规律。如墨子说:"贫家而学富家之衣食多用,则速亡必矣。"即只有节俭,才能不败家;如果不节俭,则必败家。现在又已知某人不节俭,则可知他必然败家。这个结果是合乎必然规律的。墨者对"合"的这种论述已多少超出认识论的范围,不过,他们把符合事实定义为认识的真,这一点是很明确的。《墨经》又说:

> 假必悖,说在不然。(《经下》109)
> 假必非也而后假。狗假霍也,犹姓霍也。(《经说下》)

虚假的认识必然违背事实,犹如狗假装成鹤,并不真是鹤,一个姓霍的人也并不真是鹤一样(霍、鹤二字古代通用)。

后期墨家有把人的自觉行为(实践),看作检验认识的真理性标准的思想。《墨经》论知识的内容与分类，把关于自觉行为的知识也算作一种，并且是最高级的一种，并下定义说："志行，为也。""志"即意志、认识、动机，"行"即行动。"为知"（即自觉行为的知识）是认识与行动的统一、一致。认识的目的是"摹略万物之然"和"所以然"，把握事物的规律（法则），并用以指导行动。这从墨者对"法"（法则、规律）的定义中也可以看出：

法，所若而然也。（《经上》71）意、规、圆之也，俱可以为法。（《经说上》）

循，所然也。（《经上》72）然也者，民若法也。（《经说上》）

圆，一中同长也。（《经上》59）规写交也。（《经说上》）

即法则（规律）是人遵循着它就可以造成一定结果的东西。如关于圆的定义（一中同长）、圆规和具体的圆形，都可以作为制圆的法则（标准）。这里把人的自觉行为（实践）的环节，引进了"法"（法则）的定义，明显地具有实践是检验规律性认识之标准的思想。按照圆的定义，使用圆规，能够做出实际的圆形这一行动本身，就是我们对圆的认识之真理性的最好检验。《墨经》把人的自觉行为作为检验认识真理性标准的思想是可贵的。

(七) 驳斥在认识论上的谬误与诡辩

1. 驳"火不热"——辩者主观唯心主义的诡辩。《庄子·天下》篇记载中国古代辩者有"火不热"的诡辩论题。唐成玄英解释说:"譬杖加于体,而痛发于人,人痛、杖不痛,亦犹火加体,而热发于人,人热、火不热也。"意思是,你用棍子打我,我感到疼痛,而棍子并不感到疼痛。同样,火烧我,我感到热,而火并不感到热。看来"火不热"诡辩的实质,是把火热的性质归结为人的主观感觉,而这正是一切主观唯心主义诡辩的共同手法。墨者不同意这种诡辩,驳斥说:

火热,说在视。(《经下》147)谓火热也,非以火之热我有,若视日。(《经说下》)

墨者站在朴素唯物主义的立场,认为热是火本身的性质,而不能归结为人的主观感觉,这可以用"看太阳"这一行为来加以检验。例如在清冷的冬季,我们出门仰望太阳,便会感到热从太阳射来,而非从我本身发出。墨者用这一浅近的实际行动,证明了他们所坚持的朴素唯物主义观点。

2. 驳"目不见"——公孙龙不可知论的诡辩。中国古代诡辩家公孙龙有"目不见"的诡辩论题。见于《庄子·天下》篇和《公孙龙子·坚白论》。后者并有论证说：

以目、以火见。
而火不见。
——————
则火与目不见。

即看东西凭借眼睛和光线来看见，但光线不能看见，所以光线和眼睛加在一起也看不见。这是用一个不正确的类比推理，通过混淆眼睛和光线对于见物所起的不同作用，从而得出"目不见"的错误论题。实际上，虽然眼睛和光线对于见物都是不可或缺的，但眼睛和光线对于见物毕竟起着不同的作用。眼睛是见物的器官，光线只是眼睛看见东西的条件。因此，不能从光线看不见东西（光线当然不是见物的器官），类推出眼睛看不见东西（即"目不见"）。公孙龙"目不见"的论题和论证带有不可知论的色彩。他正是从否定感觉器官的作用，并否定精神的作用（公孙龙接着提出"神不见"和"神不知"的命题），从而得出坚、白、石等概念各自分离，并独立存在的客观唯心主义本体论的结论。

《墨经》反对"目不见"这一带有不可知论色彩的诡

辩论题，而肯定"目见"这一可知论的命题：

> "以目见"而目见，"以火见"而火不见。(《经说下》146)

即我们说"以目见"，是肯定眼睛为见物的器官，而我们说"以火见"，只是肯定光线为见物的条件，眼睛和光线对于见物的作用并不是等同的。所以不能从光线不能见物，推出眼睛不能见物。《墨经》中屡屡以"见"或"视"作为论证的素材。如《经上》和《经说上》用"见之成见"作为"大故"（充分必要条件）的事例；论认识能力、活动和过程的数条，用"若明"、"若睨"、"若见"等作为譬喻；论"见"（观察）分为片面与全面两类。《经下》和《经说下》以"白马多白，视马不多视"作为"推类之难"的事例，以"见与不见"作为"不可偏去而二"的事例，以"见之"作为"所以知之"（即认识）的手段，以"视日"作为论证"火热"命题的典型事例，以"楹之团也见之"作为"其于意也不易先知"的事例，等等。《墨经》对"目不见"论题的反驳和对"目见"论题的辩护，也就是对不可知论的反驳和对可知论的辩护。后期墨家作为由工匠上升的科学家，对世界的可知性毫不怀疑，对人们认识客观世界的能力充满信心，从而积极求知，并取得重大成果。

3."知狗"是不是"知犬"——驳"狗非犬"。中国古代诡辩家有"狗非犬"的论题(《庄子·天下》)。《墨经》运用其知识分类的理论,加以分析和驳斥:

> 知狗而自谓不知犬,过也,说在重。(《经下》140)知狗重知犬则过,不重则不过。(《经说下》)
>
> 狗,犬也。而杀狗非杀犬也,不可,说在重。(《经下》154)狗,犬也。谓之杀犬,可,若蛹、螝。(《经说下》,据高亨校)

根据《墨经》的分类,知识有"名、实、合、为"四种。从"名知"说,"狗非犬"成立。因为"狗"和"犬"毕竟是两个词(字),有不同的读音和笔画组合。儿童说这两个词,识这两个字,得分别教和练。而从"实知"、"合知"和"为知"说,"狗非犬"不成立。因为从"实知"说,狗、犬是同一种动物。从"合知"说,狗名所指和犬名所指是一回事。从"为知"说,人们杀了一条狗,就是杀了一条犬,也是一回事。犹如蛹、螝是"二名一实"(二者都是指蚕蛹)一样,狗、犬也是"二名一实",是"重同"。不能从"名知"说"狗非犬",就从"实知"、"合知"和"为知"说"狗非犬"。辩者的诡辩手法是"知其一不知其二"、夸大一点而抹煞其余。可见墨者关于知识分类的理论，同时也是驳斥诡辩的有力武器。

4. 驳"学无益"（老庄的论调）。老、庄学派有反对教学、贬低知识的倾向。《老子》说："绝学无忧。"《庄子·养生主》说："为知者殆而已矣。"《墨经》予以驳斥：

> 学之益也，说在诽者。（《经下》177）
> 以为不知学之无益也，故告之也，是使知学之无益也，是教也。以学为无益也教，悖。（《经说下》）

墨者用形式逻辑的矛盾律和归谬法，维护自己"学习是有益的"这一论题，驳斥老庄等人的论点"学习是没有益处的"。照墨者看来，"学习是有益处的"这一命题的论证在于，反对这一论题的人必然陷于自相矛盾。你们认为别人不知道"学习是没有益处的"，所以到处告诉别人，告诉别人就是使人知道"学习是没有益处的"，而这本身就是教别人。认为"学习是没有益处的"，却又教别人，这是自相矛盾的。墨者集团的成员是由一批有师生关系的人构成，其著作就是师生教学的实录或教材。他们在重学倡教的同时，又机智地运用逻辑推理来证成己说，驳斥论敌。

5. 驳儒、道学者"知之否之足用"的论点。孔子有一句名言:"知之为知之,不知为不知,是知也。"(《论语·为政》)即知道就是知道,不知道就是不知道,这就是知识。老子也说:"知不知,上;不知知,病。"即知道自己的无知之处,这是最好不过的;而以不知为知,这是一种弊病。这些议论强调在对待知识问题上的虚心态度,这是其合理的一面,但同时也暴露出儒、道学者在对待知识问题上的消极态度,即认为,仅仅知道自己知道,还是不知道,就够用了。墨者驳斥这种论点:

知知之否之足用也,悖,说在无以也。(《经下》134)论之非知无以也。(《经说下》)

墨者指出,认为仅仅知道自己知道,还是不知道,就够用了,这是自相矛盾的。因为你宣传这种论点,就是企图让人知道你这种论点,而你又说知道自己不知道就够用了,那我宣布不知道你这种论点,你显然会认为不够用,而这时你已陷入了自相矛盾。如果你宣传这个论点,不是为了让人知道这个论点,那么你这个宣传就没有意义了。墨者在积极探索万物、追求新知的同时,又用逻辑的矛盾律和归谬法来反对儒、道两家的消极认识论调,因为他们这种消极论调足以松懈人们求知的积极性和热情。

第三节　同异交得，两而勿偏：辩证的方法论

后期墨家具有明确而丰富的辩证法思想。《墨经》的辩证法，具有本体论和方法论的双重意义，即首先承认世界按其本性说是辩证的，其次认为人们看问题的方法也应该是辩证的。

一、同异交得：同异之辩中的辩证法

中国古代哲学家和逻辑家有一著名的辩论，即同异之辩。后墨上承惠施"合同异"的观念，提出"同异交得"，即同异的相互渗透和同时把握的杰出思想。后墨的同异观是古代同异之辩的重要成果，在人类认识史和文化史上有重要意义。

（一）用异来定义同，把握异中之同

人们认识的任务，不仅在于能看出显而易见的同与异，而要更进一层，能看出异中之同和同中之异。《经上》39说："同，异而俱于之一也。"即同是相异的事物都具有这一共同方面，这是用异来规定同。《经说上》举例说："二人而俱见是楹也，若事君。"即两个人都共同观察这同一根柱子，不同的人共同事奉一个君主，这都是异中之同。

《墨经》列举了多种同。《经上》87说："同：重、体、合、类。"《经说上》解释说："二名一实，重同也。不外于兼，体同也。俱处于室，合同也。有以同，类同也。"《大取》说："小圆之圆与大圆之圆同。长人之与短人同，其貌同者也，故同。杨木之木与桃木之木也同。"两个名称指谓同一实体，这叫重同，如"墨子"和"墨家学派创始人"。同一个整体的不同组成部分，叫体同。如齐、鲁同属中国。不同个体处于同一空间，叫合同。如二人同在一教室上课。两个事物有相同之处，叫类同。如白马、黄马都是马类，小圆与大圆都是圆类，高个子与矮个子都是人类，杨木与桃木都是木类，等等。类同也就是本质相同。

《墨经》还谈到"法同"。《经上》97说："法同则观其同。"《经说上》说："法取同，观巧传。"法即标准、方法、规律之意。"法"也就是事物存在与发展的所以然之"故"或"理"。在代代相传的各种手工业技巧中可以观察到许多"同法"的例子。如大圆、小圆都符合"一中同长"（一个圆心，等长半径）的"法"，都可用圆规来绘图。小方、大方都符合"柱、隅四权"（四边四角相等）的"法"，都可以用矩尺来绘图。

从相异的事物中观察同类（相同本质）和同法（相同规律），是认识的重要任务。《经上》上百条定义和分类是墨者观察同"类"的例子，《经下》八十余条定理是墨者观察同"法"的例子。墨者所总结的异中求同的观察方法，在《墨经》中有模范的应用。

(二)用同来定义异，把握同中之异

《大取》说："有其异也，为其同也；为其同也异。"这句话历来注释家多不得其解。我们从墨者的思想脉络来理解，则可豁然贯通。这句话的准确意思是说，事物有其相异之处，恰恰在于其有相同之处。所有的相异，都生长在相同的根基上。从本体论上来考察，一切实际存在的东西都是物，"实"（实体）和"物"（事物）两个概念的外延一样大。所以《经说上》79说："物，达也（外延最大的名），有实必待之名也命之。"这也正是惠施所谓的"万物毕同"（万物在都是客观实在的这一点上都相同）。"万物毕同"说的是世界的物质统一性，万物毕异说的是物质分化的多样性。

《墨经》区分多种异。《经上》说："异：二、不体、不合、不类。"《经说上》解释说："二必异，二也。不连属，不体也。不同所，不合也。不有同，不类也。"两个个体必然相异，这叫"二必异"。推广来说，这就是惠施说的"万物毕异"。《墨经》的"二必异"，跟德国近代哲学家莱布尼茨（1646—1716）的"相异律"（凡物莫不相异，天地间没有两个彼此完全相同之物）非常相似。当莱布尼茨在德国宫廷提出这一规律时，宫女、卫士们纷纷走入御园，企图找到两片完全没有差别的树叶，以便推翻这位哲学家的规律，自然他们没有能够如愿以偿。由此可见《墨经》中蕴藏着西方近代才得以发挥的真知睿智。不在一个整体之内的两个组成部分，叫"不体之异"，如甲的左手和乙的右手。不在一个空间之内，叫"不合之异"，如二人在不同教室上课。两个事物在某些方面没有相同点，叫"不类之异"。《墨经》区分了很多种异，但这"不类之异"，即由于本质不同而带来的异，是更为重要的。

《墨经》还谈到"法异"。《经上》98说："法异则观其宜。"《经说上》说："取此择彼，问故观宜。"即如果两种场合规律不同，那就要看应用哪种规律更合适。《小取》说："其然也，有所以然也。其然也同，其所以然不必同。""夫言多方（方即法、理）、殊类、异故，则不可偏观也。"这里要求人的观察与思考要撇开表面的相同，而深入把握其不同的本质和规律。

（三）同异交得：同和异的相互渗透与同时把握

《经上》89说："同异交得仿有无。"《经说上》列举"有无"等十三个例子加以解释："于富家良知，有无也。比度，多少也。蛇蚓旋圆，去就也。鸟折用桐，坚柔也。剑犹甲，死生也。处室子、子母，长少也。两色交胜，白黑也。中央，旁也。论行、行行、学实，是非也。鸡宿，成未也。兄弟，俱适也。身处志往，存亡也。霍，为姓故也。价宜，贵贱也。"

"同异交得"，即同和异兼得，亦即同中见异，异中见同，同一性和差异性二者相互渗透和同时把握。根据《墨经》列举的十四个例子来看，同异交得即相异的性质共处于同一事物之身，或任一物分裂为两种不同（乃至对立）的性质。这无疑是辩证法的对立统一规律的另一种表述。

让我们顺着墨者的思路，来追寻这十四个例子的确解。

一个人家中富有，但缺乏良好的知识素养，或者一个人穷得身无分文，然而却具备良好的知识教养，这就是"有无"这两种对立性质共存于一人之身。一数跟不同的数比较度量，可以既多且少。如齐疆域比宋、鲁大，而比楚、越小，这是既多且少之一例。蛇和蚯蚓的运动方式可以既去（离开）且就（接近）。鸟儿折取梧桐树枝筑窝，这树枝必须既坚且柔：不坚固不足承重；不柔韧不利编织。利剑的作用在于消灭敌人，铠甲的作用在于保存自己，然而只有消灭敌人才能有效地保存自己，所以利剑有类似于铠甲的作用，即既可致敌"死"又可保己"生"。这是"死生"两种对立性质共存于一剑之身。一位妇女比她女儿长一辈，但比她妈妈少一辈，这是"长少"两种对立性质共处于一人之身。一物的颜色比另一物白一些，但比第三物黑一些，这是"黑白"两种对立性质共存于一物之身。一个区域的"中央",可以是另一个区域的"旁"边。一圆的中心可以位于另一圆的周边。这是"中央"和"旁"这两种对立性质共存于一空间之点。言论与行动,行动与行动,学问与实际,可以既有是又有非。"自以为是"者的错误在于没有同时"自以为非"。老母鸡孵雏,一定有雏鸡既成又未成的一个特殊阶段。小雏鸡即将破壳而出,而又未出壳之时,我们可以说它是"成"和"未成"的统一。兄弟三人中的老二,我们说他是"兄"或"弟"都合适。这是"兄弟"两种对立性质共存于一人之身。一个人身体处在这里,而思想(志)却跑往别处去了,这是"存亡"两种对立性质共存于一人之身,如《孟子·告子上》记载某人向弈秋学下棋,而他的心却想着跑出去用弓箭射天鹅,又如《吕氏春秋·审为》和《庄子·让王》记载"身在江海之上,心居乎魏阙之下"。古代"雒"字可以指一种水鸟鹤,也可以指一个人的姓。所以光说一个"雒"字,我们不知道是指一种水鸟,还是指一个人。这是由于水鸟的名称又被用作姓氏的缘故。一词多义现象也是对立统一的例子。一个合适的价钱,必是对卖者足够"贵"的,而对买者足够"贱"的。这是"贵贱"两种对立性质共存于一种价钱之身。

为了证明"同异交得"的思想,墨者一口气列举了十三个同类的例子,这在喜欢举例证明方式的《墨经》中亦属少见（在多数情况下，只举一两个实例就可以了）。墨者可能是认为，不举出大量日常生活中司空见惯的辩证法的实例，不足以震撼某些形而上学者的心灵。然而即使在科学异常发达的今天，冥顽不灵、死不开窍的形而上学者还大有人在。况且例子总是列举不完的，而辩证法也并不是例子的总和。辩证法是自然界和社会的根本规律，也是人类认识的根本方法。这十三个例子是墨者在教学中经常提到的。为方便记忆，《经上》以"同异交得仿有无"七字概括。"仿"原作"放"，为"仿"之借字。《法仪》篇"放依以从事"之"放"亦为"仿"之借字，意为仿照着做事。"仿"可以翻译为"例如"，即"有无"乃"同异交得"的一个典型例子，仿照着"有无"，连类而及还有许多例子跟在后边。这里所用的证明方法是典型事例的归纳法。

墨者总结出"同异交得"的辩证法，并且在当时的思想战线上有杰出的应用。

1."坚白相盈。"坚白之辩在先秦与同异之辩齐名，二者在先秦著作中常常并提（《庄子·秋水》和《荀子·修身》、《儒效》、《礼论》等）。在这个辩论中，公孙龙用形而上学和唯心主义的诡辩，论证"坚白相离"。《墨经》用"同异交得"的辩证法和朴素的唯物主义世界观，论证"坚白相盈"，驳斥了公孙龙的诡辩：

坚白，不相外也。(《经上》67)于石无所往而不得二（指坚白）。异处不相盈，相非是相外也。(《经说上》)盈，莫不有也。(《经上》)

抚坚得白，必相盈也。(《经说下》116)于一有知焉，有不知焉，说在存。(《经下》)石，一也。坚白，二也，而在石。故有知焉，有不知焉，可。(《经说下》137)

不可偏去而二，说在见与不见、俱一与二、广与修。(《经下》105)见、不见离；一、二不相盈；广修、坚白相盈。(《经说下》)

撄，相得也。(《经上》68)坚白之撄相尽。(《经说上》)

墨者认为坚、白这两种相异的性质在同一块石头中是互相渗透、包含和联系着的，而不是互相排斥、分离和割裂的。这也是"同异交得"之一典型事例。《大取》篇还用打碎一块石头的办法来加以证明："苟是石也白，败是石也，尽与白同。"白是如此，坚亦可类推。把一块坚白石打碎，每一小块都兼有坚白两种性质。公孙龙"坚白相离"的形而上学、唯心主义奇想是不符合实际的。

2."是久与是不久同说。""是久与是不久同说"为

"同异交得"的另一例。"久"与"不久"为相异的两种性质，这两种性质又统一于同一个"是"，这就是"同异交得"。"是"即此，这个。在《墨经》中充当变项，犹如"甲"或英文符号"S"，它可以代入任一事物或概念，如一棵树、一粒种子，等等，"久"指时间的延续，意味着事物或概念质的相对稳定性，"不久"指这种稳定性的界限，即质变，指一事物性质改变，变为别的事物，即《经说下》另一条所说的"知是之非此也"。任何事物或概念，不论其存在时间的长短，都是"久"与"不久"的统一。如一棵树生长了五十年，五十年后被加工为栋梁，那么在这五十年之内就是"久"，而就其变为栋梁而言，又是"不久"。一粒种子存放了一年，这是"久"，一年后种在地里长成庄稼，这是"不久"，等等。《经说下》182把这种现象做了高度抽象概括：

> 是不是，则是且是焉。今是久于是，而不于是，故是不久。是不久，则是而亦久焉。今是不久于是，而久于是，故是久与是不久同说也。

用现在的话说，即由"是"变为"不是"，但这个"是"在未变之前还是"是"。现在这个"是"作为"是"已经存在很久了，而变为"不是"，所以这个"是"又是"不久"。虽然这个"是"是"不久",但它毕竟已存在了一段时间,所以这个"是"又是"久"。现在这个"是"既"不久于是",又"久于是",因而可以说是"久"与"不久"的对立统一,也就是"同异交得"的一例。这是中国古代杰出的辩证法与辩证逻辑思想。

就有的事物而言,现在是"是",将来还是"是";就另一些事物而言,现在是"是",将来不是"是"(或是"不是")。但就这两种情况现阶段质的相对稳定性而言,它们是同样的(即都是"是"),没有什么区别。《经下》把这个意思概括为"是是之是与是不是之是同,说在不殊"。《墨经》的这个议论是驳斥庄子的相对主义诡辩论。《庄子·齐物论》说:"物无非彼,物无非是。自彼则不见,自知则知之。故曰:彼出于是,是亦因彼。彼是,方生之说也。虽然,方生方死,方死方生;方可方不可,方不可方可;因是因非,因非因是。是以圣人不由而照之于天,亦因是也。是亦彼也,彼亦是也。彼亦一是非,此亦一是非。"这是以事物的运动变化为借口,引出否定事物质的相对稳定性的诡辩结论。《墨经》的论述从方法论上驳倒了庄子的诡辩。

3. 勇是敢和不敢的同异交得。《墨经》说:

   勇,志之所以敢也。(《经上》20)以其敢于是也命

之,不以其不敢于彼也害之。(《经说上》)

勇是人的意志敢于做某件事情,但有所敢必有所不敢。敢于为集体、社会、国家的利益牺牲自己,必不敢为个人利益而损害集体、社会、国家的利益。墨者的道德观念是可以损己而利人,不可损人以利己。敢和不敢这相异的性质共集于一人之身,就构成为勇,这正是同异交得的一例。墨者对勇的定义恰当地把握了这一概念的辩证本性,能给人们以深刻的启迪。

4.任是能和不能的同异交得。《墨经》说:

不能而不害,说在容(容貌,指耳目等器官)。(《经下》106)举重不举针,非力之任也。为握者之奇偶①,非智之任也。若耳、目。(《经说下》)

人的职务、责任只能专注于某项业务,而不能事事精通,样样会干。如大力士力大如牛,能举千钧之重,却不会举针绣花,因为举针绣花并不是大力士的职责。数学家善于精打细算,却不善于巧言争辩,因为巧言争辩并不是数学家的职分。犹如耳的作用在于听,目的作用在于视,耳不

---

① "为握者"指善于握算筹计算的数学家,"奇"指讲演,"偶"指辩论。

能视不妨碍其听，目不能听不妨碍其视。人不能干某件事并不妨害他能干某件事。就像勇是敢和不敢的对立统一一样，"任"（职责、责任）是能和不能的对立统一。能和不能这两种相异的性质共集于一"任"之身，也是"同异交得"的一例。这是颇为精到的人才学的洞见。

5."一少于二而多于五"：多和少的同异交得。《墨经》说：

> 一少于二，而多于五，说在建、住。（《经下》159）五有一焉，一有五焉。十，二焉。（《经说下》）若数指，指五而五一。（《经说下》113）

我们的左手有一个由五个指头为元素的集合"五指"。右手也是同样。"若数指，指五而五一"，是启示我们，这里所讲的道理，是从"数指"头而引申出来的数学原理。"指五而五一"是说，指头有五个，而五个指头组成一个集合"五指"。从指头即元素说，一指少于二指，即"一少于二"。而从指头（元素）与"五指"（集合）的关系说，一指的元素（有五个）多于"五指"的集合（一只手有一个"五指"的集合，两只手有两个"五指"的集合）。这里多和少是两个不同的角度说的。"建"即建立集合，"位"指在集合中住进元素或子集。这个解释比多数注释家把"建、住"改为"进位"更合理。"五有一焉"指"五指"的集合有一个,"一有五焉"指一个"五指"的集合有五个一指的元素。"十,二焉",指两手十个指头分为左手和右手两个"五指"的集合。这种解释,正是根据《墨经》"若数指,指五而五一"的提示,所以我们认为比其他解释更切合原意。由于"一少二而多于五"这一命题中,多和少是从不同角度说的,所以就不构成形式逻辑意义上的自相矛盾,不违反形式逻辑矛盾律,而符合辩证逻辑的"同异交得"的规律。在这个命题中,多和少这相异的性质,共存于一只手或两只手的集合与元素的系统中,这不是"同异交得"(对立统一)是什么呢?《墨经》作者实在是一批具有真知睿智的数学家、科学家和逻辑学家。他们不仅是形式逻辑专家,也是辩证逻辑的专家。有许多连今人都感到费解的难题,却被他们以古代智者特有的方式,成功地巧妙地解决了。我们能不佩服他们的杰出智慧和逻辑头脑吗?

二、两而勿偏:观察思考的全面性

《墨经》中说:

> 见:体、尽。(《经上》83)特者体也,二者尽也。(《经说上》)权者两而勿偏。(《经说上》85)

"见"即观察。《墨经》把"观察"分为"体见"与"尽见"两种。体见即部分的观察，只见一面。尽见即全面的观察，看到两面。权即权衡，指思考。思考问题时要顾及两面，而不要只顾及一面，也就是提倡两点论、全面性，而反对一点论、片面性。《经说上》46说："偏也者，兼之体也。"《经上》2说："体，分于兼也。""偏"指部分，一面。"两"指全体，两面。《墨经》中表示整体、全面的范畴有兼、二、尽、俱等，表示部分、一面的范畴有体、特、或、偏等。它们既是本体论的范畴，表示存在的性质，又是方法论的概念，表示观察思考的方法。

关于观察思考的全面性原则，在后期墨家著作中有较多阐发和应用。

在狭义《墨经》四篇中，全面考察分析了许多对立的现象，提出一系列成对的概念范畴，如小故和大故（必要条件和充分条件），体和兼（整体和部分），二和一（整体和部分的另一种表达），尺和端（线和点），知和恕（感性认识和理性认识），言和意（语言与思维），敢和不敢，利和害，誉和诽（表扬和批评），功和罪，赏和罚，同和异，久和宇（时间和空间），有穷和无穷，止和动，有久和无久，损和益，必和不必，智和欲（理智和欲望），见和不见，广和修（长），能和不能，俱一和惟是（元素和集合），今和古，让和不让，知和不知，欲和恶，有和无，知和意（知识和意见），唱与和（主和从），亲知和说知（直接知识和间接知识）等。墨者之所以能在如此众多的问题上提出科学见解，这跟他们在这些问题上采取全面分析的方法不无关联。

在《大取》中，墨者着重论述了对利害进行全面权衡的方法。其中说："于所体之中而权轻重之谓权。权非为是也，亦非为非也。权，正也。利之中取大，害之中取小也。害之中取小也，非取害也，取利也。其所取者，人之所执也。遇盗人而断指以免身，利也；其遇盗人，害也。利之中取大，非不得已也。害之中取小，不得已也。于所未有而取焉，是利之中取大也。于所既有而弃焉，是害之中取小也。"权的本义是指秤锤、砝码、标准。用秤锤、砝码做标准，通过秤杆（天平）的杠杆作用同所称之物相比较，就可以知物之轻重，所以权又引申为称量、衡量。由于在人的实践中常常是福与祸同门，利与害为邻，所以对利害的权衡取舍就大有学问。墨者在《大取》中采用全面分析的方法，制定了权衡利害的原则。

两利相权取其大，这是容易决策的。因为这是"于所未有而取"，是"非不得已"，即不是现成的、被迫的，而是主动争取，可以从容而为。而两害相权取其轻，却是颇费踌躇，不易决策的。因为这时很可能由于形而上学思想作怪，什么害处也不想沾，结果倒可能一失足成千古恨，吃了无法挽回的大亏。例如经商办货，路过人迹罕至的深山老林，遇到拦路抢劫的盗匪，寡不敌众，如果被迫采取"断指（砍掉一个指头）以免身（保全性命）"的策略，就毋宁说是祸中有福，害中有利，无论如何这总比失财亡身、人财两空要好得多。

在专门研究论辩方式的《小取》中说："故言多方（方法、道理）、殊类、异故，则不可偏观也。"不可偏观，即反对片面观察，反对只看一面就匆忙下结论。这种说法显然具有普遍的方法论意义。《小取》指出："夫物有以同而不率遂同。"看到两物有相同之处，不能马上得出结论说二者完全相同。又说："其然也，有所以然也。其然也同，其所以然不必同。"事物的现象、现状相同，其本质、来源不一定相同，都需要深入地、全面地分析。

《墨经》中"两而勿偏"的全面性原则跟"同异交得"的辩证观念，是一脉相承的。既然相异或矛盾的性质共处于同一事物之身，在观察分析事物时，就应该顾及两面，而不能只顾及一面。事物的辩证本性要求应用辩证的分析方法，方法跟对象一致，事物的矛盾性决定认识的全面性，否则人们就不能正确认识世界和改造世界。《墨经》作者以朴素的形式接近于世界观和方法论一致的思想。

三、尧善治古不能治今：历史变化观

《墨经》中说：

> 察诸其所然、未然者，说在于是推之。(《经下》117)
>
> 尧善治，自今察诸古也。自古察之今，则尧不能治也。(《经说下》)

这里把尧治理国家这件事作为一个典型来加以分析，认为"尧善治"这个命题的真实性依赖于所说的时代。如果说的是尧时的古代，则这个命题是对的。如果说的是现代（墨者时的"现代"），则这个命题不对，并且这时应该用反命题"尧不能治"来取而代之。"所然"指过去和现在已发生的事，"未然"指将来尚未发生的事。《墨经》认为在审察已发生和未发生的事时，可以从"尧善治古不能治今"这个命题类推而知。依此例类推，舜、禹、汤、文、武等古代圣王都是"善治古而不能治今"的。在墨者这种见解的背后，存在着一个历史变化的观念。《经上》说："化，征易也。"变化就是特征、性质的改变。墨者认为古今异时，性质不同，今天的事情比古代复杂，所以尧善治古不能治今。《墨经》中又说：

> 尧之义也，声（语言、名称）于今而处于古（指称古代的实），而异时，说在所义二（古之义不同于今之义）。(《经下》153)
>
> 尧之义也，是声也于今，所义之实处于古。(《经说下》)

由于古今情况不同，所以像"尧是仁义的"这样的表达也有历史性、相对性。我们今天说"尧是仁义的"这个语句，所指谓的实际情况是处于古代，而古今是不同的时代，所以古代的"仁义"不同于今天的"仁义"。墨者认为概念、判断有历史性，其真实性依历史情况为转移。《墨经》中说：

> 或过名也，说在实。(《经下》133) 知是之非此也，又知是之不在此也，然而谓此南北，过而以已为然。始也谓此南方，故今也谓此南方。(《经说下》)

名称依实际为转移。实际情况变化了，名称依旧，有时会犯错误。"过名"就是名称有过错。如知道事物性质已经改变，或空间位置已经改变，仍根据"过去怎样，现在还是怎样"的经验主义的错误逻辑说话想问题，那必然要陷于谬误。如过去我住在赵都邯郸，说"郑国在南方"，现在住在楚都郢,还说"郑国在南方",那不是太迂腐了吗?"过而以已为然"是《墨经》讥讽经验主义者的口头禅,意为"过去已经怎样,就说现在还是怎样"。这与墨者的历史变化观不合,故他们坚决反对。《经说下》111分析"疑"(疑惑)时又说:"智与?以已为然也与?过也。"意思是,真正的知道吗?还是单纯地以为过去已经怎样,就说现在还是怎样?这是"过"(以过去的事情为是非标准)的疑惑。墨者认为知识、智慧是必然真的,而疑惑则只是或然真。从过去如何,不能必然推出现在如何。《大取》说:"昔者之虑也,非今日之虑也。昔者之爱人也,非今日之爱人也。昔者之知穑(节俭)也,非今日之知穑也。"即过去有考虑,不等于现在有考虑。过去爱人,不等于现在爱人。过去知道节俭,不等于现在知道节俭。总之,不能从过去怎样,推出现在怎样。

由于墨者坚持历史变化的观念,所以在继承和创新的关系上,主张历史上好的东西要继承,现在好的东西要创新,反对儒者"述而不作"的消极、无所作为的论点。(《非儒》)墨者明确地用归谬法驳斥了儒者"述而不作"的命题。《耕柱》篇记载墨子坚驳儒家信徒公孟子"君子不作,述而已"的命题,针锋相对地提出:

吾以为古之善者则述之,今之善者则作之,欲善

之益多也。

既不否认继承，又力主创新，目的是多办好事，多做贡献，后期墨家大大发扬了墨子的这种积极向上、奋发有为的精神。后期墨家的辩证法，是中国古代思维的杰出成果，至今仍然散发着光辉，给人以启迪。

第四章　名辩学的高峰：墨家逻辑

第一节　摹略万物之然，论求群言之比：墨家逻辑的宗旨

墨家逻辑的纲要《小取》开宗明义说：

> 夫辩者将以明是非之分，审治乱之纪，明同异之处，察名实之理，处利害，决嫌疑焉；摹略万物之然，论求群言之比。

这里"辩"指辩学即逻辑学，其任务是研究辩论的形式、规律和方法。晋代鲁胜有《墨辩注》一书，近现代学者把墨家逻辑叫作"墨辩"。

"辩"作为一门学问在当时产生，有其深广的社会历史背景和思想前提。在春秋末至战国末的数百年间，社会

变革的需要，造就出代表各阶级、阶层利益的思想家，出现了百家争鸣的繁荣局面。为了在辩论中证成己说，驳诘论敌，各家都关心研究作为辩论工具的逻辑学。逻辑这门学问在中国古代被称为名学、辩学或名辩之学。而墨家（主要是后期墨家）对逻辑研究得最为全面缜密。他们比较正确地总结了古代百家争鸣和科学认识的方法，提出了系统深刻的逻辑学说，把中国古代逻辑的研究推向了一个高峰。

墨家逻辑经历了一个长期的发展过程。墨翟教导弟子"能谈辩者谈辩"（《耕柱》），把"谈辩"作为弟子学习、训练的一个科目。墨子在平日的言谈授课中自觉地论述了辩、名、类、故、法等逻辑范畴，提出"知类"、"察类"、"辩故"、"明故"等辩论原则，表述了初步的论证思想（三表法），发现了形式逻辑的矛盾律，总结出归谬式类比推理的反驳方式。而后期墨家则在逻辑领域继续攀登，撰写了专著，这就是广义的《墨经》六篇。

在广义的《墨经》六篇中，《小取》是墨家逻辑的简明纲要，《大取》讨论了众多的逻辑问题，其中"语经"部分精研了逻辑的基本原理，而狭义的《墨经》四篇虽涉及各门科学的内容，但其中专门讨论逻辑学的条目则占据首位（约占全部条目的三分之二以上），而全部条目的结构与表达形式，则都是自觉的逻辑应用范例。

不过，从"辩"的本义看，它也可兼指"辨"，即辨别、分析，或辨别、分析之学，即今人所谓认识论和方法论的部分内容。在中国古代，辩、辨互通。在这个意义上，墨家的辩学即逻辑学范围较广，其中包含现今被列入认识论和方法论的若干内容。这里所谓方法论，主要指辩证法。在本体论（存在论）意义上，辩证法是一种宇宙观（世界观），即关于自然、社会和思维的最一般规律的学问。而在方法论或广义逻辑学的意义上，辩证法可以理解为辩证的方法论，或关于辩证思维的形式、规律和方法的科学，即辩证逻辑。墨者的辩证法含有世界观、方法论和逻辑学（辩证逻辑）的意义。因而所谓墨家逻辑（墨辩）实包括现今所谓形式逻辑（普通逻辑）和辩证逻辑的内容。讨论《墨经》的辩证法，不能不涉及辩证逻辑。而本章所谓墨家逻辑，主要论述墨家的形式逻辑（或叫普通逻辑）。

讲辩学，即关于辩论的形式、方法和规律，首先要解决一个根本性的问题，即辩论有无胜负可言以及胜负的标准是什么？这个问题在中国古代的思想家中存在着激烈的争论。

在这一争论中，如古代的辩者、察士或名家者流，认为辩论有胜负之分，不过他们认为胜负的标准，不在于是否掌握事实和真理，而仅仅在于能说会道、巧言善辩。这一派的主张被后人概括为"词胜",或"辞胜于胜",以词胜人。《庄子·天下》篇说,"桓团、公孙龙辩者之徒,饰人之心,易人之意,能胜人之口,不能胜人之心,辩者之囿(局限)也"。司马迁说:"名家苛察缴绕,使人不得反其意,专决于名(语言)。"(《史记·太史公自序》)汉刘向《别录》载邹衍谓公孙龙等人"烦文以相假,饰辞以相悖,巧譬以相移,引人声使不得及其意(偷换概念或转移论题),如此害大道,夫缴言纷争而竞后息"(即看谁能喋喋不休,说个没完,而最后闭嘴不说话,就算谁胜利)。《孔丛子·公孙龙篇》载赵平原君对公孙龙说:"公(指公孙龙)辞胜于理。"汉末魏初刘邵将这种单纯致力于"以词胜人"的倾向,概括为"辞胜",并评论说:"辞胜者,破正理以求异,求异则正失矣。"即离开事实与真理而标新立异,专门用花言巧语来"胜人",这自然免不了流于诡辩的结局。

在这一争论中,庄子持"辩无胜"论,即认为辩论无是非之分与胜负可言。他在《齐物论》中有一段重要的说词:

> 既使我与若(你)辩矣,若胜我,我不若胜,若果是也,我果非也耶?我胜若,若不吾胜,我果是也,而(你)果非也邪?其或是也,其或非也耶?其

俱是也，其俱非也邪？我与若不能相知也，则人固受其黮暗（不明），吾谁使正之？使同乎若者正之，既与若同矣，恶能正之？使同乎我者正之，既同乎我矣，恶能正之？使异乎我与若者正之，既异乎我与若矣，恶能正之？使同乎我与若者正之，既同乎我与若矣，恶能正之？然则我与若与人俱不能相知也，而待彼也邪？

庄子认为，由于事物变化不定，辩论双方和任何第三者又各有成见（偏见），因此辩论就无是非和胜负可言。这自然是一种相对主义、不可知论的诡辩。

墨者反对辩者的"以词胜人"和庄子的"辩无胜"论，主张用事实和真理胜人。墨子和前期墨家主张："仁人以其取舍是非之理相告，无故从有故，弗知从有知，无辞必服，见善必迁。"（《非儒》）《小取》更把"明是非之分"作为"辩"的首要任务。狭义《墨经》四篇对辩的性质和目的做了细致分析：

辩，争彼也。辩胜，当也。（《经上》75）或谓之牛，谓之非牛，是争彼也。是不俱当。不俱当，必或不当。不若当犬。（《经说上》）

彼，不可两不可也。（《经上》74）咒牛，貑非牛，

两^①也,无以非也。(《经说上》)

谓"辩无胜",必不当,说在辩。(《经下》135)
"所谓非同也,则异也。同则或谓之狗,其或谓之犬也。异则或谓之牛,其或谓之马也。俱无胜。"是不辩也。辩也者,或谓之是,或谓之非,当者胜也。(《经说下》)

墨者把"辩"定义为"争彼",从他们的举例来看,"彼"和"之"在这里是一个变项,指某一个动物,我们也可以把"彼"和"之"换写成a。然后用a作为主项,附加上互相矛盾的谓项,如一个人说:"a是牛",另一个人说:"a是非牛",这就叫作"争彼"。可见"争彼"就是关于一对矛盾命题孰是孰非的争论。

关于相同主项的一对矛盾命题的真值规律,墨者规定为不能同真(不俱当)、不能同假(不可两不可)。如果断定二者同真,即违反矛盾律;断定二者同假,即违反排中律。两个命题不能同真,不能同假,必然是一真一假。而其中符合事实的一方,即为辩论中获胜的一方(当者胜也)。

---

① 兕原作凡,貙原作枢,据高亨校改。兕是犀牛一类动物。貙是"似狸而大"的另一类动物,一说是虎类动物。

至于一个人说"㕧是牛",另一个人说"貑是非牛",这不是关于同一主项的争论,不构成互相否定的矛盾命题。所以说:"两也,无以非也。"

当时有人用一个错误的二难推理来进行诡辩,以论证辩论中双方"俱无胜":

> 在辩论中关于同一主项所附加的谓项或是相同,或是相异。
> 谓项相同,如一说"a是狗",一说"a是犬"。这时"俱无胜"
> 谓项相异,如一说"a是牛",一说"a是马"。这时"俱无胜"。
> ——————
> 所以,辩论中双方总是"俱无胜"。

在墨者看来,这不构成辩论(是不辩也)。因为辩论必是关于一对矛盾命题之争(争彼)。上例中"a是狗"和"a是犬",狗犬是二名一实,是重同,可以"俱无胜"。上文说的"不若当犬"就是指这一错误的二难推理(以犬为例)所说的"俱无胜"的情况。而"a是牛"和"a是马"这一对反对命题之争,可以同假(不俱当)而"俱无胜"。在这个错误的二难推理的选言前提中遗漏了一种可能,即矛盾命题之争。指出对方二难推理遗漏选言支,这种反驳方式叫作"避角法"(即避开对方正面顶来的两个犄角,从第三种可能中脱身)。

总之,墨者在狭义《墨经》四篇,从命题的真假值关系和思维规律(矛盾律、排中律)角度,驳倒了庄子的"辩无胜"论,捍卫了在辩论中以事实和真理胜人的正确观点。

在《小取》所规定的"辩"的各项任务中,"审治乱之纪"是属于政治问题,"明同异之处"是属于世界观、方法论问题,"察名实之理"是属于认识论和逻辑语义学问题,"处利害"是属于政治、伦理问题,"决嫌疑"(分清真相与假象)是属于认识论、方法论问题。"摹略万物之然"说明逻辑是正确认识世界的工具,"论求群言之比"说明逻辑是有效进行百家争鸣的武器。墨者这样规定,是从他们的切身体会出发的。后期墨家是杰出的科学家,但首先是杰出的逻辑学家,全部广义《墨经》六篇表明,他们具有敏锐的逻辑眼光,任何问题到他们手中都要从逻辑的角度来重新加以审视,进行逻辑的再加工,并最后以逻辑的形式(如定义、分类、定理、证明等)表述出来。无怪乎人们要以"墨辩"之名来称呼这几篇著作了。墨家逻辑的视野和应用范围十分广阔,而其主体部分,是讨论语词、概念和范畴、语句和判断、思维规律、推理、证明和反驳诸方面的问题。

第二节 论语词、概念和范畴

语词、概念和范畴在《墨经》叫作"名"。《墨经》精研了名的性质、作用和种类，列举并解析了上百个科学范畴的定义与分类，在逻辑学的概念论上做出了重要贡献。

一、名的性质和作用

关于名的性质和作用，《小取》说，"以名举实"。《经上》31、32说："举，拟实也。言，出举也。"《经说上》解释说："告以之名举彼实也[①]。故言也者，诸口能之，出名者也[②]。名若画虎也[③]。言，谓也[④]。言由名致也[⑤]。"名的主要作用是列举事实。列举也就是模拟，即《小取》所谓"摹略"（反映、概括）。列举、模拟、摹略，是人的意识对外界事物的认识作用。列举、模拟、摹略，实质上也就

---

① 之旧作文，据孙诒让校改。
② 名旧作民，据孙诒让校改。
③ 名旧作民，据孙诒让校改。
④ 言谓旧倒，据高亨乙正。
⑤ 名旧作石，据孙诒让校改。

是概念、范畴的抽象概括作用。这种抽象、概括作用需要通过语言来实现，所以说："言，出举也。"表达概念、范畴的"名"（即语词）可以通过人们的口说出来，所以说是"告以之名"，是"诸口能之"。用"模拟"来定义"列举"，以及拿图画来比喻概念范畴对事物的反映作用，最明显不过地表明了墨者的概念论是建立在唯物主义认识论的基础上的。《大取》说："名，实名。实不必名。"即名称是实体的名称，而有实体则不定有名称。这都是唯物主义的观点。"告以之名举彼实"（告诉你这个名称来列举那个事实）和"言也者诸口能之出名者也"（语言是人们用口说出名称），表明了名称、语言的交际作用。"举，拟实也。言，出举也"和"言，谓也"等表明了名称、语言的指谓作用。指谓与交际是语言的两大功能。墨者从事物、语言和意义（人的意识对事物列举、模拟、摹略的结果）三者关系上说明了名的性质和作用。而名称（语词、概念）是语言的构成元素（言由名致），所以逻辑学的研究从概念论开始。《经说上》还说："声出口，俱有名。"这里"声"即指"言"，古人认为"言为心声"。这种说法很接近于黑格尔所谓"人只要一开口说话，在他的话中就包含着概念"[①]。这说明人生注定要跟语词、概念打交

[①] 黑格尔：《哲学史讲演录》第一卷，生活·读书·新知三联书店1956年版，第310页。

道，说明语词、概念运用的普遍性。《经说上》谈到这个问题时说："若姓字丽。"即"名"与"言"的关系，犹如有一个姓名，后面就跟着一个人（姓名附丽于人）一样，同出而并存。

《墨经》还跟"指"相比较，从中进一步阐述"名"的抽象、概括作用。《经说下》153说："或以名示人，或以实示人。举友富商也，是以名示人也。指是霍也，是以实示人也。"我的朋友某某不在眼前，于是我利用现成的一般概念列举说："我的朋友某某是富商。"这是给"我的朋友某某"这一主项加上"富商"的谓项，是用一般概念来使人了解（以名示人）。指着面前的一种水鸟说："这是鹤。"或指着面前的一个人说："这是老霍。"（《墨经》中"霍"字有时借指鹤，有时指一个人的姓氏）可见"名"是一种脱离个别事物的一般认识，而"指"是一种不脱离个别事物的感性直观。《墨经》又说："所知而弗能指，说在春也、逃臣、狗犬、遗者。"①（《经下》）"春也，其死固不可指也②。逃臣，不知其处。狗犬，不知其名也。遗者，巧弗能两也。"即有许多知识只能用概念表达，而不能用手指着说。如名叫"春"的女仆因病死了，早已不在人

---

① 遗旧作贵，据《经说》改。
② 死旧作执，据沈有鼎校改。

间，自然无法指着说。逃亡的奴仆，不知他现在哪里，也无法指着说。小孩子不知道狗、犬的名称，必须分别解释，仅用手指指着实物，是区分不出这两个名称的。遗失的东西不能指着说，即使能工巧匠也很难制造出与原物完全同样的来。

《墨经》认为科学的概念范畴是通过人们心智的抽象、概括作用而得到的。如《经下》146说："知而不以五路，说在久。"《经说下》说："以五路知久，不当以目见。若以火见。"即有些知识的获得，不是直接通过五种感官（眼耳鼻舌身），而是通过人们心智的抽象、概括作用。自然，五种感官所提供的经验也是形成这种知识的条件。如"时间"概念的获得，就是通过人心的概括作用。五种感官的经验只是认识时间概念的条件，犹如光线只是见物的条件，不是见物的器官。见物的器官是眼睛，所以说"以五路知久"，不相当于"以目见"的"以"字，而相当于"以火见"的"以"字。意思是"五路"只是认识时间概念的条件，心智才是认识时间概念的器官。《经上》40对"久"（时间）的定义是"弥异时"，即概括各种不同的具体时间，如"古、今、旦、暮"等。感官只能感知个别的时间，思维才能抽象出一切时间的共同性质（普遍本质），用语词"久"来加以概括，就成为范畴。《墨经》中上百个各门科学上的范畴，都是运用心智理性的概括而得出的。

二、名的种类

（一）兼名和体名：集合和元素概念

集合和元素的关系问题，在古代曾引起人们的困惑和惊异。战国时期的辩者们曾对这个问题有所思考，但他们并不想合理地解决这个问题，而是存心利用这个问题来进行诡辩。据有关史料记载，辩者的首领公孙龙从年轻时代起，直到晚年，都对这个问题感兴趣。《庄子·天下》篇记载辩者们曾用"鸡三足"、"黄马骊牛三"之类的辩题"与惠施相应（对辩），终身无穷"。而"桓团、公孙龙"之类辩者的杰出门徒无疑精于此类诡辩。惠施为战国中期人，当时公孙龙还是一位翩翩少年、辩者的后起之秀，而《吕氏春秋·淫辞》和《孔丛子·公孙龙篇》记载公孙龙到晚年，还津津乐道地跟孔穿辩论"臧三耳"。《公孙龙子·通变论》中还保存有"鸡三足"和"牛羊足五"辩题的论证。所谓"鸡三足"之类的辩题，都是故意混淆集合和元素的层次关系所带来的诡辩：鸡足的元素是二，"鸡足"的集合是一，加起来说是三；"黄马"是一，"骊牛"是一（元素），加上"黄马骊牛"（集合）说是三；臧的耳朵从元素说是二，从集合说是一，加起来说是三；牛、羊的足从元素说是四，从集合说是一，加起来说是五，等等。

当我们把集合和元素二者加以区分时，本不应产生诡辩，而当古代辩者把二者加以混淆时，却产生了纠缠不休的诡辩。正是在这些诡辩的刺激下，出于清理此类诡辩的客观需要，《墨经》作者区分了兼名和体名，指出了集合和元素的不同性质，从而为廓清辩者的诡辩提供了有力武器。

《墨经》把集合概念叫作"兼名"。《经下》167说："牛马之非牛，与可之同，说在兼。"即认为"牛马"是一个"兼名"。《经上》2又说："体，分于兼也。"《经说上》："若二之一、尺之端也。"兼指整体，体指部分。集合概念叫作"兼名"，相对而言，元素概念可称之为"体名"。"牛马"是"兼名"，则"牛"、"马"为体名。"二"是一个兼名，此"一"与彼"一"为体名。"尺"（直线）是兼名，"端"（点）为体名。

理解《墨经》中集合概念与元素概念理论的关键有如下一条，应予以仔细辨识：

区物一体也①。说在俱一、惟是。（《经下》113）

---

① 区旧作欧，据高亨当读为区。吴汝纶、王闿运同。沈有鼎解为"那些"亦通。"一体"解为一个集合。这个集合在集和子集的序列中可解为整体，亦可解为部分。如对"兽"而言，"牛马"为一子集，一部分。对"牛"、"马"而言，"牛马"为一集合，一整体。在《墨经》中有这种相对的、辩证的思想。

> 俱一若牛马四足,惟是当牛马。数牛数马则牛马二,数牛马则牛马一。若数指,指五而五一。(《经说下》)

区划事物为一些大大小小的集合,它们都具有两方面的性质,即元素的各个独立性和集合的唯一整体性。"俱一"和"惟是"是墨者独创的两个词义隽永、准确精到的范畴。

"俱一"指每个元素的各个独立性。意思是"每一个都是独立的一个"。"俱"在《墨经》是一个全称量词。《经上》43定义"尽,莫不然也",举例是"俱止、动","俱"与"尽"同义。《经说上》39说:"二人而俱见是楹也。"《经说上》103说"俱一不俱二"。《经下》105说"俱一与二"为"不可偏去而二"的一个例子。可见"俱一"是墨者的一个惯用词语。

"惟是"指集合的唯一性、整体性、不可分配性,意思是"仅仅这一个"。"惟"是独、仅仅,"是"即这一个。

《墨经》常以"牛马"为例。"俱一"如说"牛马四足",指的是牛四足,马四足。"四足"的性质不是从"牛马"这一集合的意义上说的,而是从非集合即类的意义上说的:"四足"的性质可以同等地分配给"牛"和

"马"两个元素（或子集合）。"惟是"如说"牛马"的集合。数起元素来，"牛马"有"牛"和"马"两个，而数起集合来，"牛马"只是一个。《经说下》167说："牛不二，马不二，而牛马二。则牛不非牛，马不非马。而牛马非牛非马。"① 这是从另一角度说集合和元素的不同即"牛"不是两样元素，"马"也不是两样元素，而"牛马"则有"牛"和"马"两样元素。于是，可以用形式逻辑的同一律说，牛是牛，马是马，而牛马是牛马。这个思想紧接着在《经说下》168被概括为"彼止于彼"、"此止于此"、"彼此止于彼此"的规律。这是用汉字表达的元素和集合的同一律。用拼音字母来表达，即：A＝A，B＝B，AB＝AB。以图表对照如下：

例	规律（用汉字表达）	规律（用拼音字母表达）
牛＝牛	彼＝彼	A＝A
马＝马	此＝此	B＝B
牛马＝牛马	彼此＝彼此	AB＝AB

由此表很容易看出《墨经》逻辑的合理性。

《墨经》还常以"数指"为例："若数指，指五而五一。"在墨者学校的课堂上，当老师讲解集合和元素这

---

① 依沈有鼎校《经说上》51还有"牛非马"和"牛马非马"的例证。

种抽象的理论问题时，师生共同把手伸出来做教具，老师边讲解边做示范，教学生数手指头的集合和元素的数量，以便于理解抽象的逻辑与数学问题，这是形象生动的教学方法。

老师问学生："我们的右手有几个手指头？"学生一齐回答说："有五个！"这是从手指集合的元素角度说的（即"俱一"）。这就是"指五"的意思。

老师又问学生："我们右手五指的集合有几个？"学生一齐回答说："有一个！"这是从手指的集合角度说的（即"惟是"）。这就是"五一"的意思。

老师很容易启发学生了解，左手的情况也是同样。

老师进一步让学生看两只手的情况。又问学生："我们两只手有几个指头？"学生一齐回答："有十个！"这也是从元素即"俱一"角度说的。老师再问："在我们两只手上，五指的集合有几个？"学生齐答："两个！"这是从"惟是"角度说的。

于是老师写下板书，做了如下概括：

五有一焉，一有五焉。十，二焉。（《经说下》159）

"五有一焉"即五指的集合有一个。"一有五焉"即一指的元素有五个。"十，二焉"指十指中"五指"的集合有两个。

在这个基础上，老师进而再做出如下概括：

一少于二，而多于五，说在建、住。（《经下》159）

"一少于二"从元素角度说，一指少于二指，不用说，更少于五指、十指。"一多于五"从元素跟集合的关系说，因为从一只手说，一指的元素有五个，而"五指"的集合只有一个。从两只手说，一指的元素有十个，而"五指"的集合只有两个。"建、住"二字像画龙点睛一样提示出元素和集合（俱一和惟是）这两个角度。"建"指建立集合。如在一只手上建立一个"五指"的集合，在两只手上建立两个"五指"的集合。"住"指在集合中住进（安放进）元素或子集。如在一个"五指"的集合中住进五个一指的元素，在两个"五指"的集合中住进十个一指的元素。从住进元素的数目说，住一少于住二、住五、住十。从住进元素的数目和建立集合的数目相比较来说，住一多于建五。如从一只手或两只手的情况说，住进一指元素的数目多于建立五指集合的数目。这就是"一少于二而多于五"这一趣味数学命题的奥秘所在。

总之，《墨经》作者从清理古代辩者有关诡辩的需要出发，精研和表述了集合与元素的理论，明确讨论了集合概念和元素概念的区分与关联,为古代逻辑与数学理论增添了异彩。

(二)以形貌命者和不可以形貌命者:实体、属性和关系概念

《墨经》关于概念分类的理论,涉及实体、属性和关系的问题。《大取》说:

> 以形貌命者,必知是之某也,焉知某也。诸以形貌命者,若山、丘、室、庙者皆是也。长人之与短人也同,其貌同者也,故同。指之人也与首之人也异,人之体非一貌者也,故异。将剑与挺剑异,剑以形貌命者也,其形不一,故异。
>
> 不可以形貌命者,虽不知是之某也,知某可也。苟是石也白,败是石也,尽与白同。诸非以举量数命者,败之尽是也。是石也虽大,不与大同,是有使谓焉也①。
>
> 诸以居运命者,苟人于其中者,皆是也,去之因非也。诸以居运命者,若乡、里、齐、荆者皆是②。

---

① 使旧作便,据孙诒让校改。
② 原文有错简,据文意已正。

"以形貌命者"即以事物的形态、状貌命名，指实体概念（具体概念）。如山、丘、室、庙等。其特点是一定要知道它指谓哪种对象（实体），才能了解它。高身材和短身材的人都是"人"，因为其形态、状貌相同。而人指和人首不同，因为它们是人体的不同部分。用于威仪装饰的"将剑"和用于刺杀敌人的"挺剑"不同，因为其形态、状貌不同。

"不可以形貌命者"是指属性、关系概念（抽象概念），它不是以事物的形态、状貌命名，而是指谓事物的属性和关系。对这种概念，我们虽不知道它是指称哪种对象（实体），也可以了解它。这里又可分为属性和关系两种情况。

属性概念带有绝对性，它不依赖于跟别的事物相比较，而本身就是如此。如说这块石头是"白"的，这"白"不依赖于跟别的事物相比较，而本身就是"白"的："白"的性质渗透在石头的每个颗粒中。如果把这块石头打碎，它的每个颗粒都是"白"的。"诸非以举量数命者"就是指的这种属性概念。所谓"败之尽是也"应该加以限制。即仅仅对于机械物体的一部分性质才是如此。如一块坚硬的石头打碎，每一小块仍是坚硬的。若把这一点普遍化，就不免荒谬。如一架连弩车可以一次射箭数十只，但若把连弩车拆散，就不具有这种性质。

一棵葱有生命，把它层层剥开，生命就会丧失。一只活狗会吠，把它解剖了就不会吠。所以不能说属性概念都是"败之尽是"。

关系概念带有相对性，它依赖于跟别的事物相比较，才是如此。如说这块石头是"大"的，这是由于有一块小石头作为参照物才可以这样说（"是有使谓焉也"）。如果把这块石头打碎，就不一定能说每小块石头仍是"大"的。所谓"举量数命者"就是指"大"、"小"、"多"、"少"这种数量方面的关系概念。

《大取》还从"不可以形貌命者"中分出一种"以居运命者"，即反映空间范围的概念，如乡、里、齐、楚即是。作者指的是人在一个空间范围内居住和运动，如果一旦离开了那里，他就不再属于那个空间范围。如某人生于齐，长于齐，算是齐人。后来举家背齐居楚，转而服务于楚，就改作楚人而不为齐人。

《大取》这种概念分类虽然比较朴素、粗疏，但除了"败之尽是"这一点，其大部分意思还是对的，与近代的科学理解相合。

（三）达、类、私：范畴、普遍概念和单独概念

《墨经》对名的一种杰出分类有如下述：

名：达、类、私。（《经上》79）

物,达也,有实必待之名也命之。马,类也,若实也者必以是名也命之。臧,私也,是名也止于是实也。(《经说上》)

"达名"是外延最大的普遍概念,即最高属概念,相当于范畴。如"物"是一个哲学范畴,它同"实"(实体)的范围一样大,凡是存在着(有即存在)的实体都一定等待这个名来称谓。"类名"是达名之外的一般普遍概念,或叫类概念,即属或种概念。类名可以根据其外延大小配成一定序列,如"四足"、"兽"、"马"等。就"马"而言,凡具有如此这般性质的实体("若实也者")都一定用这个名来称谓。"私名"如"臧"(这里用作一个男仆的名字),是外延最小的单独概念,它反映的是一个特定的个体("是名也止于是实也")。"达、类、私"这三种名称,恰恰对应于一般、特殊、个别这三种实体。《墨经》就以这种分类层次为基础,初步制定了一个囊括各门科学的范畴体系。

三、《墨经》的范畴体系

著名德国古典哲学家黑格尔曾说,中国哲学"没有能力给思维创造一个范畴〔规定〕的王国"。中国语言"简直没有,或很少达到"、"对思维规律本身有专门的和独特的词汇"的地步。"中文里面的规定〔或概念〕停留在无规定〔或无确定性〕之中。"①这种议论是不符合事实的。看来他对《墨经》的情况一无所知。

《墨经》六篇共定义了上百个各门科学的范畴。且不说其他各篇，仅就《经上》篇而言，可以说是后期墨家的范畴篇，其中从"故"至"正"共百条，或用定义、或用分类，从内涵或外延上规定了上百个各门科学的范畴。

例如关于世界观方面的范畴有：

1. 物（物质）、实（实体）。《经上》79："物，达也，有实必待之名也命之。"物（物质）是外延最广的哲学范畴，所有的实（实体）都用它来概括。

2. 久（时间）、宇（空间）。《经上》40："久，弥异时也。"《经说上》："古今旦暮。"时间范畴是概括一切不同的具体时间（如古代、现代、早上、晚上）。《经上》41："宇，弥异所也。"《经说上》："东西南北。"空间范畴是概括一切不同的具体空间（如东方、西方、南方、北方）。

3. 有穷、无穷。《经说上》42："或不容尺有穷，莫不容尺无穷也。"用尺子量度一个空间，前面容不下一尺了，

---

① 黑格尔：《哲学史讲演录》第一卷，生活·读书·新知三联书店1956年版，第128、132页；《逻辑学》上卷，商务印书馆1966年版，第8页。

这叫"有穷"。若前面永远处处容下一尺,这叫"无穷"。

4. 化(变化、质变)。《经上》45:"化,征易也。"变化、质变就是特征、性状改变,如蝌蚪变为青蛙。原例"若蛙为鹑"援引中国古代关于质变的错误传说,不正确。

5. 损益(增加和减少,量变)。《经上》47:"益,大也。"《经上》46:"损,偏去也。"《经说上》:"偏也者兼之体也。其体或去或存,谓其存者损。"增益是量的扩张,减损是量的缩小。

6. 法(规律)。《经上》71:"法,所若(遵循)而然也。"《经说上》:"然也者民若法也。"法则(规律)是遵循着它就可以取得一定结果的东西。如使用圆规,遵循"圆,一中同长也"的法则,可以制定一个标准的圆形。

其他如关于认识论的范畴有知(知识)、见(观察)、讹(错误)等;关于方法论的范畴有同(同一性)、异(差异性)、同异交得(同一性、差异性的相互渗透与同时把握);关于政治学的范畴有功、罪、赏、罚、诽(批评)、誉(表扬)等;关于伦理学的范畴有仁、义、礼、忠、孝、任、勇、利、害等;关于物理学的范畴有动(运动)、止(静止)、力等;关于数学的范畴有方、圆、平、直、中、厚、倍等;关于逻辑学的范畴有名、言、说、辩、类、故、且(将来时和现在时模态词)、尽(全称量词)、必(必然模态词)、已(过去时模态词已经)、使（指使与必使，祈使句或然模态和客观必然模态）、诺（问答法）、服（说服）、止（反驳）、正（真理）等，都各有专条规定。

总之，《墨经》中有一个独创的范畴王国，这些范畴各有专门与独特的规定，至今仍不失其科学价值。《墨经》在概念论上的成就是毋庸置疑的。

第三节　论语句和判断

《墨经》讨论了语句和判断的关系与真假，以及判断的种类等问题，不乏精辟之见。

一、语句和判断的关系与真假

关于语句和判断的关系，《墨经》说：

> 以辞抒意。（《小取》）
> 言，口之利也。执所言而意得见，心之辩也。闻，耳之聪也。循所闻而得其意，心之察也。（《经上》90至93）

言、辞指语句，意指判断。语句是表达判断的。说出语句，是口部的正常功能。用语句表达判断，是人心的思考辨别作用。听别人说话，是耳部的正常功能。根据听到的别人的语句而把握其中的判断，是人心的审察分析作用。《墨经》用此寥寥数语道出了语句和判断之间的关系，指明了说话者和听话者之间的语言交际和思维认识过程，言简意赅、准确精到。

　　《墨经》认为语句、判断有肯定和否定之分。肯定叫作"然"（是这样），否定叫作"不然"（不是这样）。如"乘白马，乘马也"叫作"然"（肯定判断）。"获（女仆名）事其亲，非事人也"叫作"不然"。

　　随着语句、判断肯定与否定的分别而有真和假的不同。语句、判断中的断定（肯定、否定）符合实际，叫作"当"或者"是"，也就是真。有一次墨子跟儒家信徒程繁辩论，引用孔子的话作为论证的根据，程子反驳墨子说："您提倡非儒，这里怎么又引证孔子的话呢？"墨子说："是其当而不可易者也。"即这是孔子说得对而推不翻的呀，怎么不能引证呢？墨子认为像"鸟闻热旱之忧则高（飞向高空），鱼闻热旱之忧则下（沉入水底）"就是"当而不可易者"（《公孟》）。《经说上》75说："或谓之牛，谓之非牛"，"是不俱当，不俱当，必或不当"。这里"当"、"不当"即是非、真假。《经下》109说："假必悖（有背于事实），说在不然（不是如此）。"《经说下》："假必非也而后假。"《大取》说："是之同，然之同","有非之异,有不然之异"。"然"是肯定,"不然"是否定,肯定与否定符合实际叫"是"(真),不符合实际叫"非"(假)。

《墨经》的议论实际上涉及言(语句)、意(判断)和实(实际)三者的关系。语句、判断符合实际叫作"当"。要语句符合实际,除了要求判断符合实际之外,还要求语句符合判断,即心里怎么想,口里就怎么说。这被叫作"信":

> 信,言合于意也。(《经上》14)
> 不以其言之当也,使人视城得金。(《经说上》)

"信"就是语句符合判断,即口心如一,诚实不欺。而口心不一,那就是故意说谎骗人。语句符合判断,判断符合实际,语句就既信且当。语句符合判断,判断不符合实际,语句就信而不当。所以说信"不以其言之当也",即信不以语句符合实际为必要条件。判断符合实际,语句不符合判断,说谎的结果语句也不符合实际,语句就既不信又不当,但也可能偶然与实际符合。如甲心里并不知道城墙上有金子,但有意骗乙说:"城墙上有金子,你到那里可以拾到。"乙去一看,果然得金。这时,对甲来说,就是语句虽当而不信。《墨经》虽然列举了事实上存在的这种语句虽当而不信的情况,但其认识论和逻辑学的宗旨是要求意合于实,"举实","拟实","摹略万物之然",并且要"言合于意","以辞抒意",即以言词语句既信且当为目的。判断的标准是求"当",求"是",求"真",而力避"不当"、"非"和"假"。语句的标准是求"信",即准确地表达判断,抒发思想,而力避辞不达意,言意相离,随口胡言。

二、判断的种类

《墨经》研究了各种判断的性质、特点和表达方式。

（一）全称和特称判断

《墨经》中说:

尽,莫不然也。(《经上》43)
俱止、动。(《经说上》)

"尽"、"俱"是全称量词。在一个论域中,没有不是如此的(并非有 S 不是 P)等值于全都如此(所有 S 是 P)。例如就一个整体而言,所有部分都停止,或所有部分都运动。

《小取》说:"或也者,不尽也。""或"是特称量词。它的定义是"不尽",即不是全部。《经说上》75 举例说,针对同一动物，甲说："这是牛。"乙说："这不是牛。"这两个判断的真值是"不俱当，必或不当"。"不俱当"（即"不尽当"，并非所有都恰当）等值于"或不当"（有的不恰当）。《经说上》98说"以人之有不黑者也，止黑人"，意思是说，用"有人不是黑的"驳倒"所有人是黑的"。一般来说，用"有S不是P"可以驳倒"所有S是P"。即下式成立：

SOP →¬ SAP

读作：有S不是P，所以并非所有S是P。

《经说上》68说：

尺与尺俱不尽，端与端俱尽，尺与端或尽或不尽。

这是《经上》"撄，相得也"的几个例子。意即两根直线相交，二者都不完全重合（全称否定判断）。两个点相交，二者都完全重合（全称肯定判断）。一根直线与一个点相交，从点这一方面说是完全重合，从直线这一方面说是不完全重合。"或尽或不尽"即"有的是完全重合"（特称肯定判断）、"有的不是完全重合"（特称否定判断）。

《墨经》通过这些例子把几种直言判断（性质判断）都列举出来了，并且对于它们之间的等值关系的理解也是正确的。

（二）假言判断

《小取》说："假者，今不然也。"假设是表示一个与当前事实不符合的假定、设想。以这个假设为条件，可以引申出一定结果，于是断定这种条件和结果之间关系的判断，就被称为假言判断。产生一定结果的条件通常叫作原因，《墨经》叫作"故"。从事物方面说，"故"指原因，从逻辑上说，指理由或根据。《墨经》在对"故"的分析中，揭示了各种假言判断的特征。

故，所得而后成也。（《经上》1）

小故：有之不必然，无之必不然。体也。若（尺）有端。大故：有之必然，无之必不然。〔兼也〕若见之成见也。（《经说上》）非彼必不有，必也。（《经说上》84）

"故"（原因）是得到它而成就一定结果的东西。"小故"相当于必要条件。"有之不必然，无之必不然"是必要条件假言判断前后条件之间关系的公式。顺便说一句，"非彼必不有"是"无之必不然"的另一种表达。这里"之"和"然"都是变项，我们分别代之以 p 和 q，则这公式就可以做进一步的改写。以图表对照如下：

有之不必然	无之必不然
有 p 不一定有 q	无 p 一定无 q
$p \wedge \neg q$	$\neg p \rightarrow \neg q$
p 并且非 q	如果非 p 则非 q

从这种对照可以看出《墨经》对必要条件假言判断的规定是正确的，它跟西方传统逻辑的规定完全一致。

由于必要条件只是产生一定结果的部分原因，所以说"体也"。《墨经》中"体"指部分。《经上》第 2 条定义说："体，分于兼也。""兼"指整体。部分是从整体中分出的。"若有端"理解为"若尺有端"，《经说上》第 2 条举例说："若尺之端也。"《墨经》常把端与尺相提并论，即讲点和直线的关系。《墨经》认为直线是点的集合，点是构成直线的必要条件。即有点不一定有直线，无点一定没有直线。

"大故"相当于充分必要条件。"有之必然，无之必不然"是充分必要条件假言判断前后条件之间关系的公式。对这一公式可以做进一步形式化以图表对照如下：

有之必然	无之必不然
有 p 一定有 q	无 p 一定没有 q
p → q	¬p → ¬q
如果 p 则 q	如果非 p 则非 q

由于充分必要条件是产生一定结果的整体原因（复合原因），所以可以理解为"兼因"，与"体因"相对。"若见之成见也"是充分必要条件（兼因）的举例。造成"见之成见"（看东西看见了）的必要条件（体因）共有若干，这些足够的必要条件（体因）复合起来，就构成充分必要条件（兼因）。例如：

①只有对象确实存在，才能看见对象。
②只有对象与人目有适当距离，才能看见对象。
③只有光线合适，才能看见对象。
④只有人目视力正常，才能看见对象。

假定这些必要条件（体因）是足够而无遗漏的，那么它们的复合，就构成看见对象的充分必要条件（兼因）：

当且仅当对象确实存在、对象与人目有适当距离、光线合适和人目视力正常，则（才）看见对象。

可以指出，《墨经》在这里没有论列充分条件。不过，既然已经明确讨论充分必要条件，其中就包含对充分条件，即"有之必然"的认识。而且将必要条件的前后件易位，也可导出充分条件假言判断。如对"尺有端"的例子而言，可以说有尺（直线）必有端（点），无尺（直线）不必无端（点）。用公式的语言可以说"有之必然，无之不必不然"。如下表：

有之必然	无之不必不然
有 p 一定有 q	无 p 不一定没有 q
p→q	¬p ∧ q
如果 p 则 q	非 p 并且 q

总之，《墨经》对于假言判断的认识十分接近于西方传统逻辑。这些知识在现今逻辑教本中还常被援用。

（三）模态判断

古代辩者曾有"孤驹未尝有母"的诡辩（《庄子·天下》）。《列子·仲尼》篇引乐正子舆说，公孙龙曾经用许多"负类反伦"（违背事实，违反常理）的诡辩来欺骗魏王，其中也有"孤犊未尝有母"一题。公孙龙的门徒魏国公子牟为其论证说："孤犊未尝有母，有母非孤犊也。"辩者的这种诡辩跟歪曲利用模态判断有关。《墨经》为了澄清此类诡辩，精心研究了模态判断的理论。

《墨经》模态理论的主要特色，是突出研究了时间的模态（带时态算子的模态命题及其简单推理），此外还涉及祈使句或然模态与客观必然模态的比较。

　　《墨经》专门定义了时间模态词"且"和"已"等：

　　且，言然也。（《经上》33）
　　自前曰且，自后曰已，方然亦且。（《经说上》）

　　"且"是表述事物存在状况和样式（"然"）的。且有两种基本用法，一是在事物发生之前说"且"，这相当于现代汉语的"将"、"将要"，表将来时态，相当于或然判断（可能判断）；二是在事物发生过程中说"且"，这相当于现代汉语的"正在"、"刚刚"，表现在时态，相当于实然判断。"已"（或者说"已然"、"尝然"），这相当于现代汉语的"已经"、"曾经"，表过去时态，也相当于实然判断。

　　1. 实然判断（过去时与现在时模态）。在一个事物过程已经完成之后来表述它，使用过去时间模态词"已"（"自后曰已"）。《墨经》把过去时间模态词"已"的用法分为两种：

　　已：成；亡。（《经上》77）

> 为衣，成也；治病，亡也。（《经说上》）

一种"已"是建设性的，从无变为有，如说："我已经做成了一件新衣服。"这叫作"成"的"已"（已经完成）。另一种"已"是破坏性的，从有变为无，如说："我已经治好病，去掉了病根。"这叫作"亡"的"已"（已经没有）。《墨经》仔细研究了过去时的实然性质：

> 可无也，有之而不可去，说在尝然。（《经下》161）
> 已然①，则尝然②，不可无也。（《经说下》）
>
> 无不必待有，说在所谓。（《经下》149）若无马③，则有之而后无。无天陷，则无之而无。（《经说下》）

《墨经》认为，一件事情可以是"无"（从来没有），但是一旦有了（发生了）就不能把它从历史上抹掉（有之而不可去），因为它确实曾经发生过。所谓"已然"（已经如此）就是"曾经发生过"（尝然），就不能说"没有发生过"（不可无也）。"无"并不以"有"为必要条件，这

---

① 然旧作给。
② 尝然旧作当给。
③ 马旧作焉，均据孙诒让校改。

里就看你说的是哪种"无"。如说:"我现在无马了。"这是指过去曾经有马,而后来无马(有之而后无)。又如说:"没有天陷(天塌下来)这回事。"这是指从来就没有(无之而无)。"实然"即确实如此。实然判断反映确实发生的事实。用过去时间模态词"已"、"已然"或"尝然",表达已经确实发生过的事实,所以相当于实然判断。

在一个事物发生过程中来表述它,可以使用现在时间模态词"方"或"且",即《经说上》所谓"方然亦且"。"方"即"开始"、"正在"。如"方兴未艾"(方兴未已)也可以说"且兴未艾"。"来日方长"可以说"来日且长"。"国家方危"可以说"国家且危"。"日方中方睨,物方生方死"可以说"日且中且睨,物且生且死"。既然现在时语句表示一种事实开始发生、正在发生,从模态上说也就是相当于实然判断。

由上述观点看来,"孤驹未尝有母"的错误是很明显的。说是"孤驹",就是说"现在无母"。而"现在无母"不等于"过去无母"。既然说是"驹",就是说它"曾经有母",而不能由"现在无母"推出"未尝有母"(即未曾有母,从来无母)。这正是"有之而不可去","已然则尝然,不可无也"之一例。辩者"孤驹未尝有母"是故意混淆时间模态所带来的诡辩,即以"现在无母"的事实,来抹煞"过去曾经有母"的事实,使用的是偷换概念、李代桃僵式的诡辩手法。

2. 或然判断(将来时模态)。在一个事物过程发生之前而断定它有可能发生,使用将来时间模态词"且"(将、将要),即《经说上》所谓"自前曰且"。这相当于或然判断(可能判断)。《小取》有如下推论式:

①且入井,非入井也。止且入井,止入井也。
②且出门,非出门也。止且出门,止出门也。
③且夭,非夭也。寿且夭,寿夭也。

在例①中,"且入井"(即将要入井),表示一种"入井"的可能性(或然性,或然判断),它不等于"入井"(现实性、实然判断)。但是采取措施阻止"且入井"这种可能性的实现(如拉住将要入井的人,或把井盖上),则"入井"的现实性也不会出现。

同理,在例②中,"且出门"(即将要出门),不等于"出门"。但采取措施阻止"且出门"这种可能性的实现(如拉住将要出门的人,或把门关上),则"出门"的现实性也不会出现。

在例③中,"且夭"(将要夭折),不等于"夭"(夭折),但是采取措施阻止"且夭"这种可能性的实现(如治好将要夭折的人的病，改善营养状况和卫生条件），亦即"且夭"之人有"寿"（此即"寿且夭"），也就等于"寿夭"（使夭折的人不夭折而有寿）。后期墨家出于批判儒家宿命论的现实需要，特地设计这一推论式。《论语·颜渊》载子夏说："死生有命，富贵在天。"墨子在跟儒家信徒公孟子辩论时，对方也说："贫富寿夭，错（全）然在天，不可损益。"墨家坚决反对儒家这种消极的命定论思想，主张强力而为，有病时主张医治，改善营养，益人寿命。例①和例②是为例③提供类比的前提和论据的支撑。在墨者这样做的时候，自然也就发展了中国古典逻辑的理论。这里三个推理式单从模态逻辑的形式规律上来衡量，也是正确合理的。

一般而言，令一事实（如"入井"、"出门"、"夭"）为 p，这 p 就是一实然判断。而可能 p 则为一或然判断。实然判断 p 比或然判断可能 p 断定得多，故在模态判断的对当关系中 p 处于上位。可能 p 处于下位。根据模态判断对当关系的规律，断定下位判断真则上位判断真假不定。可能 p 真，则 p 真假不定；可能 p 不等于 p。于是"且入井，非入井"、"且出门，非出门"和"且夭，非夭"成立。而断定下位判断假，则可断定上位判断假，即如下公式成立：

$$\neg \Diamond p \rightarrow \neg p$$

读作：如果并非可能 p 则并非 p

于是，"止且入井，止入井也"、"止且出门，止出门也"和"寿且夭，寿夭也"成立。总之，墨者有关时间模态逻辑的推论是科学的、合理的。

3. 必然判断（全时间性模态）。必然判断带有必然模态词"必"。《墨经》指出必然判断的论域如果涉及一类事物，则带有全称性和全时间性（贯穿于过去、现在和将来三个时态）：

必，不已也。（《经上》52）谓一执者也。若弟兄。一然者一不然者，必不必也，是非必也。（《经说下》）

当必然判断涉及一类事物时，"必然"蕴涵着"尽然"（所有的个体都如此，即全称）。如果是"一然者一不然者"（有是这样的，有不是这样的），即"不尽然"，那就一定不是"必然"，而是"非必然"。一般来说，下列两个公式成立：

①所有 s 必然 p→所有 s 是 p→并非有 s 不是 p
②有 s 不是 p→并非所有 s 是 p→并非所有 s 必然 p

公式①和②具有等值关系。

"必然"除了具有"尽然"即全称性以外，还具有全时间性，即作为一种永不停止的趋势而贯穿于过去、现在和将来三种时态。"不已"即不停止，"一执"即维持一种趋势永不改变。如说："有弟必有兄。"这对所有场合都是如此（全称性），并且对任何时刻都是如此（全时间性），说："二必异。"（《经说上》88）"行者必先近而后远。""民行修必以久。"（《经说下》164）这些也都是对任何场合和时间都适用，所以作为必然判断成立。

必然判断的否定（负必然判断）叫作"不必"、"非必"或"弗必"。对一类事物而言，如果不具有全称的意义或全时间性的意义，那就不能说是"必"，就是"不必"、"非必"或"弗必"。如《经下》132："无说而惧，说在弗必。"《经说下》："子在军，不必其死生。闻战，亦不必其死生。前也不惧，今也惧。"显然不能做如下判断和推论："所有军人都必死，所以，所有军人都死，所以并非有的军人不死。"而如下推断和推论成立："有的军人不死，所以，并非所有军人都死，所以，并非所有军人都必死。"墨者用这种负必然判断及其推论对参加防御战争的军人父母做工作，希望他们不要为参军和参战的儿子担心恐惧，认为这种担心恐惧是没有根据的。《小取》："以说出故。""说"即有根据的推论。这是由于不具有全称性而得出负必然判断的例子。

同样，如不具有全时间性，则也会得出负必然判断。如我们已知过去和现在"凡人都有死"，假如将来有一天人们可以研究出一种办法使自己不死，那么"凡人必有死"这种必然性也就可以推翻。但根据科学原理可以断言，将来任何时刻人们也不会做到长生不老，所以"凡人必有死"是既有全称性，又有全时间性的正确必然判断。

4. 祈使句或然模态和客观必然模态的比较。《墨经》比较了祈使句或然模态和客观必然模态的不同：

> 使：谓；故。（《经上》78）令、谓，谓也，不必成。湿，故也，必待所为之成也。（《经说上》）

《墨经》认为"使"有两种含义。一种含义是指使，即甲用一祈使句命令或指谓乙去干某件事，仅仅由于这种指使，乙"不必成"，即不必然干成功。如甲命令乙："你必须把丙杀死！"这种祈使句中的"必"实际上只表达甲的杀人意图，并不构成乙杀死丙的充分条件，即尽管甲有这种杀人意图，乙也可能由于主观或客观原因而没有把丙杀死。所以不能仅仅用甲的这一祈使句来给乙定杀人罪。第二种含义是原因，相当于充分条件，即如果P必然Q。

如天下雨必然使地湿。所以说:"湿,故也,必待所为之成也。"

总之,祈使句的模态是"不必成",即为负必然判断"不必",而在模态判断的等值关系中"不必然 P"等值于"可能不 P"。如"乙不必然杀死丙"等值于"乙可能没有杀死丙"。而客观必然模态是"必成",即如果 P 必然 Q。如下雨必然地湿。可见祈使句或然模态和客观必然模态有原则区别,而《墨经》已对这种区别有明确认识。这说明在现代逻辑中作为一个重要分支而存在的模态逻辑,在《墨经》中已经发其端倪。

第四节　论形式逻辑的基本规律

墨家对形式逻辑的基本规律同一律、矛盾律和排中律,均有所论及。

一、同一律

《墨经》中说:

彼彼此此与彼此同,说在异。(《经下》168)
正名者:彼彼此此可:彼彼止于彼,此此止于此。彼此不可:彼且此也。彼此亦可:彼此止于彼

此。若是而彼此也，则彼亦且此此也。(《经说下》)

这里"彼止于彼"、"此止于此"和"彼此止于彼此"就是谈的语词、概念的同一律。"彼彼、此此与彼此同"，是指"彼"、"此"和"彼此"都遵守形式逻辑的同一律。"说在异"，是指单说"彼"、"此"和合说"彼此"又有所不同。"彼"、"此"均可代表任一单独概念或普遍概念，如燕、赵；牛、马等，可用符号A、B代表。"彼此"代表两语词、概念的集合（兼名），如"燕赵"、"牛马"等，可用AB代表。《墨经》中的同一律公式、实例及其符号化可对照如下表：

规律（用汉字表达）	彼止于彼	此止于此	彼此止于彼此
规律（用拼音字母表达）	A = A	B = B	AB = AB
实例	牛 = 牛	马 = 马	牛马 = 牛马

《墨经》在这些规律之前冠以"正名"二字，就是说这是正确理解与运用语词、概念的一般规律。自从孔子提出"正名"这一语言学、逻辑学和哲学的要求之后，在学术界形成一种时代的潮流，各家各派无不谈论"正名"，而墨家则从形式逻辑基本规律的角度为"正名"的理论做出了总结。

《墨经》在另外一条论证了在议论中保持概念、判断的同一性问题。

> 谓而固是也，说在因。（《经下》）
>
> 有之实也，而后谓之。无之实也，则无谓也。不若假。举美谓是，则是固美也，谓也。则是非美，无谓，则假也。（《经说下》）

"谓"有判断之意。《广雅·释言》："谓，指也。"指同旨。《说文》："旨，意也。"《小取》说："以辞抒意。"《墨经》指出"谓"有多种用法：

> 谓：命、举、加。（《经上》80）
>
> 谓犬"狗"，命也。"狗，犬。"举也。叱："狗！"加也。（《经说上》）

谓有命名、列举、加名于实等义。把犬命名为"狗"，这是命名。利用"狗"这名称做判断，是列举，如说"狗是犬"。向家中的狗叫一声："狗！"这是加名于实物。即在命名之后，要在认识、交际和生活中沿用。辩者故意利用命名初期的任意性来进行诡辩，说"犬可以为羊"、"白狗黑"，等等，这就是名称的乱用了。又如用"美"来称谓某种状况，那么碰到同样情况就应该说

"美",而不应说"不美",如果这样说,违背了同一律,就出现假话。如齐国有一个姓黄的先生,平生好谦卑。他有两个女儿,都生有倾城倾国的美貌,但黄先生却偏偏说她们长得丑极了,于是"黄先生女儿长得丑"的恶名远扬四海。两位美丽绝伦的女儿过了该结婚的年龄,却没有一个人敢娶。黄先生的可悲之处就是由于违反了同一律,没有按约定俗成的语词概念来称谓他的女儿。(《尹文子》)

为了保证言词交际中遵守同一律,《墨经》规定了"通意后对"的原则:

> 通意后对,说在不知其孰谓也。(《经上》141)
> 问者曰:"子知羁乎?"应之曰:"羁何谓也?"彼曰:"羁旅。"则知之。若不问"羁何谓",经应以"弗知",则过。且应必应问之时而应焉,应有深浅、大小,当在其人焉。(《经说下》,据高亨校)

即弄清对方意思再对答,因为不如此就可能误解对方的意思,从而出现文不对题、答非所问的错误。一词多义是常见的现象。"羁"可以指马笼头,也可以指旅客。问明"羁"字究竟何所指,可以避免误会,准确对答,提高交际的效率。《尹文子》中有一例说,郑国商人到周国经商,由于不熟悉周国人的言语习俗，而出现了令人尴尬的场面。周国商人问郑国商人："您想买璞吗？"郑商脱口而出说："想买！"周人从货筐中取出他的"璞"递给郑商："给您！"郑商一看，原来是新鲜的老鼠肉，并非他心目中的璞——玉石。无奈，只好一再表示歉意："对不起，我没有问明白，我不要这个。"这原因就在于"璞"为多义词——"郑人谓玉未理者为璞，周人谓鼠未腊者为璞"，可见遵守"通意后对"的原则在现实的交际中很有必要。

二、矛盾律

矛盾律在形式逻辑中是一条非常重要的规律，它是归谬式反驳方法的核心，在日常思维和论辩中有着广泛的应用。

形式逻辑的矛盾律在墨子的议论中已有萌芽，在《墨经》中做了明确的理论表述，并有精确熟练的应用。

墨子首先发现和应用了"悖"（自相矛盾）的概念，来揭露论敌违反矛盾律的错误，并初步把矛盾律应用于反驳，提供了归谬反驳法的范例，并总结出独特的反驳方式，即归谬式的类比推理。

谈辩大师墨子常用"悖"概念，来反驳论敌，揭露其荒谬悖理。如：

> 子墨子曰："世俗之君子，贫而谓之富则怒，无义而谓之有义则喜，岂不悖哉？"（《耕柱》）
>
> 子墨子曰："世之君子，使之为一犬一彘之宰（杀狗宰猪），不能则辞之。使为一国之相，不能而为之，岂不悖哉？"（《贵义》）

墨子在跟人辩论中，还常用比喻，形象地说明论敌自相矛盾的荒谬性和不合理性。如"命人包而去取冠"（叫人包裹头发，却又要求把包裹头发的帽子取下，见《公孟》）、"无客而学客礼，无鱼而为鱼罟"（同上）、"禁耕求获"（禁止耕种求得收获）、"负剑求寿"（把利剑的刃放在脖子上求得长寿，《节葬下》）、"合目祝视"（把眼睛闭起来求神保佑看得见，《耕柱》），以及"少见黑曰黑，多见黑曰白"、"少尝苦曰苦，多尝苦曰甘"（《非攻上》）等。

墨子把矛盾律应用于反驳，提供了归谬反驳法的范例。《非儒》篇说：

> 儒者曰："君子必古服古言然后仁。"（君子一定穿古人服装、说古式的语言才算符合仁的标准）应之曰："所谓古之言，服者，皆尝新矣，而古人言之、服之，则非君子也，然则必服非君子之服、言非君子之言，而后仁乎？"（从对方论点引出矛盾，从而驳

倒对方)

〔儒者〕又曰:"君子循(述)而不作。"(君子只转述前人而不自己创作)应之曰:"古者羿作弓,杼作甲,奚仲作车,巧垂作舟,然则今之鲍(柔革工)、函(制甲工)、车匠,皆君子也,而羿、杼、奚仲、巧垂皆小人邪?且其所循,人必或作之(后人所转述的,最初一定有人先创作出来)。然则其所循,皆小人道也。(从对方论点引出矛盾,从而驳倒对方)

这两段话确实是非常杰出地运用矛盾律的归谬反驳,墨者将其收入《非儒》篇,为门徒提供了学习归谬法的典型教材。

墨子还运用矛盾律,独创性地总结、运用了一种归谬式的类比推理,并给它取了一个通俗易懂的名称,即"明于小而不明于大",或"知小物而不知大物"。如《鲁问》篇记载墨子说:

世俗之君子,皆知小物而不知大物。今有人于此,窃一犬一彘则谓之不仁,窃一国一都则以为义,譬犹小视白谓之白,大视白则谓之黑。故世俗之君子,知小物而不知大物者,此若言之谓也。

墨子在其关于社会政治伦理的论辩中，经常运用这种归谬式类比推理论证己说，反驳论敌，使他的议论生动深刻，显示逻辑的威力。

《墨经》结合典型事例的分析，从理论上表述了矛盾律的内容。《经说上》75举例说，针对同一个动物，有人说"这是牛"，有人说"这不是牛"，这两个判断是矛盾判断，它们之间的真假关系是"不俱当，必或不当"，即不能同真，必有一假，这是关于矛盾律的基本规定。而违背矛盾律，必然产生自相矛盾。《墨经》更明确地把矛盾律用于反驳，用"悖"来概括自相矛盾的逻辑谬误，运用归谬法已达到炉火纯青的地步。

1. 驳"言尽悖"说。"言尽悖"即一切言论都是荒谬的，这是庄子一派的观点。庄子一派以事物的变动性和认识的相对性为借口，否认言谈辩说可以达到真理。《墨经》以矛盾律为武器，用归谬法反驳说：

> 以言为尽悖，悖，说在其言。（《经下》171）悖，不可也。之人之言可，是不悖，则是有可也。之人之言不可，以当必不当。（《经说下》）

即你声称："一切言论都是荒谬的"，这是自相矛盾的，因为你说的这一句话本身毕竟也是言论呀！而自相矛盾的言论是不能成立的。如果你的这句话成立，这就有了一句并不荒谬的言论，也就是有能够成立的言论。如果你的这句话不成立，那么你认为它恰当就一定不恰当。总之，就是因为对方说了这一句荒谬的话，而使他陷入了左右为难、进退维谷的境地。

2. 驳"非诽"论。"非诽"即反对一切批评。《论语·子路》篇载，叶公对孔子说："我们那里有个直率的人，父亲偷了别人的羊，他便亲自去揭发。"孔子说："我们那里直率的人跟这不同：父亲为儿子隐瞒，儿子为父亲隐瞒。这里头就有直率的道理。"《公羊传·闵公元年》说《春秋》"为尊者讳，为亲者讳，为贤者讳"。墨家反对儒家的这种见错误而不批评，反而为之隐瞒的态度，主张有错误应该批评。《经上》30说："诽，明恶也。""诽"就是批评别人的缺点。《经上》99条讲反驳方式"止"，拿反驳儒者"圣人有非而不非"的论点为例。"圣人有非而不非"，意为圣人看见别人的错误，却不批评其错误。《墨经》中以矛盾律和归谬法反驳这种"非诽"之论：

非诽者悖，说在弗非。(《经下》179)

非诽，非己之诽也。不非诽，非可非也。(非)不可非也，是不非诽也。(《经说下》)

即"反对一切批评"的人必然陷入自相矛盾，因为批评这件事是不应该反对的。你提出"反对一切批评"的论点，但是你提出这一论点本身就是一种批评（批评别人的批评），所以你提出这一论点，就连你这一种批评也反对了。如果你不"反对一切批评"，那么有错误就可以批评了。如果你坚持说有错误不能批评，那么这本身就是对你"反对一切批评"的论点的否定。所以你不如趁早收起你的论点，免得这样左右为难，自相矛盾。

墨者像这样运用矛盾律驳斥论敌错误的例子很多，不能尽举，然而墨者对矛盾律运用之熟练精纯，于此可见一斑了。

三、排中律

排中律与矛盾律关系密切，二者是同一件事情的两面，并且可以互相导出。矛盾律是断定矛盾判断不能同真，必有一假，排中律是断定矛盾判断不能同假，必有一真。墨者在发现矛盾判断"不俱当，必或不当"（矛盾律）的同时，也发现矛盾判断"不可两不可"，必有一"当"的真值规律，而这正是关于排中律的规定。《经上》74说："彼，不可两不可也。"《经说下》135说："辩也者，或谓之是，或谓之非，当者胜也。"违反矛盾律的逻辑错误是自相矛盾（悖），或叫矛盾"两可"。如《经说下》167说

"牛马非牛也可"和"牛马牛也可"这就是矛盾"两可"（即自相矛盾）的逻辑错误。而说"牛马非牛也未可，牛马牛也未可"这种矛盾"两不可"即是违反排中律的逻辑错误。所以《墨经》说："而曰牛马非牛也未可，牛马牛也未可亦不可。"这就是否定矛盾"两不可"，而坚持排中律的规定。墨者认为合乎逻辑的结论，应该是"或可或不可"。由于这里只涉及"牛马非牛"和"牛马牛也"这两个矛盾判断，所以只能是"一可一不可"。按照墨家"集合不等于元素"的逻辑，"牛马非牛"是正确的，而"牛马牛也"是不正确的。这是在反驳中成功地运用矛盾律和排中律来分析问题的例子。

第五节　论推理、证明和反驳

推理、证明和反驳，《墨经》统称为"说"。《墨经》研究了"说"的实质、方式和规则。

一、什么是"说"

"说"的本意是说明、解说。《经上》73："说，所以明也。"在中国古代逻辑中"说"是一个专业名词，指广义的推论，包括推理、证明和反驳。《小取》定义说："以说出故。""说"的实质是揭示一个"辞"（即推理的结论或论证的前提）之所以成立的理由、根据。《经下》和《经说下》表达的结构就是"以说出故"形式的运用。它一般是在《经下》先列出一论题，然后以"说在某某"的形式简明地标出论题之所以成立的理由，而《经说下》则予以解说和展开说明。

以"说在某某"形式标出的理由，可分两类，即个别事例的理由和一般概念的理由。

个别事例的理由同论题之间的关系是归纳推理，即由个别性的前提推出一般性的结论。这种推理的特点是以摆事实来进行论证，以达到说服人的目的。作为其推理前提的个别事例可以是一个，也可以是多个。如"不知其所处，不害爱之，说在丧子者"（《经下》175）。这是从"父母丢失了儿子，虽不知儿子现在住在哪里，不妨碍爱他"这一个别事例，推出"不知道某人的住处，不妨碍爱他"的一般结论。又如"所知而弗能指，说在春也，逃臣、狗犬、遗者"（《经下》139）。这是由春死了，不能指着说；逃亡的奴仆，不知道他现在哪里，不能指着说；狗犬不知这两个名称为何义，不能指着说；丢掉的东西，无法重现，不能指着说等四种个别事例，推出"有些所知的东西不能用手指着说"的一般结论。在认识个别事例必然联系的基础上，可以正确地引出一般知识，这是典型分析式的归纳法。如分析一部蒸汽机，就可以从中得出热能转化为机械能的一般道理。在《墨经》中已经普遍地应用这种典型分析式的归纳推理。在《大取》中是用"其类在"的形式来论证。如"凡兴利，除害也，其类在漏雍"。"凡兴利，除害也"是一般命题，"其类在漏雍"是举出一个典型事例。（漏雍指筑堤防、堵溃漏）

一般概念的理由和论题之间的关系是演绎推理，即由一般性前提推出个别性结论。这种推理的特点，是以讲道理进行论证，来达到说服人的目的。作为其推论前提的一般概念的理由，类似亚里士多德三段论的中项，它的展开，就是演绎推理的大、小前提。由于演绎推理中大、小前提，揭示了结论主、谓项（即小项和大项）同中项的一般联系，所以结论就可以如抽丝一样必然引申出来。如：

行修以久，说在先后。（《经下》164）

行者必先近而后远。远近修也，先后久也。民行修必以久也。（《经说下》）

我们将其中所包含的意思表达出来即是：

凡先走近后走远是要花费时间的。
老百姓走一定长度路程是先走近后走远。

所以，老百姓走一定长度路程是要花费时间的。

这相当于亚里士多德三段论的第一格推理。又如：

无欲恶之为益损也，说在宜。(《经下》144) 或者欲有不能伤也，若酒之于人也。(《经说下》)

其中推理可表达如下：

凡有节制地满足欲望是不会伤生损寿的。
适量喝酒是有节制地满足欲望。
_____

所以，适量喝酒是不会伤生损寿的。

这种推理的公式如下：

所有 M 是 P　　即　　MAP
所有 S 是 M　　　　　SAM
_____
所有 S 是 P　　　　　SAP

在《墨经》中这种讲道理式的演绎推理也为数不少。

"说"是推理。通过推理得来的知识，是一种间接知识。它以亲知和闻知为基础，而又高于亲知与闻知。《经下》和《经说下》170举例说：

〔亲知〕室外之物的颜色是白的。
〔闻知〕室内之物的颜色是室外之物的颜色。
─────────────────────
〔说知〕所以室内之物的颜色是白的。

该条通过此例发挥说：

夫名以所明正所不知，不以所不知疑所明。若以尺度所不知长。外，亲知也。室中，说知也。

即以概念认识为基础的推论知识，是以已知前提（所明）为标准来衡量未知事物（所不知），这时未知就转化为已知，犹如用已知其长度为一尺长的尺子，去量度尚不知其长度的东西，这时被量度东西的长度就转化为已知。在上例中，"室外之物的颜色"为已知，通过亲知、闻知和说知，室内之物的颜色就由未知转化为已知。在推论中，人们的理性洞察和引申知识的能力被得到充分发挥，这就是"说知"的巨大优越性。

二、"说"的方式

《墨经》讨论了"说"即推理、证明和反驳的多种形式。

（一）譬：譬喻式的类比推论

《小取》对"譬"的定义是"举他物而以明之也"，即列举另一事物来说明这一事物。这相当于类比推理。接着又定义了"譬"式推理的联结词："是犹谓也者，同也。""吾岂谓也者，异也。""是犹谓"（或"譬"、"若"）是论证两事物相同、相似，意谓着譬喻推理的建立。"吾岂谓"（或"不若"）是论证事物相异，意谓着譬喻推理的反驳。

"譬"兼有修辞学上的譬喻（比喻）和逻辑上的类比两种功能。中国古代思想家极善于用"譬"说话。刘向《说苑·善说》篇曾记载魏惠王（前369—前319在位）的相、著名辩者惠施"善譬"的事。有人为魏王设计策叫惠施讨论问题时不要用譬喻。惠施偏偏用一个譬喻，说明不用譬喻就不能说话。惠施问魏王："现在有人不知道什么是弹（发射弹丸之器），他就问：弹是什么样子的？你要回答说：弹的形状像弹，他能明白吗？"魏王说："不能明白。"惠施接着说："如果说弹之状如弓（用譬喻了）而以竹为弦，对方能明白吗？"魏王说："能明白了。"惠施说:"说话的人本来就应该用已经知道的来譬喻还不知道的,而使人知道(夫说者固以其所知,喻其所不知,而使人知之),现在您要求说话时不用譬喻,这还怎么说话呢?"魏王说:"那你就用譬喻吧。"这很典型地表现了辩者的表达技巧。活动于战国中期的惠施、孟轲、庄周、尹文等人,以及战国后期的公孙龙、荀卿、韩非和吕不韦等人,都擅长于在说话写文章中设譬喻。而开战国诸子设譬风气之先者,即又墨翟。翻开《墨子》一书,可知墨子及其弟子们也几乎是言必有喻。例如:

> 今天下之诸侯,多攻伐并兼,则是有誉义之名,而不察其实也。此譬犹盲者之与人,同命白黑之名,而不能分其物也。(《非攻下》)
> 以此(厚葬久丧)求富,此譬犹禁耕而求获也,富之说无可得焉。(《节葬下》)
> 以此(厚葬久丧)求众,譬犹使人负剑,而求其寿也,众之说无可得焉。(同上)
> 世之君子,欲其义之成,而助之修其身则愠,是犹欲其墙之成,而人助之筑则愠也,岂不悖哉?(《贵义》)
> 执无鬼而学祭礼,是犹无客而学客礼也,是犹无鱼而为鱼罟也。(《公孟》)

在上述数例中,"此譬犹"("譬犹")、"是犹"是譬喻推理的联结词。其全部议论,可分为两部分:从修辞学上说,有本体和喻体;从推理上说,有前提和结论;从论证上说,有论据和论题。通过这些譬喻,的确收到了举此明彼、以浅喻深、以易喻难、由已知到未知的认识和表达作用。以上是属于"是犹谓"式的譬喻推理的建立。

关于"吾岂谓"式的譬喻推理的反驳,试举一例说明之。有一次,墨子讲了许多关于"兼爱"好处的话,其论敌"天下之士君子"说:"您的兼爱说好是好,就是实行不了。譬若挈泰山越河济(黄河、济水)实行不了一样。"墨子说:"您这是譬喻不当(是非其譬也),兼爱说古代的圣王曾经实行过;而挈泰山越河济却从来没有人实行过。"墨子这时就可以说:"吾谓兼爱之说能行,吾岂谓挈泰山越河济之说能行乎?"通过"吾岂谓"式的反诘,将对方譬喻中前提与结论(或论据与论题、喻体与本体)两者之间的相异之处揭示出来,证明对方的譬喻不伦不类,从而驳倒对方。

《墨经》擅长说理(讲道理),但也常以"若"、"犹"等联结词携带着譬喻。其中少量为修辞学上的比喻,但更多的除比喻的修辞意义外,还兼有类比推理的意义。如《经说下》176批评论敌(告子一派)"仁内义外"的论点说:"其谓仁内也,义外也,举爱与所利也,是狂举也。

若左目出、右目入。"其中"若左目出、右目入"为修辞学上的比喻。又如说:"夫名以所明正所不知,不以所不知疑所明。若以尺度所不知长。"(《经说下》170)这里"若以尺度所不知长",是一个修辞学上的比喻,也是逻辑学上的类比。

不过需要指出,《墨经》中许多以"若"、"犹"所联结的事项,已经丧失了比喻或类比的意义,而只是一个一般命题(定义、定律)的典型事例。这个事例同一般命题之间的关系是归纳的关系,即从个别事例中引出一般命题。如说:"小故:有之不必然,无之必不然。体也。若(尺)有端。大故:有之必然,无之必不然,若见之成见也。"(《经说上》1)又如说:"体,分于兼也。若二之一、尺之端也。"(《经上》、《经说上》2)此类例子在《墨经》中很多,几乎俯拾即是,足见《墨经》作者有浓厚的重事实、重归纳的科学精神。这应该说是墨子譬喻即类比思想的发展。因为有"举他物而以明之"的譬式推理,会很自然地扩展为"举事而明理"(列举一个或多个事实以证明一个一般道理)的归纳推理。

(二)侔:不同语言表达式的类比推论

《小取》说:"侔也者,比辞而俱行也。"孙诒让注说:"侔,齐等也。谓辞义齐等,比而同之。"《庄子·大宗师》旧注说,"侔者,等也,同也","亦从也"。从"侔"的本义，又从"比辞而俱行"的定义看来，"侔"就是根据某种语言表达式而进行类比推论。《小取》所提供的据以为推的语言表达式，有"是而然"、"是而不然"、"不是而然"、"一周而一不周"和"一是而一非"等五种，同时还列举了大量同类的事例，以作为推论的示范。

1. 是而然：一命题为肯定，在此命题主、谓项前附加同一成分后，仍为肯定。

《小取》论"是而然"的侔式推论说：

> 白马，马也；乘白马，乘马也。骊马，马也；乘骊马，乘马也。获，人也；爱获，爱人也。臧，人也；爱臧，爱人也：此乃是而然者也。（《小取》）

《小取》在这里列举了四个供类比的语言表达式，并接着得出结论说：这就叫作"是而然"的侔式推论。这四个语言表达式，实际上遵守下列公式[①]：

$$S = P，并且 QS = QP$$

其中 S 和 P 分别代表每个表达式中前一命题的主、谓项，

---

① 莫绍揆：《数理逻辑初步》，上海人民出版社1980年版，第169页。

Q代表附加的语词成分。如第一个表达式中前一命题说："白马是马"，在"白马"和"马"前分别附加"乘"这个成分，则变为"乘白马是乘马"。如果把这一表达式中前、后两命题间的关系，理解为理由和推断的关系，在中间加一表示理由和推断关系的联结词"故"，则它就相当于西方逻辑中的复杂概念推理。但是《小取》所举实例中并没有明显地在中间标出"故"字。没有"故"我们加上"故"来理解，一恐有失原意，二也不合逻辑（非蕴涵式不能作为蕴涵式来处理，即使"是而然"的侔碰巧可作为蕴涵式来处理，但是到后面几种便行不通了），所以我们把每一表达式中前、后两命题间的关系，理解为联言的关系。《小取》的术语叫"是而然"，其中的"是"表示前一命题为肯定，如"白马，马也"，"然"表示后一命题亦为肯定，中间的"而"字，正是表示联言的联结词"并且"之意。这样第一个表达式的含义就是："白马是马，并且乘白马是乘马。"其他表达式的含义依此类推。《小取》称此为"是而然"的侔式推论，意思是前一命题为一正确的肯定命题，在该命题主、谓项前附加同一语词成分后，仍为正确的肯定命题。

"是而然"这一术语在《小取》中曾有两见，在《大取》中亦出现一次。在《大取》等篇中还有以下数例：

〔秦马，马也；〕友有于秦马，友有于马也①。

〔己，人也；〕爱己，爱人也。

〔璜，玉也；〕是璜，是玉也。（以上见于《大取》）

〔狗，犬也；〕杀狗，杀犬也。（《经说下》154）

墨家之所以仔细讨论这一推论式，有其现实的用意。公孙龙等人终生热衷于论证"白马非马"的诡辩论题，并且在社会上曾广泛流传着公孙龙等人乘白马渡关，关吏禁马通过，于是他们就诡辩说："我马白非马。"（见《吕氏春秋·淫辞》高诱注）所以墨者说："白马，马也；乘白马，乘马也。""友有于秦马，友有于马也。"《庄子·天下》篇载辩者有"狗非犬"的诡辩命题，可能也还有"知狗非知犬"、"杀狗非杀犬"之类的诡辩，所以墨者说："知狗而自谓不知犬，过也。"②（《经下》140）"狗，犬也。而杀狗非杀犬也不可。""狗，犬也。〔杀狗，〕谓之杀犬，可。"（《经下》、《经说下》154）正是由于解决这种现实问题的需要，构成墨家钻研此类逻辑问题的动机。

2. 是而不然：一命题为肯定，在此命题主、谓项前附加同一成分后，变为否定。

---

① 友旧因声同而误为有。《兼爱下》亦多次出现这种错误。兹改正。
② 依墨者之意，可作如下"是而然"的侔式推论："狗，犬也；知狗，知犬也。"

《小取》论"是而不然"的侔式推论说:

> 获之亲,人也;获事其亲,非事人也。其弟,美人也;爱弟,非爱美人也。车,木也;乘车,非乘木也。船,木也;入船,非入木也。盗,人也;多盗,非多人也。无盗,非无人也。奚以明之?恶多盗,非恶多人也;欲无盗,非欲无人也。世相与共是之。若若是,则虽"盗,人也;爱盗,非爱人也;不爱盗,非不爱人也;杀盗,非杀人也"无难矣。此与彼同类,世有彼而不自非也,墨者有此而非之,无他故焉,所谓内胶外闭,与心无空乎内,胶而不解也:此乃是而不然者也。

如果罗列完整,这里共有11个"是而不然"的语言表达式:

(1)获之亲,人也;获事其亲,非事人也。(事人指做别人奴仆)

(2)其弟,美人也;爱弟,非爱美人也。(爱美人表示性爱)

(3)车,木也;乘车,非乘木也。(乘木指乘一根未加工的木头)

（4）船，木也；入船，非入木也。（入木可能指进棺材）

（5）〔盗，人也；〕多盗，非多人也。

（6）〔盗，人也；〕无盗，非无人也。

（7）〔盗，人也；〕恶多盗，非恶多人也。

（8）〔盗，人也；〕欲无盗，非欲无人也。

（9）〔盗，人也；〕爱盗，非爱人也。

（10）〔盗，人也；〕不爱盗，非不爱人也。

（11）〔盗，人也；〕杀盗，非杀人也。

这里暂且撇开容易引起争论的第 11 个例子不谈，仅就前面 10 个例子而言，它们实际上遵守下列公式：

$$S = P，并且 QS \neq QP$$

即前一命题为一正确的肯定命题，在该命题主、谓项前附加同一语词成分后，变为正确的否定命题。所谓"是而不然"的"是"为肯定，"不然"为否定，"而"是表示联言性质的联结词"并且"之意。墨者的意思并不是要把每一表达式中的后一否定命题从前一肯定命题中推出来，而是表示前、后两命题一为肯定、一为否定，并同时为真，这与"是而然"的表达式中前、后两命题均为肯定的情况，显然不同。

顺便说一下，在"是而然"的情况下，"白马是马，并且乘白马是乘马"成立，"白马是马，故乘白马是乘马"也成立（复杂概念推理）。但在"是而不然"的情况下，"妹妹是美人，并且爱妹妹不是爱美人"成立，而"妹妹是美人，故爱妹妹不是爱美人"不成立，因为后一子命题并不是从前一子命题中推出的。因此，我们还是不把侔式推论中的每一表达式都看成蕴涵式为好。与其如此，不如按《墨经》的本来表达形式，视其为联言式。

墨者钻研这种"是而不然"的侔式推论，也有其现实用意。看《小取》所列举的11个表达式，其前10个表达式，都是为得出第11个表达式中的"杀盗非杀人"这一命题，提供类比的前提（论证的论据）。而"杀盗非杀人"在当时是具有强烈现实性和政治性的命题。

墨者代表小私有财产者、小国人民及其任侠集团的利益，坚决反对强盗以暴力抢劫财产，反对好战大国攻伐掠夺小国人民，他们不仅从理论上论证这种行为是"不与其劳获其实，以非其所有而取"（《天志下》），即不劳而获，从道德舆论上谴责其为"不仁义"，要求"众闻则非之"（《非攻上》），而且主张组织起来，积极防御，当强盗要来谋财害命，或好战大国要来抢掠杀戮时，自己可以理直气壮地"杀盗","兴师诛罚"(《非儒》),这符合墨者"为世除害"的宗旨和积极救世的精神。

墨者不仅认为"杀盗"有理,并且认为"杀盗"并不犯"杀人"罪。因为根据"墨者之法","杀人者死"即杀人要偿命。(《吕氏春秋·去私》)墨者如果承认"杀盗是杀人",那么根据这种"墨者之法",为了保卫自己而"杀盗"就要被杀死抵命,这岂不是墨者"自违其术"、又反对"杀盗"自卫吗?为了自圆其说,于是墨者在《小取》篇就来论证"杀盗"并不犯"杀人"罪,而是一种正义的自卫举动(正当防卫)。他们的逻辑从一方面说有其合理性。在其所列举的前10个表达式中,"事人"、"爱美人"、"乘木"、"入木"等词义已经转变,而"多人"、"无人"、"恶多人"、"欲无人"、"爱人"、"不爱人"等语词中的"人"也都指不犯盗窃罪的正常人。从墨者"是而不然"的侔式推理而言,"杀盗非杀人"的含义,正是指杀强盗不犯杀人罪。从这个意义上说,墨者的议论不是诡辩。但是从另一个角度看,即从第11个表达式中的前一命题"盗,人也"来看,那么"杀盗"当然也是杀了一个作为盗的人,并不是杀了一个人以外的动物。从政治伦理意义上,可以说强盗不是守法的、有道德的人,但从生物学意义上,还得承认强盗是人。不能说因为某人做了强盗,他也就不再是生物学意义上的人。墨者虽然也承认从生物学意义上说"强盗是人",但到"杀盗非杀人"的命题中,却把"人"的含义从生物学意义上转变为政治伦理意义,全面看来,这里也存在着词义转变、混淆概念的逻辑问题。所以荀子把"杀盗非杀人"算作"用名以乱名"的诡辩,也有其一面的道理。

由墨者对"是而不然"这种侔式推论的全部议论来看,他们研究逻辑的现实政治目的也很明显。墨者精心搜罗的前10个表达式,全都是为类比论证"杀盗非杀人"的结论(论题)提供前提(论据)。他们在推论中振振有词地说"此与彼同类",实际上不一定完全同类。所以他们尽管在这里利用了矛盾律,指出对方的自相矛盾之处(世有彼而不自非也,墨者有此而非之),并且指责对方"内胶外闭"、"心无空乎内,胶而不解"(即心里由胶粘着,耳目被封闭着,不留缝隙,听不进不同意见。犹如今人说"花岗岩脑袋"、"榆木脑袋"),但墨者的道理并没有为世人所普遍接受。这是由于他们的论证也有不圆满之处,从而留下了为人所指摘的把柄。

3. 不是而然:甲词不等于乙词,但在甲、乙二词上附加同一成分,构成新的复合概念后,则相等。

《小取》论"不是而然"的侔式推论说:

读书,非书也;好读书,好书也。斗鸡,非鸡也；好斗鸡，好鸡也。且入井，非入井也；止且入井，止入井也。且出门，非出门也；止且出门，止出门也。若若是："且夭，非夭也；寿且夭，寿夭也。'有命'，非'命'也；'非执有命'，'非命'也。"无难矣。此与彼同类，世有彼而不自非也，墨者有此而非之，无他故焉，所谓"内胶外闭"，与"心无空乎内，胶而不解"也：此乃不是而然者也。

墨者在这里作为类比推论前提（论据）的，有四个表达式：

"读书"不等于"书"；而"好（音浩 hào，下同）读书"却可以说是"好书"。

"斗鸡"不等于"鸡"；而"好斗鸡"却可以说是"好鸡"。

"将要入井"不等于"入井"；而"（采取措施）阻止将要入井"却可以说是"阻止入井"。

"将要出门"不等于"出门"；而"（采取措施）阻止将要出门"却可以说是"阻止出门"。

应该指出，"读书"和"斗鸡"两例是根据当时的语言习惯，而"入井"和"出门"两例则合乎模态逻辑的原理。

这四个表达式实际上遵守下列公式：

$$S \neq P，并且 QS = QP$$

S 和 P 分别代表两个语词（或短语），Q 代表在两词（或短语）上附加的相同语词成分。上述公式的含义是，在每一表达式前一命题中两词不相等，但在两词上附加同一成分，构成新的复合概念后则相等。墨者用上述四个表达式作为前提（论据），类推出如下两个结论（论题）：

"将要夭折"不等于"夭折"；而"使将要夭折之人有寿"却可以说是"使夭折之人有寿"。

"宣扬有命论"不等于事实上"有命"；"否定宣扬有命论"却可以说是"否定有命"的事实。

墨者用其特有的简练形式所表达的这两个结论，确有其政治伦理与世界观方面的"微言大义"。这两个结论（论题）都跟墨者反对儒者的命定论有关。"非命"是由墨翟到后期墨家都一直坚持的基本论题。《非儒》篇说：

（儒者）又强执有命以说议曰：寿夭、贫富、安危、治乱，固有天命，不可损益，穷达、赏罚、幸否有极，人之智力不能为焉。群吏信之，则怠于分职；庶人信之，则怠于从事。吏不治则乱，农事缓则贫，贫则乱政之本，而儒者以为道教，是贼天下之人者也。

墨者坚决反对儒者的"有命"论，主张用自身的力量"强从事"，以求更好的生活地位。这充分反映了直接生产者创造世界、争取自身利益的积极精神。墨者从"非命尚力"的政治、伦理思想和世界观出发，提倡有病要治，即使眼看快要夭折的人，也不要丧失信心，主张积极采取措施，治好病，改善卫生条件而使之有寿，而做到了这一点，就真的使将夭折之人有寿了，这就是表达式"且夭，非夭也；寿且夭，寿夭也"的含义。儒者竭力宣扬"有命论"，并不就真的存在"命"，而墨者否定儒者宣扬的"有命论"，却可以说是真的否定"命"（即墨者"非命"的论题成立）。这就是表达式"'有命'，非'命'也；'非执有命'，'非命'也"的含义。这说明墨者钻研"不是而然"的侔式推论，最终目的是为了论证其政治伦理的基本观点，解决当时学派斗争中提出的现实问题。

4.一周而一不周：一个词语有时遍及所有对象，有时不遍及所有对象。

《小取》论"一周而一不周"的侔式推论说：

> 爱人，待周爱人，而后为爱人。不爱人，不待周不爱人。失周爱，因为不爱人矣。乘马，不待周乘马，然后为乘马也。有乘于马，因为乘马矣。逮至不乘马，待周不乘马，而后为不乘马：此一周而一不周者也。

这里的公式如下：

> AB 一语，有时 A 遍及 B 各分子，有时相反。

在墨者看来，"爱人"这个词语中，"爱"要遍及所有的人，才算"爱人"。在"不爱人"中，"不爱"不遍及所有的人：只要不爱一个人，就算是"不爱人"。而在"乘马"中，"乘"不遍及所有的马：只要乘一匹马，就算是乘马。在"不乘马"中，"不乘"则遍及所有的马，即不乘任何一匹马，才算是"不乘马"。墨者认为"爱人"和"不爱人"、"不乘马"和"乘马"不能相比，因为它们都是"一周而一不周"。而"爱人"和"不乘马"可以相比，因为二者都是"周"；"不爱人"和"乘马"可以相比，因为二者都是"不周"。如果把这"周"理解为周延，"不周"理解为不周延，则墨者对"乘马"和"不乘马"周延情况的规定，跟西方逻辑有某种相似之处，而对

"爱人"和"不爱人"周延情况的规定,则有墨家的一套特殊逻辑。这也明显地表现了墨者提出"一周而一不周"这种侔式推论的现实政治用意。

5.一是而一非:两个语句结构,用一种内容去代入时二者相等,用另一种内容去代入时二者不相等。

《小取》论"一是而一非"的侔式推理说:

> "居于国",则谓"居国";"有一宅于国",而不谓"有国"。
> "桃之实","桃"也;"棘之实",非"棘"也。
> "问人之病","问人"也;"恶人之病"非"恶人"也。
> "之马之目眇",则谓"之马眇";"之马之目大",而不谓"之马大"。
> "之牛之毛黄",则谓"之牛黄";"之牛之毛众",而不谓"之牛众"。
> 一马,马也;二马,马也。"马四足"者,一马而四足也,非两马而四足。
> 一马,马也;二马,马也。"马或白"者,二马而或白也,非一马而或白。
> ——此乃一是而一非者也。

中国古代语言尚简，而简之上又有简，一直可以简到三个字、两个字、一个字等。《墨经》的简练经体就是如此构成的。简练可以节省篇幅。在古代以竹简、木片或绢帛作为书写材料，然后编连成册，构成篇卷，而传播流布全靠手抄书写。为便于携带传抄，自然希望文字越简练、篇幅越短越好。但是过于简练，又会带来新的问题，如引起歧义和误解，导致谬误和诡辩。所谓"一是而一非"，就是指两个语句结构（其中一个语句结构比另一个更简练），当用一种内容去代入时，二者相等（是）；用另一种内容去代入时，二者不相等（非）。其公式如下：

$$f(A) = g(A)，并且 f(B) \neq g(B)$$

如"居于国"（居住在一个国家里）可以简化为"居国"，但相近的说法"有一宅于国"（有一个住宅在国家里）就不能简化为"有国"（领有一个国家）。由此推想，如果"有一宅于国"可以叫作"有国"，则"郢有一城于天下"也可以叫作"郢有天下"。可见墨者研究"一是而一非"的侔式推理有反诡辩的意义。

"桃之实"（桃树的果实）可以简化为"桃"，但"棘之实"（酸枣树的果实）却并不能简化为"棘"。

"问人之病"(询问别人的病情)可以简化为"问人",但"恶人之病"(讨厌某人所得的病)却不能简化为"恶人"(讨厌人)。

"之马之目眇"(这个马的眼睛眇)可以简化为"之马眇"(这个马眇),而"之马之目大"(这个马眼睛大)却不能说是"之马大"(这个马大)。

"之牛之毛黄"(这个牛的毛色黄),可简化为"之牛黄"(这个牛是黄的),但"之牛之毛众"(这个牛的毛多而密)却不能简化为"之牛众"(一个牛不能说是众)。

由此推想,辩者可能这样诡辩:

"白狗之目眇",则谓"白狗眇";
"白狗之目黑",则谓"白狗黑"。

这是一个错误的类比推论:"白狗眇"本来指的是眼睛眇;但据以类推的"白狗黑",却并不是指眼睛黑,而是指毛色黑。由眼睛黑当然推不出毛色黑。

"马四足"(马有四只足)这个简约的说法,本意是指一匹马四足;但"马或白"(有些马是白的)这个简约的说法,本意却是提两匹马以上。"或"是特称量词。《小取》说:"或也者,不尽也。"论域为两匹马以上,才可以说"有些马是白的",一匹马就不能这样说。

以上各例均属于"一是而一非"的侔式推论。在《经说下》103 和《大取》中还有许多关于"一是而一非"的举例，很能表现墨家思想的特色：

俱斗，不俱二。

白马多白；视马不多视。

为丽不必丽；为暴必暴。

为非以人，是不为非；为履以买衣，为履。（以上《经说下》103）

以臧为其亲也而爱之，爱其亲也；以臧为其亲也而利之，非利其亲也。

以乐为利其子而为其子欲之，爱其子也；以乐为利其子而为其子求之，非利其子也。

利人也，为其人也；"富人"（仅从口头称颂人富有），非为其人也。有为也以富人，富人也。

知是世之有盗也，尽爱是世；知是室之有盗也，不尽恶是室也。知其一人之盗也，不尽恶是二人。虽其一人之盗，苟不知其所在，尽恶其非也。

虑获之利，非虑臧之利也；而爱臧之爱人也，乃爱获之爱人也。

昔者之虑也，非今日之虑也。

昔者之爱人也，非今日之爱人也。

昔者之知穑（节俭），非今日之知穑也。（以上《大取》）

上述各例表达了墨家的独特思想。

《墨经》发现了集合的性质有的能够适用于元素，有的不能够适用于元素。如"甲与乙斗"（斗是打架斗殴）中的"斗"，能够适用于元素。我们可以说："甲与乙俱斗。""俱"是一个全称量词。这样说意谓着甲与乙每一个人都在"斗"。而"甲与乙二"（甲和乙两个人组成一个集合）中的"二"，不能够适用于元素。我们不可以说"甲与乙俱二"，只能说"甲与乙俱一"。"俱一"是《墨经》的逻辑术语，表示元素的性质：每一个都是一个。但"二"是集合的性质，不是元素的性质（元素的性质是一）。《经上》2把"二之一"作为兼和体（即集合和元素）的例子之一。所以从元素这方面说"俱斗不俱二"，即"斗"的性质适用于元素，"二"的性质不适用于元素。

"白马"这个词组表示马身上白的地方多，而"视马"这个词组并不表示马要被"多视"。只要看上一眼，就算是"视"。

人为装扮美丽不一定真的美丽；但是人为装扮残暴却必然是残暴。

由于别人的原因而做错事，不是自己愿意做错事；但鞋匠为了交换衣服而做鞋子，却是做鞋子。

误认臧为父亲而爱他，是爱父亲的表现；但误认臧为父亲而给他以实际利益，却并非是给父亲以实际利益。

误认为音乐对儿子有利而替儿子想一想，是爱儿子的表现；但是误认音乐对儿子有利而替儿子操办，却并非对儿子有利（墨家"非乐"，所以有此观点）。

做对某人有利的事，是替某人考虑的表现；但仅在口头上称誉某人富有，却不是替某人考虑的表现。只有采取措施，让人富起来，才真是使人富有的表现。

知道这个世界上有强盗，还是可以提出"兼爱天下人"的口号；但知道这个房间内有强盗，却不能讨厌这个房间内所有的人。知道两人中有一人是强盗，也不能讨厌这两个人。虽然确知其中一人是强盗，而不知强盗究竟是哪一个，对这两个人一起讨厌也是不可的。墨者"爱人"，希望"爱"的范围尽量大；而"恶盗"，则希望"恶"的范围尽量小（唯恐将"恶"扩大到好人）。

考虑获的利益不等于考虑臧的利益；但"爱臧"和"爱获"却是同一个"爱人"的表现。

过去考虑不等于现在考虑。过去爱人不等于现在爱人。过去知道节俭不等于现在知道节俭。这是过去时和现在时的区别。

上述各表达式，从"一是而一非"这个角度可以类相推,它们也是"比辞而俱行"的侔式推论。但是若从各表达式内前一命题与后一命题间的关系看,则是属于"异类不比",不可以类相推。如从"居于国"为"居国",不能类推出"有一宅于国"为"有国",等等。

在《小取》所列"是而然"、"是而不然"、"不是而然"、"一周而一不周"和"一是而一非"五种侔式推论中,只有在"是而然"这种侔式推论的每一表达式中,从前一命题真,可导出后一命题真,如从"白马,马也"可导出"乘白马,乘马也"。但《小取》没有明确讨论这种导出关系,而是跟后面"是而不然"等四种情况一样,只讨论"白马,马;乘白马,乘马也"等各复合命题间的类推关系。我们这里把"是而然"同后面"是而不然"等四种侔式推论一例看待,只考虑各复合命题间的类推关系,不考虑各复合命题内部从前一简单命题可否导出后一简单命题的关系(如果要考虑这种导出关系,则除"是而然"这种侔之外,其他"是而不然"等四种侔都导不出)。从这个观点看,《小取》所列"是而然"等五种侔,都是属于"比辞而俱行"的"中效"(有效)推论。它们实质上都不过是各种类比推论的变种,而并不是讨论复杂概念推理。只是在"是而然"的场合,若把每一表达式复合命题内部前、后两简单命题间加上一个"故"字,恰与西方逻辑中的复杂概念推理相合。在一个复合命题的子命题间没有"故",而加上一个"故"来理解,这在逻辑上并不是普遍有效的。

此外,《小取》并没有在"是而然"等五种侔式推论中,分出哪个是不中效(即非有效)的。我们在这里没有采用通常的做法,即把"是而然"算作有效的侔,把"是而不然"、"不是而然"等算作非有效的侔。我们这里把"是而然"等五种推论,都看作符合"比辞而俱行"定义的有效的侔,似乎更切合《墨经》的原意。

(三)援:以对方主张为前提的类比推论

《小取》定义说:

> 援也者,曰:"子然,我奚独不可以然也?"

由此看来,援就是援引对方的主张,作为类比推论的前提,以引申出自己同样的主张。如在上文"是而不然"和"不是而然"两种侔式推论的过程中,墨者都说了这样的话:

> 此与彼同类,世有彼而不自非也,墨者有此而非之。

就"是而不然"的侔式推论说,有下列两种主张:

"彼"：盗，人也；爱盗，非爱人也。
"此"：盗，人也；杀盗，非杀人也。

这里"此与彼同类"，对方赞同"彼"，却不赞同"此"，这不符合"以类取"和"有诸己不非诸人"的原则，所以我们可以援引对方的主张"爱盗非爱人"做前提（论据），来类比论证自己同类的主张"杀盗非杀人"。因为"爱人"中的"人"是指"盗"之外的人，"杀人"中的"人"也指"盗"之外的人，根据"以类取"和"有诸己不非诸人"的原则（即同一律、矛盾律），对方就不应该反对我这样推论，并且应该接受我的结论。

同样，就"是而不然"的侔式推论说，有下列两种主张：

"彼"：且入井，非入井也；止且入井，止入井也。
"此"：且夭，非夭也；寿且夭，寿夭也。

你若赞成"彼"，我就可以援引你所赞成的"彼"，来类比论证我所赞成的"此"。因为这也是根据"此与彼同类"。你可以赞成"彼"，我为什么不可以赞成"此"呢？这就是"援"的定义中所说的："你可以那样，我为什么偏偏不能那样呢？"

援是以同一律、矛盾律为根据的很有用的辩论方式。它也曾经为当时其他学派的思想家所广泛采用。如名家巨擘公孙龙在辩论中对援式推论就运用得非常娴熟。宗奉孔子的儒者孔穿（孔子六世孙）受众人委托，专程到赵国跟公孙龙辩论，公孙龙援引孔子曾经赞同的"楚人异于人"的命题，类比论证自己"白马异于马"的命题，驳得孔穿"无以应"。这就是由于公孙龙巧妙地运用援式推理来进行辩论的结果。

（四）推：归谬式的类比推论

《小取》定义说：

推也者，以其所不取之，同于其所取者，予之也。

"推"是辩论中常用的一种反驳方式。其特点是以对方所不赞同的论点，跟对方所赞同的论点是属于同类这一点为根据，来反驳对方的"所不取"，用逻辑的力量迫使对方改变态度，变"不取"为"取"，从而达到在辩论中说服对方的目的。这里"其"指辩论的对方，即论敌。"取"指赞同，如墨子说"择即取兼"，《经说上》98说"取此择彼"，《小取》说"以类取"，《公孙龙·迹府》说"白马非马乃仲尼之所取"中的"取"。反之，"不取"指不赞同，如《迹府》说"不取先生以白马为非马"中的"不取"。"予"即把自己的论据和论证摆出来给对方，看对方承认不承认。如果对方承认，就达到了反驳的目的；如果对方不承认，我就根据"以类取，以类予"和"有诸己不非诸人，无诸己不求诸人"的原则，来反驳对方，即用形式逻辑的同一律和矛盾律，指明对方陷入了思维混乱和自相矛盾的境地，从而在逻辑的力量面前，迫使对方不得不改弦易辙，认错服输。

"推"这种反驳方式的逻辑性质，是类比推论和归谬法反驳方式的结合。就根据两件事情或两个论点相同、相似引出结论而言，是类比推理。就揭示两件事情或两个论点本属同类，但对方一为赞同、一为不赞同而言，是归谬式。因为归谬法反驳方式的要求就是从对方论点引出矛盾，从而驳倒对方。归谬法的逻辑特征是运用形式逻辑的矛盾律和充分条件假言推理的否定后件式。所以墨家的归谬式类比推论，比西方传统逻辑中的类比推理更复杂。就其中要用到类比推理而言，跟西方相似；但就其中要用到归谬法而言，它又包含归谬法本身所固有的演绎性和必然性。

"推"这种归谬式的类比推论在《小取》篇有其用例。

如《小取》在阐述"是而不然"的侔式推论时，先列举"获之亲，人也；获事其亲，非事人也"等论点，指明这是"世相与共是之"，即亦为论敌所赞同的。然后又列举"盗，人也；爱盗，非爱人也"等论点，说"此与彼同类"，世有彼而不自非也（即"其所取"），墨者有此而非之（即"其所不取"）。这就是"推"式反驳中"以其所不取之，同于其所取者，予之也"的逻辑方法。

《小取》在阐述"不是而然"的侔式推论时，列举"读书，非书也；好读书，好书也"等论点，然后又列举"且夭，非夭也；寿且夭，寿夭也"等论点，指明"此与彼同类"，但论敌却只赞同前者（世有彼而不自非也），不赞同后者（墨者有此而非之），从而陷入矛盾。这也是"推"式反驳的应用。

墨子在论证自己的学说时，把"推"这种归谬式类比推论作为最得力的工具。他把"推"式反驳概括为一个专业术语，即"明于小而不明于大"（知小物而不知大物），在辩论最复杂的问题时几乎总要请它出场帮忙。

在论证"尚贤"学说时，墨子说今王公大人有一牛羊不能杀，必索良宰。有一衣裳不能制，必索良工。有一疲马不能治，必索良医。有一危弓不能张，必索良匠（即知道尚贤使能）。而治理国家，则不知尚贤使能。（《尚贤》中、下）

在论证"非攻"学说时，墨子指出对各种盗窃行为，"天下之君子皆知而非之谓之不义。今至大为不义攻国，则弗知非，从而誉之，谓之义"。"窃一犬一彘则谓之不仁，窃一国一都则以为义。"天下之君子都知道杀人"为非"、"为不义"，而攻国杀人无数"则弗知非，从而誉之，谓之义"。这种"小为非则知而非之，大为非攻国则不知非"的矛盾状况，犹如"少见黑曰黑，多见黑曰白"，"少尝苦曰苦，多尝苦曰甘"一样荒谬。(《非攻上》、《天志》、《鲁问》)

在著名的"止楚攻宋"故事中，墨子先设计策诱使公输般说出"吾义固不杀人"(我讲仁义从来不杀人)，接着又指出公输般造云梯，帮助楚国攻宋，屠杀无辜宋民是"义不杀少而杀众"(讲仁义不杀少数人，却杀多数人)，为"不知类"的错误。于是公输般不得不自认理屈而"服"。

所有这些，都是归谬式类比推论的杰出应用，是《墨经》用以概括出"推"这种辩说方式的典型事例。

由于墨子和墨家的提倡，战国诸子对"推"式反驳应用成风，如孟子、尹文子直到战国末的吕不韦，都有脍炙人口的"推"式说词。

孟子说：

> 指不若人，则知恶之；心不若人，则不知恶：此之谓不知类也。(《孟子·告子上》)
> 力足以举百钧（3000斤），而不足以举一羽；明足以察秋毫之末，而不见舆薪（一车柴草）。(《孟子·梁惠王上》)

诸如此类都是千古传诵的"推"式反驳的说词，无怪乎中国第一位逻辑史家鲁胜说："孟子非墨子，其辩言正辞，则与墨同。"(《墨辩注序》)

名家巨子尹文在跟齐王辩论时，指出齐王对于事君则忠、事亲则孝、交友则信、处乡则顺的士"一以为臣，一不以为臣"，"赏罚是非，相与四谬（悖谬）"，驳得齐王"无以应"，这也是"以其所不取之，同于其所取者，予之也"的"推"式反驳的应用。(《公孙龙子·迹府》、《吕氏春秋·正名》)

被誉为"兼儒墨、合名法"的杂家吕不韦曾说，"明其细，失其大，不知类耳"(《吕氏春秋·达郁》)，这跟墨子"明于小而不明于大"的说法如出一辙。又谓：

> 今人曰："某氏多货，其室培湿，守狗死，其势可穴也（便于挖洞偷窃）。"则必非之。曰："某国饥，其城郭卑，其守具寡，可袭而篡之。"则不非之。乃不知类矣。(《听言》)

这跟墨翟"推"式反驳的说词酷似。可见墨家总结的"推"即归谬法类比推论影响甚巨，已变为诸子百家都乐于采用的共同辩论工具。

（五）止：用反面事例驳斥全称命题的推论

《墨经》论"止"式推论说：

> 止，因以别道。（《经上》99）彼举然者，以为此其然也，则举不然者而问之。若"圣人有非而不非"。（《经说上》）
>
> 止，类以行之，说在同。（《经下》101）彼此此其然也，说是其然也。我以此其不然也，疑是其然也。（《经说下》）
>
> 法异则观其宜。（《经上》98）取此择彼，问故观宜。以人之有黑者、有不黑者也，止黑人，与以有爱于人、有不爱于人，止爱人，是孰宜？（《经说上》）

"止"是用反面事例驳斥全称命题的推论。"止"在物理学意义上指停止，在逻辑学意义上指反驳（止住、不许他那样说）。"因以"即用来，"别"指分别、限制，"道"指一般性道理，通常用全称命题来表示。对方列举一些正面事例（彼举然者），想当然地推出一个不正确的全称命题（以为此其然也，轻率概括），这时我可以列举反面事例来加以反驳（则举不然者而问之）。例如儒者列举若干个别事例，得出"所有圣人都不批评别人的错误"（圣人有非而不非），我就列举反面事例（如墨子是圣人，并且墨子批评别人的错误，所以有圣人批评别人错误），进而推出"并非所有圣人都不批评别人的错误"。

"止"的规则是同类相推（类以行之）。因为我所举反例必须跟对方命题确属同类，才能针锋相对，驳倒对方。如对方列举若干正面事例，说甲是黑的，乙是黑的，而甲、乙是人，所以所有人都是黑的。我则举出反例，说丙是白的，丁是白的，而丙、丁是人，所以有人是白的（即有人不是黑的），进而推出"并非所有人都是黑的"。这里，拿"有人不是黑的"作为"止"式推论的前提（论据，即"故"），反驳"所有人都是黑的"是合适（宜）的、有效的。因为这前提（论据、故）和被反驳的论题，确实都是关于同类事物（即关于人的皮肤颜色的）。

反之，不同类不能相推（异类不比）。如墨家主张"兼爱"，即一切人应该爱一切人。这是墨家最高的道德理想，并不是立刻要在现实生活中一个不漏地爱每一个人。有的人（如侵略者、强盗等"暴人"）就不能被爱，而应该讨厌（恶），甚至可以为了保卫自己而杀之。所以不能用"现实有人不被人爱"（有不爱于人）做"止"式推论的前提（论据，即"故"），来反驳"一切人应该爱一切人"这一最高理想。如果这样来构造"止"式推论，是不合适的、无效的。

就是说，用"有人不是黑的"来反驳"所有人是黑的",跟用"有人不被人爱"(现实)来反驳"一切人应该爱一切人"(理想),这两个"止"式推论的形式不同(法异),所以就有一合适(宜)、一不合适,即一"中效"(有效)、一"不中效"(非有效)的不同。从推论规则和思维规律来看,前一个"止"符合同类相推的规则和同一律,后一个"止"则不符合。

《墨经》关于"止"式推论的上述规定,跟西方逻辑所讲的道理是一致的。值得注意的是,《经说下》所谓"彼以此其然也,说是其然也。我以此其不然也,疑是其然也"的说法,跟西方逻辑的思想也很合拍。"彼以此其然也,说是其然也"是指对方根据其已归纳出的全称命题,演绎推出个别结论(是其然),我则用反例的概括(此其不然),来怀疑对方的个别结论。如对方推论说:"因为所有人是黑的,而张某是人,所以张某是黑的。"我则用"并非所有人是黑的"(即有人不是黑的)来怀疑"张某是黑的"。这里"疑"字用得很准确。因为当演绎推理的大前提不真时,结论并非必然假,而是可能假、可能真的。一个"疑"字,道出了对方推论的或然性、非必然性、可疑性,即对方推论非有效。

当时的阴阳五行家用简单枚举归纳推理,从日常观察中列举若干正面事例,得出"火克金、金克木、木克土、土克水、水克火"等所谓"五行常胜"的形而上学公式。

《墨经》作者列举反例，证明可以有"金克火"等相反情况，从而归纳出"五行无常胜"的辩证法公式，并具体分析了一种元素之所以能克胜另一种元素，并不是由某种先验的公式决定，而是由它在某种具体情况下占了优势的缘故。例如："火铄金，火多也；金靡炭，金多也。"在某种情况下火焰之所以能销烁金属，是由于火焰占优势，而在另一种情况下金属之所以能压灭炭火，则又是由于金属占了优势。一切以环境和条件为转移，"若识麋与鱼之数惟所利"，犹如某山麋鹿多，某渊鱼鳖盛，都是由于环境和条件对其有利的缘故。(《经下》、《经说下》143)

孔子曾经称颂过的少连，首倡"欲恶伤生损寿"之说，庄子也主张"不以好恶内伤其身"(《庄子·德充符》)。这是禁欲主义的倾向。而笼统地认为满足一切欲望都是有益的，因而对欲恶毫无节制，则有害而无益。如喜欢吃各种新鲜食物，就吃得很多，而不知贪吃伤身；喜欢吃鹿肉，就吃得很饱，而不知饱食伤脾胃。这是纵欲主义的倾向。《墨经》反对禁欲和纵欲两种片面性，而主张合适、有节制地满足欲望，认为这样不会伤生损寿，反而对人体有益。如适量喝酒不会伤生损寿，反而有益于健康。《经下》144说："无欲恶之为益损也，说在宜。"《经说下》："欲恶伤生损寿，说以少连。是唯爱也，尝多粟。或者欲有不能伤也，若酒之于人也。""饱者去余，适足不害，能害饱,若伤糜之瘈脾也。"① 这里,"欲恶伤生损寿"之说,也可举若干正面事例借简单枚举归纳仓促建立。墨者举出反例(适量喝酒不会伤生损寿)即可予以驳斥。

孔子主张"以礼让为国"(《论语·里仁》),他的学生子贡说:"夫子温良恭俭让以得之。"(《学而》)人生处事,必要的礼让是对的。但若把这一点夸大,说"所有事情都是要让的",墨者便认为"不可"。例如宴请宾客,喝酒可以劝让,但酤酒(买酒)让人却于理不合,所以《经下》136说:"无不让也,不可,说在酤。"《经说下》:"让者酒,未让酤也,不可让也,若酤于城门与于臧也(如果要到城门内酤酒,则指派家中仆人去,不能让宾客去)。"

在"止"式推论中朴素地结合了归纳和演绎两种方法,而用反例驳斥对方全称命题的方式,则相当于西方逻辑中以 I 真证 E 假,或以 O 真证 A 假的对当关系直接推论。这是一种很有力的论证工具。《墨经》作者在当时的百家争鸣中运用"止"式推论,驳斥论敌,证成己说,取得了很大成功。

(六)擢:典型分析式的归纳推论

《墨经》论"擢"式推论说:

---

① 瘈旧作无,据高亨校。

> 擢虑不疑，说在有无。（《经下》150）
>
> 疑无谓也。臧也今死，而春也得之，之死也可。（《经说下》）

《说文》："擢，引也。"擢即从个别事例中抽出一般规律的思考，这相当于典型分析式的归纳推论。而抽出的一般规律是否令人坚信不疑，关键就在于这事例中是否确实存在此种必然联系。"必也可者可勿疑"（《经说上》84）必然性是事物不能不如此的趋势，怀疑是没有根据的。如在当时条件下，臧得某种病死了，而春感染了这病，则她也会死的结论就可以做出。

典型分析式的归纳推论可以用"S 是 P，其类在 S1"的形式来表示。如《大取》说："凡兴利，除害也，其类在漏壅。"即凡兴办对人民有利的事，必然包含着除害的因素。如筑堤防、兴修水利即包含革除水患、堵河水之溃漏。"S 是 P"为一般命题，"其类在某某"是列举出其所由以引出的典型事例。这里所谓"类"即代表本质或一般情况的个别事例，即典型。"S 是 P，其类在 S1"的表达式跟因明中的"所有制造出来的东西都是非永恒的，如瓶"，"凡有烟处必有火，如厨房"等相似。

《大取》的"S 是 P，其类在 S1"，到《经下》则一律被规范化为"S 是 P，说在 S1"之类的形式。"S 是 P"代

表一个一般定律,S1代表这一定律所由以抽出的典型事例。其中"说在"字样意味着一般定律的事实证明、事实证据。《墨经》中此种用例颇多。如"知而不以五路,说在久"。(《经下》146)即有的知识不是通过五官得来,典型事例是时间概念。"宇进无远近,说在步。"(《经下》163)即宇宙无限大,无所谓绝对的远近距离,只有相对的远近距离,典型事例是人走路:某人在某处开步走,这才谈得上相对于他走路起点的远近距离。"一法者之相与也尽类,说在方。"(《经下》165)即跟一个一般标准(法则)相合的都归为一类,典型事例是跟方(角为90度)相合的都属"方"类。"倚者不可正,说在梯。"(《经下》128)即斜面的特点是与地面不垂直,典型事例是车梯(一种带轮子的梯子,可搬运重物或登梯爬高)。《墨经》的此类表达,向我们展示了其科学思想的产生、一般规律的概括,实肇端于对典型事实的精细观察与分析。

(七)诺:讲授科学知识的问答法

《墨经》阐述"诺"的论说方式说:

诺,不一,利用。(《经上》94)相从、相去、先知、是、可。五色、长短、前后、轻重。(《经说上》)

正,无非。(《经上》100)五诺,皆人于知。有说,过五诺,若"圆无直"。无说,用五诺,若自然矣。

(《经说上》)

"诺"是讲授科学知识的问答法。"诺"的本意是答应。《说文》:"诺,应也。"这里用来表示问答法这种论证方式。墨家讲授科学知识时常运用讨论式、问答式。这里所说的五种问答方式,在墨家集团中已非常熟悉,人尽皆知。然而在实际教学中不必对任何问题都要一一用遍五种"诺",而要看情况灵活运用。

"相从"的诺,是以先前约定的条件和当前的断定为根据,而引出其所蕴含的结论。"相从"即跟随一定前提而推出。如先前师生共同约定"如果有甲则有乙",现在老师又指明"有甲",则学生可跟着指出"有乙"。从"民行修必以久"和"民行修"可推出"必以久"(《经下》、《经说下》164)。这是"相从"的诺,其实质是充分条件假言推理肯定前件式的凝缩。

"相去"的诺,是以先前已知的各种可能和当前存在的事实为根据,而排除其他可能。"相去"即根据一定前提而舍弃。如从"时或有久或无久"和"始当无久"推出"始非有久"(《经上》、《经说上》44)。这是"相去"的诺,其实质是选言推理肯定否定式的凝缩。

"先知"的诺,是通过问答启发学生回忆起先前的已知。如为证明"圆无直"(圆周上没有任意三点同在一条直线上）的定理，需用到"直，参也"（同在一直线上的三点，有一点恰好介于其余两点之间）的定理，老师就可以提出："我们已经证明'直，参也'，是吗？"学生答："是的，我们已经证明过。"这是"先知"的诺，其实质是从已有知识储存中抽出一个命题，作为当前推论的前提。

"是"的诺，即通过问答，启发学生确定一个讨论的主体。"是"的本意为指示代词"此"、"这（这个）"。如老师在上军事器械课时提问："何者为连弩车之仪（瞄准器）？"学生指着实物答："此也。"这样师生就有了共同的讨论对象。此即"是"的诺，其实质是用一个实指定义来确定一个论断的主项。

"可"的诺，是通过问答，启发学生做出一个认可、许可、赞同。如教师问："圆心到圆周距离都相等，对吗？"（《经上》55："中，同长也。"《经说上》："心，自是往相若也。"）学生答："对，都相等。"这是"可"的诺，其实质是确认一个断定。

"五色、长短、前后、轻重"，是教师在运用"五诺"方式传授科学知识时，可能讨论到的实例。如《经说上》所谓"尺（直线）前于区（平面），而后于端（点）"，《经说下》126谓（杠杆）"相衡则本短标长"，同篇127谓滑轮在工作时，"长重者下，短轻者上"，车梯在安放重物时，"悬重于其前"才能保证整体平衡等内容，都可以运用"五诺"方式来讲授。

"正"是一套科学理论已经证明为确实可靠,不包含错误。而在讲授时,如果还需要向听众证明,那么可以一一通过五诺的方式。例如向学生讲授"圆无直"(圆周上没有任意三点同在一直线上)时就是这样。如果不需要向听众证明,那么运用五诺方式的一部分,则讲授的内容就像是自然为大家所承认似的。

运用问答法传授科学技术,便于调动学生学习和思维的积极性,学会利用已有知识,经过逻辑推论,自行得出结论。这是启发式、讨论式的教学方法,比只是老师一人讲、学生被动听的效果更好。

以上譬、侔、援、推、止、擢和诺等"说"的方式,被墨家从当时辩论和科学研究中总结出来,反过来又被应用于辩论与科学研究,并在其中显示了巨大威力。

三、"说"的规则

墨家研究了思维基本规律在各种辩论方式中的表现,制订了"说"的规则。《大取》中特地辟出"语经"一部分。所谓"语经",孙诒让注说是"言语之常经",即思维表达的规则。其中说:

> 三物毕具,然后辞足以生。夫辞以故生、以理

长、以类行者也。立辞而不明于其所生，妄也。今人非道无所行，虽有强股肱，而不明于道，其困也，可立而待也。夫辞以类行者也，立辞而不明于其类，则必困矣。

"三物"即故、理、类三个范畴。"辞"指推理的结论或证明的论题。"以故生、以理长、以类行"，就是推出结论、证明论题的思维过程（即推理、论证）所必须遵守的规则。

（一）辞以故生：充足理由律

《小取》说："以说出故。"推理论证的实质，就是揭示一结论或论题的理由。"辞以故生"，说的正是一结论或论题（辞）凭借充足的理由而成立。这相当于西方传统逻辑中的充足理由律。建立一个结论或论题，如果说不出充分的理由，就是虚妄不实，缺乏论证性和说服力（立辞而不明于其所生，妄也）。

作为充分条件的"故"具有必然推出一论断的性质。《经说上》78说："湿，故也，必待所为之成也。"如说："因为天下雨了，所以地湿了。""天下雨"可必然地推出"地湿"。作为充分必要条件的"故"（兼因）更具有"有之必然，无之必不然"的必然性。如说："由于不具备见物的各种条件，所以不能见物。"而作为必要条件的"故"

（体因）就"无之必不然"（《经说上》）或"非彼必不有"（《经说上》84）而言，也具有必然性。如"只有对象在眼前，我才能看见它"，可以改说为"因为对象没有在眼前，所以我看不见它"。这是把必要条件的表达式改换为充分条件的表达式，其必然性就很显然了。分析事物的条件和因果关系，列出一论断之所以成立的充足理由，是推理论证的任务。如果能做到这一点，一个论断的成立就毋庸置疑、具有充分的说服力了。所以《经说上》84说："必也者可勿疑。"

《经说上》98说："取此择彼，问故观宜。"这就是指的为一论断寻找充足理由的工作。有时找出的理由，恰恰能推出一论断，则推论可以成立。而有时找出的理由，不能必然推出该论断，那么推论就不能成立。如说："因为有人不是黑的，所以并非所有人是黑的。"这个推论成立，因为"有人不是黑的"是一个符合事实的特称否定判断（O判断），根据判断对当关系的一般规律，它能必然推出"并非所有人是黑的"，即否定一个全称肯定判断（A判断）。又如说："因为听到了战斗的消息，所以我的儿子一定是牺牲了。"在《墨经》看来，这个推论不成立，因为从"发生了战斗"不能必然推出"所有参战者都牺牲了"的结论。所以《经下》说这是"无说而惧，说在弗必"，即没有经过充足理由的论证，而无端地恐惧，其论断不具有必然性。《经说下》说:"子在军不必其死生,闻战亦不必其死生。前也不惧,今也惧。"所以不要一听到战斗的消息,就以为参战的儿子一定死了,从而产生恐惧心理。

(二)辞以理长:形式有效律

所谓"辞以理长",指一个结论或论题的推出,即推论形式,符合已经证明为真的一般规律(合理)或标准的法式,亦即推理形式有效。所以我们称之为形式有效律。《大取》用"道"(人走的路)来比喻"理",说:"今人非道无所行,虽有强股肱,而不明于道,其困也,可立而待也。"人走路,不了解道在哪里,不知途经哪里可达到目的地,那么即使腿脚强劲,也要立刻遭到困难。今人以"道理"连用,表示条趣、规律之意。

在《墨经》中,道理、方法、法则、效法等词可以互训。《大取》以"故、理、类"三范畴连提,《小取》以"故、方、类"三概念并论,当非偶然,可见"理"(道理)与"方"(方法)可以互相替换。《经上》71:"法,所若而然也。"法则就是遵循着它就可得一确定结果的东西。如以"圆,一中同长也"的法则,以"规写交"(用圆规画闭曲线)的方式可以画出标准的圆形。《小取》又说:"效者,为之法也。所效者,所以为之法也。故中效则是也,不中效则非也。此效也。""效"就是提供标准的法式,这标准法式是供人们效法(模仿)的对象。这里效法、模仿即普通所谓"套公式"。在数学计算和逻辑演算中,"套公式"是正常的基本的操作。正确地套公式,也就是在进行正确的演绎推理。如《经说下》168所谓"彼止于彼"、"此止于此"和"彼此止于彼此"就是一组公式,它们表示任意的元素概念和集合概念的同一律。套用这组公式于具体场合,如"牛"、"马"和"牛马",就得"牛止于牛"、"马止于马"、"牛马止于牛马"(即牛是牛、马是马、牛马是牛马)的正确结果。把这个套公式的过程用推理形式表达出来,即:

元素概念与集合概念都是分别等于自身的。
牛、马和牛马是元素概念与集合概念。
———————————————————————
所以,牛、马和牛马都是分别等于自身的。

这一推理符合《经说下》101所谓"以此其然也,说是其然也"(即从一般前提演绎出个别结论)的标准法式,所以是符合"以理长"(即形式有效律)的正确推理。形式有效即《小取》所谓"中效"。

但是,如果据以套用的公式本身有错误,那么所得的结果就是可疑的。这时套公式的过程,即演绎推理的形式就是非有效(不中效)的。如《大取》说:"知是室之有盗也，不尽恶是室也。知其一人之盗，不尽恶是二人。虽其一人之盗，苟不知其所在，尽恶其非也。"以"这个房子里的人"为论域，做以下推理："有人是可憎恶的强盗，所以，所有人是可憎恶的强盗。"这显然是非有效的。因为可以说"体，分于兼也"，不能倒过来说"兼分于体也"，即可以说"部分从整体分出"，不能说"整体从部分分出"。《经下》156说："荆之大，其沈浅也。说在有。"《经说下》："沈，荆之有也。则沈浅非荆浅也。若易五之一。"相比较而言，楚国大，为楚国所领有的沈县小。若从"沈县小"的前提推出"楚国小"的结论，是非有效的。因为其所遵循的"道理"、"方法"、"模式"，是从对部分的断定推出对全体的断定，所以是不能成立的，这犹如拿五份东西去交换一份东西一样，是荒谬、悖理的。

（三）辞以类行：同类相推律

类是由事物性质所决定的同异界限与范围。《经说上》87说："有以同，类同也。"同篇88说："不有同，不类也。"墨家所谓"辞以类行"，即指同类才能相推的规则。认为建立一个论断，如果混淆事物类别，要立即遭到困难（立辞而不明于其类，则必困矣）。《小取》提出"以类取，以类予"，即搜求例证进行证明、反驳，要符合事物同异的类别。墨子之所以拿盗窃行为跟大国掠夺小国的行为做类比，就是因为二者在不劳而获（不以其劳获其实，以非其所有而取）这一点上是一致的。（《非攻上》、《天志下》、《鲁问》）而当时的好攻伐之君用"昔者禹征有苗、汤伐桀、武王伐纣，此皆立为圣王"的事例，来为自己的攻伐掠夺行为辩护，墨子认为这是混淆了事物的类别，不符合同类相推的规则。他批评辩论对方说："子未察吾言之类，未明其故也，彼非所谓攻，谓诛（诛讨）也。"（《非攻下》）

关于譬式推论，墨家认为用来类比的他物必须跟被比的此物有较大程度的相似性，否则为不伦不类。如当时"天下之士君子"批评墨子说："您的兼爱论好是好，就是实行不了。实行兼爱就像挈泰山越河济一样难。"墨子反驳说："是非其譬也。夫挈泰山而越河济，可谓毕强有力矣，自古及今未有能行之者也。况乎兼相爱、交相利，则与此异，古者圣王行之。"（《兼爱下》）即指出对方譬喻不当，违反同类相推律。为此，《墨经》规定"异类不比"的原则：

异类不比，说在量。（《经下》107）

木与夜孰长？智与粟孰多？爵、亲、行、价四者孰贵？（《经说下》）

如果把本质不同的事物，硬要根据某种表面的相似而拉来相比，就像问"木头与夜间哪一个更长？""智慧和粮食哪一个更多？""爵位、亲属、德行、价格哪一个更贵？"等一样荒谬。

《小取》论譬、侔、援、推的谬误说：

> 夫物有以同而不率遂同。辞之侔也，有所至而正。其然也，有所以然也，其然也同，其所以然不必同。其取之也，有所以取之，其取之也同，其所以取之不必同，是故譬、侔、援、推之辞，行而异，转而诡，远而失，流而离本，则不可不审也，不可常用也，故言多方、殊类、异故，则不可偏观也。

即事物有相同之处，但不一定完全相同。侔式推论也有不同公式，不能互相混淆。结果相同，原因不一定相同。采取同一个主张，可能有不同的动机。所以譬、侔、援、推等方式在运用中会产生种种谬误，这些谬误都跟类的混淆有关。如当时曾流传一个故事：有一次，楚王去云梦泽打猎，丢失了名贵的弓。左右的人要替他寻找。楚王说："不要找了，楚人丢了弓，楚人拾到了，还找什么呢？"孔子听到了说："楚王仁义的胸怀还不够开阔，应该说人丢了弓，人拾到了，为什么一定要说楚人呢？"于是公孙龙在跟孔子六世孙孔穿辩论时，就从字面上抓住孔子曾说过"楚人异于人"的话作为根据，来类比论证自己"白马异于马"的论题，一时把孔穿驳得无言以对。其实，照《小取》的说法，这正是："其然也同，其所以然不必同。""其取之也同，其所以取之不必同。"孔子取"楚人异于人"的论点，是说"人"的外延比"楚人"大，应该放眼于"人"，不应该只是胸怀"楚人"。公孙龙取"白马异于马"的论点，是为了偷梁换柱，将其改换为"白马非马"的诡辩命题。而孔子并没有论证"楚人非人"的企图。显然，公孙龙在"援"和"推"的论式中，违反同类相推的规则，犯了异类相推的错误。

在"止"式推论中，《墨经》规定了"类以行之"的规则，这正好是同类相推规则在"止"式推论中的应用。

《墨经》主张在推理中分清类的界限和范围，并且要举出正确的根据来论证类的区别，否则即为"狂举"（胡乱列举）：

> 推类之难，说在之大小、物尽、同名。（《经下》102）谓四足，兽与？并鸟与？物尽与？大小也。此然是必然，则俱为麋：同名。（《经说下》）

明确的类概念是保证推论有效性的关键，而类关系的混淆，则导致推论的困惑与谬误。例如仅仅根据"四足"的性质或类，还不能立即断定是"兽"。因为两鸟并立也是"四足"。一说"四足"，就立即说是"兽"，这也是"兽"，那也是"兽"，天下动物都成了"兽"，甚至都成了"麇"（即麇鹿，又称四不像，中国特产动物，《墨经》中常以麇为例，可见当时中国大地上麇鹿之繁盛），或者万事万物都用一个"麇"来称呼，"麇"成了"达名"，这岂不是荒谬已极？《墨经》用归谬法说明在推论中掌握类与性质关系的复杂、繁难，以及谬误和诡辩产生的根源。《墨经》中又说：

> 狂举不可以知异，说在有不可。（《经下》166）
>
> 牛与马虽异，以牛有齿、马有尾，说牛之非马也，不可。是俱有，不偏有偏无有。曰"牛与马不类"，用牛有角、马无角，以是为类之不同也。若不举牛有角、马无角，以是为类之不同也，是狂举也，犹牛有齿、马有尾。（《经说下》）
>
> 仁义之为内外也，悖，说在悟颜。（《经下》176）
>
> 仁，爱也。义，利也。爱利，此也。所爱所利，彼也。爱、利不相为内外，所爱、所利亦不相为外内。其谓："仁，内也。义，外也。"举爱与所利也，是狂举也。若左目出、右目入。（《经说下》）

在分析事物类的关系时，应该找到事物的特有属性或本质属性，即这一类事物都有（偏有）、别一类事物都没有的性质（偏无有），而不能胡乱地列举足以混淆事物类别的性质。例如要把牛和马区别开来，说牛是有角类，马是无角类，因为牛确实都有角，而马都无角，这能够表明牛、马类的不同。如果以"牛有牙齿"和"马有尾巴"为根据，论证牛与马不同类，即为"狂举"（乱举）。因牙齿和尾巴均为牛与马所共有（俱有），不是一有一无（偏有偏无有）。又如告子立一个论题："仁是主观的，义是客观的。"墨家认为这也是"狂举"和悖谬之论。墨家认为仁义都既有主观一面，又有客观一面。告子是乱举仁的主观一面和义的客观一面，来加以比较，而分出"内外"，这是逻辑上的混乱，犹如说"左眼睛管输出形象，右眼睛管输入形象"一样荒谬。

综上所述，墨家结合中国古代语言和辩论的特点，精研了逻辑学的概念论、判断论、推理论、规律论和谬误论等各方面的问题，提出了一个系统全面的逻辑学说，把中国古代逻辑的研究推向了高峰。

墨家逻辑即墨辩，是可与西方亚里士多德逻辑和印度因明相媲美的体系。其基本形式和规律是一致的、互通的。这说明逻辑是全人类的共同工具，逻辑理论是全人类的共同财富，并非为某个民族所专有，也不能说中国人遵守着跟其他民族所不同的逻辑。

不过，在墨家的推理论中，没有如亚氏一样展开三段论的形式系统，也没有如因明的"宗、因、喻、合、结"之类的论式与众多的"过"类。但墨家的推理论也有自身的优点与特点。如它对类比推论的研究就大大超出西方和印度逻辑的相关内容。其论"譬"，为譬喻式的类比推论，"侔"为各种语言表达式的类比推论，"援"为援引对方论点做前提的类比推论，"推"为归谬式的类比推论。其中许多内容，是为西方与印度逻辑文献中所未讨论，也为今日逻辑教本所付之阙如的。而在"止"式推理中，则朴素地结合了归纳、演绎两种形式，"擢"为典型分析式归纳推论，"诺"为讲授科学的问答法（其中亦有推论方式的凝缩）。墨家逻辑在当时百家争鸣辩论中是很有用、也足够用的工具。至于它没有充分展开形式系统这一点，自然是一种缺点。这一缺点的形成，必有其复杂多样的原因。如古汉语表达尚简，量词和联项常省略，这不利于研究判断和推理的结构。中国古代哲人常以改善政治伦理，探求治国方术为第一要务，而缺乏钻研形式系统的兴趣。不过这都是不能苛求于古人的。至于它没有如因明中的繁复论式和众多的"过"类，这倒是避免了许多烦琐的辩论，毋宁说是一种优点。

《墨经》中的逻辑学，像是一个丰富的宝藏。过去中国人对它研究得不够，以至于长期被埋没，不为世人所知。近代许多有识之士，都认识到墨家逻辑是中国传统文化中的瑰宝，值得认真研究、继承与发扬。由于在过去久远的年代里，辗转传抄，文字讹误极多，再加上其知识专业性强，意义深湛，更增添了对它研究的难度。笔者之所述，希冀成为对墨家逻辑精旨准确把握的一种接近。

第五章　由工匠之巧中升华：
墨家的自然科学和技术

第一节　没有规矩不能成方圆：
《墨经》的数学理论

一、论方、圆、直线、垂直和水平——由工匠技艺到数学理论

墨子出身工匠，他的木工技术跟古代名匠公输般（鲁班）不相上下。《鲁问》篇记载墨子会造大车，"须臾斫三寸之木，而任五十石之重"。还会砍削竹木做成木鹰，使之飞向天空。他的弟子称赞说："先生之巧，至能使木鸢飞！"（《韩非子·外储说左上》、《淮南子·齐俗训》）墨翟弟子中也有许多是能工巧匠。他们在墨子、禽滑厘的带领下，曾制作了许多用于防御战的军事器械（《备城门》以下各篇有记载）。这些守御器械比鲁班造的攻城器械还要厉害。

墨子在"止楚攻宋"的斗争中，曾以这些器械帮助宋国守城，准备打垮楚国的进攻。墨子还在楚王面前跟鲁班比试攻守的器械，把鲁班比输了。

由于墨家集团的成员中有许多手工业者，他们亲自参与生产，制作军用民用器械，积累了丰富的生产经验，同时又由于墨家集团的学术性质，从而促使墨者把工匠的技术经验加以升华提高，不仅知其然，又知其所以然（即"故"、"理"、"法"）。墨者把"摹略万物之然"作为认识的任务。他们从总体上把握"万物之然"的规律，如对物质、运动、时空、有穷无穷、物质结构、实体和属性、量变和质变、同一和差异、整体和部分等的认识，就构成墨家的唯物主义哲学（世界观、认识论和方法论），而从各种工匠技术经验中"求故"、"取法"、"明理"，即认识其所以然之原因，概括出一般法则（规律），就构成墨家的各种自然科学知识。《经上》和《经说上》96、97说："巧传则求其故，法同则观其同"，"法取同，观巧传"。这里"巧传"即代代相传的手工业技巧，"求故"即探求其所以然的原因，"取法"就是从这些手工业技巧中抽取一般法则。《法仪》篇记载墨子说：

百工为方以矩，为圆以规，直以绳，正以悬，平以水。无巧工、不巧工，皆以此五者为法。巧者能中之，不巧者虽不能中，仿依以从事，犹愈己（比照着法度做事，胜过凭自己主观意愿办事）。故百工从事，皆有法所度。

这里用分析典型的方法，指出手工业工匠制造方物、圆物、取直、取垂直、取水平等操作中的标准和方法，而从这些操作中概括出其所遵循的一般方法和规律，就是墨者这样一些工匠理论家（或工匠自然科学家）的任务。《经上》和《经说上》71、72说："法，所若而然也。""然也者，民若法也。"指出"法"（法则）是遵循着它就可以得一结果（然）的东西。《墨经》中的各种自然科学知识，也就是墨者从各种手工业技巧中总结出的普遍有效的"法"。

（一）方

墨子说："百工为方以矩。"各种工匠要制造方物，离不开矩尺（有直角的曲尺，直角三角板或丁字尺）。《墨经》从工匠用矩尺做方的技巧中总结出"方"的定义：

> 方，柱、隅四杂也。（《经上》60）矩写交也。（《经说上》，据高亨校）

柱是边，隅是角。方就是四边、四角相等，方是用矩尺做出的四边相等、四角均为直角的封闭图形。这是从实践中总结出的方的正确定义，它跟辩者所谓"矩不方"这一怀疑论的诡辩是对立的。

《墨经》以方为例，说明判定两几何图形是否相等的方法：

> 合，与一或复否，说在矩。（《经下》112）

意谓检验两图形是否相合（相等）时，以这两图形跟第三个事物（即共同标准）相比较，看它们是否重叠，若完全重叠则相等，若不完全重叠，则不相等。例如以两图形跟矩尺相叠合，能判明它们是否为相等的方形。这是任何一位熟练工匠常用的方法。如木匠检验两扇门窗的框架是否相等。《墨经》又用方为例，说明逻辑上的类概念和哲学上的一般与个别的关系：

> 一法之相与也，尽类，若方之相合也，说在方。（《经下》165）
>
> 方尽类，俱有法而异，或木或石，不害其方之相合也。尽类犹方也，物俱然。（《经说下》）

跟一个共同标准相合的事物，都归入一类。如跟方的定义相合的图形，都是方类。不管是木质的方、石质的方，只要合乎方的定义，都是方。一切事物的道理都是如此。可见墨家把他们从工匠技艺中抽象出的"方"的几何知识，跟逻辑与哲学的理论密切结合起来了。

（二）圆

墨子指出各种工匠"为圆以规"，这是用圆规画圆的技艺。《墨经》则论列了圆的定义及其有关的概念：

> 圆，一中同长也。（《经上》59）规写交也。（《经说上》）
>
> 同长，以正相尽也。（《经上》54）楗与框之同长也。（《经说上》，据高亨校）
>
> 中，同长也。（《经上》55）心（圆心），自是往相若也。（《经说上》，据高亨校）

圆的最本质特征是一个共同的圆心和同样长度的半径。制圆方法，是用圆规的一脚抵住圆心，用另一脚画出圆周的轨迹，令其构成一封闭曲线（规写交）。这个定义是完全正确的，由工匠的无数次制圆操作所证实，它同辩者"规不可以为圆"的怀疑论诡辩也是根本对立的。《大取》说："小圆之圆与大圆之圆同。"就是小圆、大圆都符合圆的定义。

值得注意的是，《墨经》为了用"一中、同长"的概念来定义"圆",预先给出了"同长"和"中"这两个概念的定义。"同长"是两个事物跟一个共同的标准相比,完全相合。"正"指标准。《大取》:"权,正也。"权的本义是指秤锤,它是衡量重物的一个标准。如门楗(顶门的直木)和门框(门两旁立柱)同长。"同长"的定义有了,然后用它定义"中"。"中"即圆心,从它出发到圆周的距离都相等。("相若"即相等。如《经说下》126说:"权、重相若也。")有了"同长"和"中"的定义,然后用它们来给圆下定义,这里恰恰构成了一个围绕着圆的定义的概念体系。不过,这只是包含在整部《墨经》的大概念体系中的众多小概念体系之一。类似的概念体系还有很多。

墨家从"同异交得"(同一性和差别性相互渗透)的辩证思想出发,也根据木工制图的千百万次经验,发现一个圆的圆心的点,可以转化为另一个圆的圆周的点,这就是《经说上》89所谓:

中央,旁也。

这里无需校勘改字,明明白白揭示"中央"(即圆心),可以同时又是"旁"边(即圆周上的点)。如图一中甲圆的圆心O(中央)同时又是乙圆的圆周(旁),这不是很清楚的道理吗？高亨先生未解此意，将下文"行行"二字加于"中央，旁也"这一命题之前，解为"人走路则路之中央与两旁同时并见"，有失原意。根据《墨经》的意思，"中央"可以是"旁"，"旁"也就可以是"中央"。惠施所谓"我知天下之中央，燕之北，越之南是也"，就是这个意思。因为从不同角度看，当时作为中国的"旁"边的"燕之北"或"越之南"，都同样可以作为"天下之中央"。这同惠施"合同异"和《墨经》"同异交得"的思想，完全是吻合的。

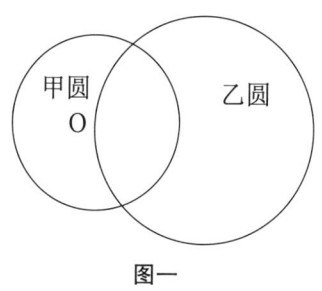

图一

（三）直：直线的性质和直线与圆的关系

墨子说百工"直以绳"，即各种工匠取直，要以拉紧的直线为标准。这种由工匠的千百万次操作中所取得的关于直线性质的认识，接近于古希腊数学家欧几里得（Euclid，前330—前275）几何中的下述公设：

从每一点到另一点可引一直线。

或者如近世德国数学家希尔伯特（Hilbert，1862—1943）公理体系中的结合公理：

　　通过不同两点的直线必定存在。
　　通过不同两点的直线至多有一条。
　　推论：任意两个不同的点，确定唯一的通过它们的直线。

如图二：

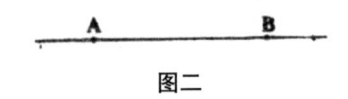

图二

在此基础上，《墨经》提出关于直线性质的另一条规律：

　　直，参也。(《经上》58)

《广雅·释言》："参，三也。"所谓"参"指有第三个东西加入两个东西中间。如两人商量问题，有第三人加入一起商量，叫作参谋（参与谋划）。《墨经》"直，参也"这一简短的定义式的命题，意同于欧氏所谓"某点介于另两点之间"，确切说：

同在一直线上的三点，有一点恰好介于其余两点之间。

这种关于直线性质的规定，接近于希尔伯特公理体系中顺序公理的如下内容。

公理一：设有 A、B、C 三点，若 B 介于 A 和 C 之间，则 A、B、C 是一直线上的三个不同的点，并且 B 也介于 C 和 A 之间。

公理二：对于任何不同的 A 和 B 两点，在直线 AB 上至少有一点 C，使得 B 介于 A 和 C 之间。

公理三：在一直线上任何不同的三点中，至多有一点介于其余两点之间。

如图三。《墨经》的简明经体决定了它不是如西方人这样以展开的精确的形式来表达同样的内容，但它确实以古代中国人特有的方式，发现了实质上是同样的原理。

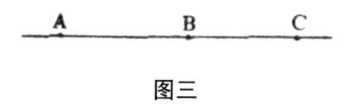

图三

不仅如此,《墨经》又以同样的方式,发现了直线与圆关系的定理,且在该定理中用到了已经阐述过的直线性质的公理。这就是《经说上》100所谓:

圆无直。

(圆明本作员,为圆之省文,据谭戒甫说。惟谭释"圆无直"为敌论,不确。高亨据孙诒让校,将"员"改为"负",又将"负"与"无直"断离,不从"圆无直"上立论,误。)"圆无直"是涉及直线与圆关系的定理,沈有鼎先生解为"一圆周上任何三点都不在一直线上",因为"直"定义是"参也",即三点中有一点恰好介于其余两点之间。① 这同平面几何中下述定理和推论相当。

> 定理:一直线与一圆的公共点不能多于两个。
> 推论:无圆能通过同在一直线上的三点。

如图四中,圆周只通过直线上的 A、B 两点,并不通过直线上其余的点。"圆无直"是《墨经》"有说,过五诺"的

---

① 参见沈有鼎:《墨经的逻辑学》,中国社会科学出版社1980年版,第69页。

一个实例，也就是说，墨者认为这个定理经过五种问答方式（过五诺），是能够给出证明（有说）的。而《墨经》这种简明经体的表达方式，已经把详细的证明过程和中间步骤都省略掉了，以至于造成今人了解上的困难，连《墨经》的精细注释家高亨也没有能给出正确解释，这是令人遗憾的。

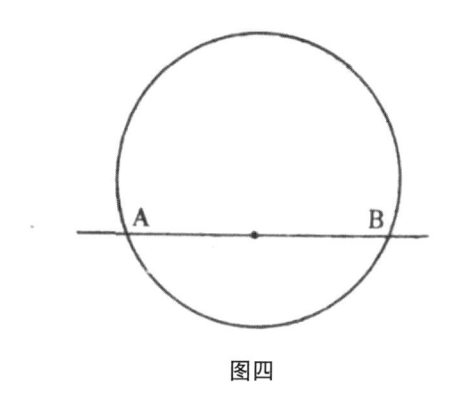

图四

（四）正：垂直

墨子说百工"正以悬"，即各种工匠取垂直，要以悬垂的直线为标准。例如筑墙、立桥墩，等等，为了防止倒塌，需要取垂直，而匠人从千百次取垂直的操作中意识到，下悬重物自由下垂的直线，跟地平面是垂直的，它能够作为取垂直的标准。这一跟地面垂直的线（铅垂线）就叫作"正"。如图五直角三角形 ABC 中的 AB 边即为"正"（BC 代表地平面）。《经下》128 说："倚者不可正，说在梯。"《经说下》:"背、拒、牵、射,倚焉则不正。"搬运重物的车梯、攻城的云梯相当于图五直角三角形的AC边,这叫作"倚"(偏斜),而不叫作"正"。背负、抵拒、牵曳、投射这些常见的事例中,都有偏斜而不垂直的表现。《经下》162说:"正而不可倚,说在团。"《经说下》:"丸无所处而不中悬,团也。"《说文》:"团,圆也。"圆球可以在平面上运转自如,随遇平衡,其秘密在于该物重心的垂直线AB总是能通过球心O和球面与平面的接触点B。如图六。这也是垂直而不偏斜的一例。

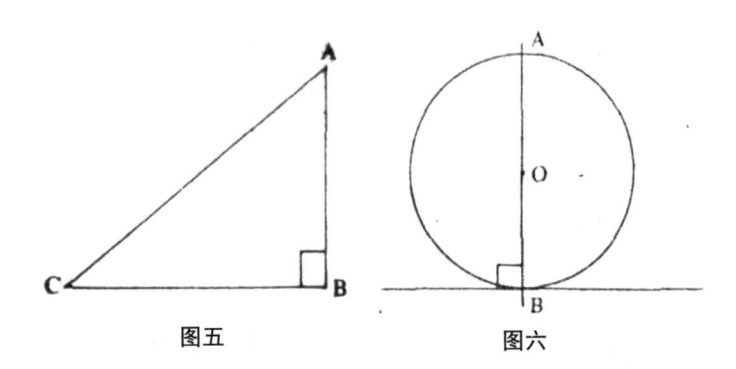

图五　　　　图六

(五)平:水平

墨子说百工"平以水",即各种工匠取平以小范围的静止水面为标准,这就是讲的水平仪的作用。《经上》53定义说:

> 平，同高也。

即两条线平行或两个面平行，指的是它们之间的距离（过任意点所引垂线）处处都相等。用这个道理可以澄清辩者"山渊平"和"山与泽平"的诡辩。

二、论点、线、面、体

《墨经》中有一套几何学的专用词汇，即端、尺、区、厚，分别表示几何图形的元素点、线、面、体。

（一）端（点）的定义

端（点）是《墨经》几何学中的一个基本概念，所言不下十次，见于《经上》和《经说上》1、2、56、62、64、68、69诸条。其62条说：

> 端，体之无厚而最前者也。

体是部分。《经上》2："体，分于兼也。"兼是一个整体，这个整体被分解为许许多多部分。在这些部分中，没有厚度，也没有长度和宽度，而又处于物体最前部的东西，就叫作"端"。《墨经》的"端"相当于欧几里得几何学中的点。在欧氏几何中，点被定义为"不可分"。《经下》160："非半弗斫则不动，说在端。"《经说下》："斫半，进前取也。前则中无为半，犹端也。前后取则端中也。斫必半，无与非半，不可斫也。"一个有穷长的物体，如一根棍子，不管是从一头往前取半，还是从两头往中间取半，总有一个时候不能再取半，这时就出现了"端"，即不可分的点。也就是说，对应于所处理对象的角度，"端"可以是物质的任何一个部位，并不限于"最前"。从物质结构上说，这种说法认为物质的分裂有极限，即端。这类似古希腊自然哲学家的原子论，并且跟辩者"一尺之捶，日取其半，万世不竭"的物质无限可分论对立。后来科学的发展证明原子也是可分的，至今人们并没有达到物质分裂的最后界限。但从几何学上说，需要假定这种不可分的点（端）存在。如作直线，考虑从一个点出发引申，或从两点相连，等等，并不需要考虑这些点的再分。作圆，考虑以一个点为圆心，并不需要考虑这个点的再分。再进一步，把这个点假设为没有长度、宽度和高度的东西，也才能进行线、面、体等几何单位的演算。所以从几何学上说，《墨经》对点（端）的定义是正确的。

（二）论点、线、面、体的关系及其定理

1. 论点和线的关系是部分与整体的关系。《经上》第2条说："体，分于兼也。"所举之例有"若尺之端也"。尺相当于直线，端相当于点。这分明是说，线和点的关系是整体与部分的关系，并且表明点可积为线，线可分为点。欧几里得几何中有"全体大于部分"的公理。《墨经》也有这个思想，并且认为线大于点，其关系为不可逆关系，即线大于点，而点不大于线。

2. 论点是线的必要条件，线是点的充分条件。《经说上》定义"小故"（即必要条件）的特征，是"有之不必然，无之必不然"，而其举例为"若〔尺〕有端"。即有点不一定有线，而无点一定无线。点为线的必要条件，则线为点的充分条阵。充分条件的特征，是"有之必然，无之不必不然"。即有线一定有点，而无线不一定没有点。一般来说，设 p 为 q 的必要条件，则 q 为 p 的充分条件。《墨经》对点、线关系的认识是正确的。

3. 论点线相交。《经上》68 说："撄，相得也。"《经说上》："尺与尺俱不尽。端与端俱尽。尺与端或尽或不尽。"撄是接触、交叉，至少有一部分重合，相得即相互占有。

点与点相交，则双方完全重合，因为点被想象为没有长、宽、高，而有确定位置的几何单位，所以两点一旦相交，则双方彼此完全占有对方，没有剩余，这就是"端与端俱尽"。如今有一点 A，又以 A 为圆心画圆，则该圆圆心与 A 点完全重合。

线与线相交，不论交点在哪里，则双方都不完全重合。因为线被看作是无数点的集合，线与线相交，只交于一点。从两条线来说，是"俱不尽"。

点与线相交，不论这点与线上哪个点相交，则从点这方面来说，是完全重合（尽），而从线这方面来说，是不完全重合（不尽），所以叫"或尽或不尽"（有尽有不尽）。

4. 论两线比较。《经上》69说："比，有以相撄，有不相撄也。"《经说上》："两有端而后可。"这里比是比较两线长短，其方法有二，一为两线相交法，一为两线不相交（即平行）法。这两种方法都必须以其一端作基准，方可比较。

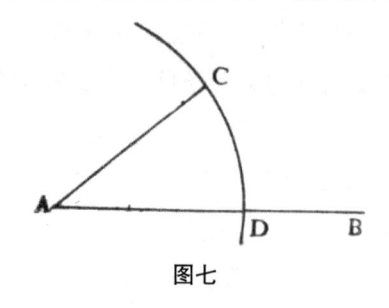

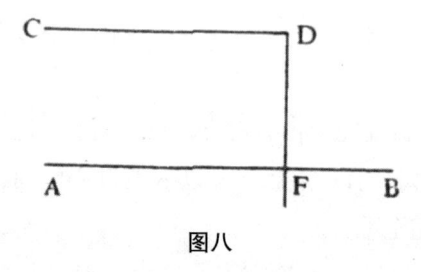

图七

图八

两线相交法，如图七，AB 较长，AC 较短。以其交点 A 为圆心，以 AC 为半径作圆与 AB 交于 D，则 AC＝AD，而 DB 为 AB 长于 AC 的部分。

两线不相交（即平行）法，如图八，AB 较长，CD 较短。以 A、C 两端对齐，又从 D 引垂线与 AB 交于 F，则 CD＝AF，而 FB 为 AB 长于 CD 的部分。

这两种方法，是当时的工匠在工艺操作中，用圆规和矩尺很容易做到的方法。如制作门窗，把两根木头截取，使之等长。

5. 论图形相切。《经上》70 说："次，无间而不相撄也。"《经说上》："无厚而后可。"次即线与面或面与面相切。相切是指两图形有一公共点并且只有一公共点。"无间"是指两图形之间没有空隙。两图形之间一点空隙也没有，只有假定它们有一公共点。"不相撄"是说不相交，相交在这里定义为有两个公共点。所以"次"即相切，就是指两图形有一个公共点并且只有一个公共点。"无厚而后可"，是规定这里讨论的不是体积，"厚"指体积，"无厚"在这里指没有厚度（高度）的线或面。如图九表示直线与圆以及圆与圆的相切。

直线与圆相切

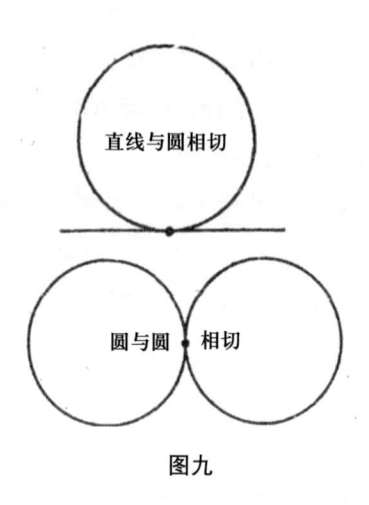

圆与圆相切

图九

6. 论图形相离。《墨经》说：

　　有间，中也。（《经上》63）谓夹之者也。（《经说上》）

　　间，不及旁也。（《经上》64）谓夹者也。尺前于区而后于端，不夹于端与区内。及非齐及之及也。（《经说上》，据谭戒甫校改）

　　离，间虚也。（《经上》65，据陶鸿庆校）虚也者，两木之间，谓其无木者也。（《经说上》）

这三条意相连贯，主要论图形的相离。两形相离，中间形成间隙、空虚之处。如一座建筑或一架连弩车的两根立柱之间的空隙。而这空隙之处是可计算的。不过在计算时只计算两形所夹的空隙，不把两形本身包含在内。所以说"间，不及旁也"，又特地说明这个"及"不是"齐及"（相等）之义，言外之意是"包含"之义。

应当指出，这里作为反类比之词，讨论了点、线、面之间的关系。"尺前于区"相当于欧几里得几何中的定义"面的界限是线"。如图十中 a 面的界限是 AB、BC、CD 和 DA 四条线。而"〔尺〕后于端"相当于欧几里得几何中的定义"线的界限是点"。如图十一中线 b 的界限是 A 和 B 两点。就是说，面夹于其周边之间，线夹于点之间，但不能说线夹于点和面之间，即"〔尺〕不夹于端与区内"。言外之意是说，认为线夹于点和面之间，是一种概念不清和逻辑混乱。

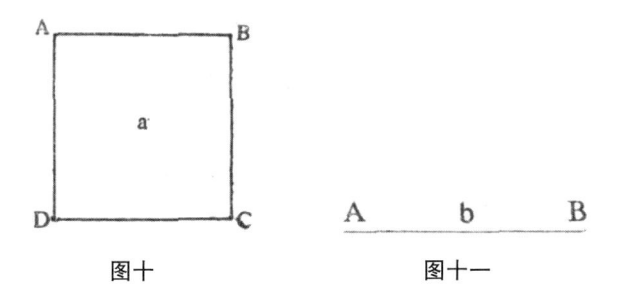

图十

图十一

7. 论图形变易。《经上》49说:"窖[①],易也。"指窖、穴(空缺、孔洞)的形成,即是图形的变易。"区、穴常若斯貌",指区(实面)和穴(空面)的形状、大小恒常相等。如从一块大红纸上,剪下一个"喜"字,这个"喜"字(区)跟大红纸上留下的孔洞(穴)的形状、大小,就恒常相等。这个道理,在民间剪纸、工匠割锯雕镂、制器和建筑等活动中,是屡见不鲜的。老子说:"三十辐共一毂,当其无。有车之用。埏埴以为器,当其无,有器之用。凿户牖以为室,当其无,有室之用。故有之以为利,无之以为用。"(《老子》第11章)实面和空面(区、穴)都可以为人所利用。老子精思了其中的哲学道理,墨者则钻研了其中的数学奥秘。[②]

8. 度量公理:阿基米德公理。在希尔伯特公理体系的连续公理中有下述内容。设 AB 和 CD 是给定的两线段,且 AB>CD(见图十二),则在半线 AB 上存在有限个点 A_1, A_2, ……A_n,合于下列条件:

---

① 窖原作库,声、义并近。据谭戒甫校改。《经说下》120 "故影库内也"之库亦读为窖,指暗室。

② 此条解释,参考了中国科学技术大学自然科学史研究室李志超先生的文章:《库:图形的虚实变换》,1989年,手稿复印本。

图十二

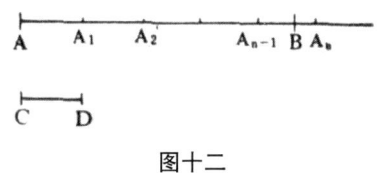

（1）诸点 A_i（$i=1, 2, \cdots, n$）排成 $\{A_1, \cdots\cdots, A_n\}$ 的顺序

（2）线段 $AA_1 = A_1A_2 = A_{n-1}A_n = CD$

（3）B 点介于 A 和 A_n 两点之间。

这个公理也可表述为：给定线段 AB>CD 以后，必定存在正整数 m，使得：

$$m \cdot CD \leqslant AB < (m+1) \cdot CD$$

或者说：不论给定怎样的两线段，其中小线段的若干倍总会大于大线段，这个公理又叫度量公理。它指出，一个有穷长线段的长度是可度量的。一般认为，这个公理是由古希腊数学家阿基米德（Archimedes，前 287—前 212）首先提出的，所以把它叫作阿基米德公理。其实《墨经》中早就说：

穷，或有前不容尺也。(《经上》42)

或不容尺有穷，莫不容尺无穷也。(《经说上》)

"或"是特称量词，意谓"有时遇到这种情况"。即存在这样的情况：当我们用一个小线段去度量一个较长的线段时，总会遇到前面容不下这一尺度的时候，这时我们便说这一线段是有穷的（"莫不穷尺无穷"，是想象如果一直可以度量下去，永无止境，就是无穷了）。而《墨经》的写作时代，一般认为早于阿基米德。所以不如称这个公理为《墨经》"或不容尺"公理。

三、倍数和分数

墨者研究了倍数和分数。

（一）倍数

《经上》61说："倍，为二也。"《经说上》："二尺与尺但去一。"所谓某数加倍就是把该数乘以二。如二尺是一尺的加倍，但从二尺中减去一尺等于一尺，这是倍数的举例兼论乘法的还原。

（二）分数

《杂守》有如下例题：

斗食，终岁三十六石。三食，终岁二十四石。四食，终岁十八石。五食，终岁十四石四斗。六食，终岁十二石。斗食，食五升。三食，食三升小半。四食，食二升半。五食，食二升。六食，食一升大半。日再食（每日两顿饭）。救死之时，日二升者二十日，日三升者三十日，日四升者四十日，如是而民免（死）于九十日之（节）约矣。

可见，墨者对小国小城人民防御战中节约消耗粮食的数目，是计算得很清楚的。

每天吃一斗，一年以360天计吃36石，一日两餐，每餐只能吃五升。当时容量单位一斗等于今二升，当时文献认为"五升之饭"为"饥"而"不得饱"的食量（《庄子·天下》）。但为了争取小城保卫战的胜利，只好大家都勒紧裤带，暂时忍饥挨饿。

"三食"即每日食$\frac{2}{3}$斗，一年吃24石。而$\frac{2}{3}$斗即6.6升多。一日两餐，每餐3.3升多，所以说"三食，食三升小半"。

"四食"即每日食$\frac{2}{4}$斗，一年吃18石，每餐吃2.5升。

"五食"即每日食$\frac{2}{5}$斗，一年吃14.4石，每餐吃二升。

"六食"即每日食$\frac{2}{6}$斗，一年吃12石，每餐吃1.6升多，所以说"六食，食一升大半"。

墨者上述粮食消耗的比例式（年与餐）如下：

$$36:24:18:14.4:12 = 5:3\frac{1}{3}:2\frac{1}{2}:2:1\frac{2}{3}$$

至于"救死之时",即粮食缺乏,为不至于饿死人,不得不在 90 日之内采取非常的节约措施,其规划食粮之数为:

$$2\times20+3\times30+4\times40 = 290（升）$$

可见,在墨者的计算中,对分数与比例的应用是颇为熟练的。

墨者从当时生产实践的需要出发,由工匠技艺中升华提炼出数学理论,在世界科学史上做出了重要贡献。其中有许多内容,跟古希腊数学思想近似。这说明只要环境条件合适,中华民族也可以独立地发现为世界其他民族所揭示的真理。但是由于《墨经》的独特写作体例,决定了墨家的数学知识,只使用了极其简练的古汉语表达式,而没有使用符号、公式、图解和更详细的论述。在墨者集团内部,由于其代代相传的"俱诵"方式,虽然能够使知识得以传承延续,但却不利于在社会上更广泛地流布,以至于使其许多"微言大义"不易为人们所知晓,即使熟习现代(或西方)数学的人,也未必能恰当训释《墨经》。所以,正确地发掘和阐释墨家的数学思想,在当前仍是一件有意义的工作。

第二节　举之则轻，废之则重：《墨经》的力学之谜

墨者密切结合农业、手工业、建筑业和军事工程的实践，深入观察思考了自然界中的力学现象，做出了精妙的理论概括。

一、物质、运动、时空和力学

墨者把自然界（包括人本身）的现象叫作"万物"（《小取》），在概念分类中把"物"（物质）算作"达名"（外延最大的概念）。"物"同"实"（实体）和"形"（形体、物体）的外延一样大，内容可以互训。而物质在力的作用下是能够运动的。《墨经》说：

> 力，形之所以奋也。（《经上》21）重之谓，下举重，奋也。（《经说上》）

即力是物体得以运动的原因。《广雅·释诂》："奋，动也。"《经说》举重力和由下而上举起重物的生产劳动，作为解释物体运动和力的关系的典型事例。墨子曾说：

> 今有人于此，负粟息于路侧，欲起而不能，君子见之，无长少贵贱，必起之。(《贵义》)

一个人肩扛一麻袋粮食，在路边休息，休息完了想再扛起来，却起立困难，这时走路的人看到了，不论年龄长少，身份高低，都会帮他站起身。墨子举这例子是为说明帮人做好事（行义），但也说明墨者必然观察了大量生产和生活中用力使物体运动的实例。《墨经》中论物体运动现象说：

> 尽，莫不然也。(《经上》43) 俱止、动。(《经说上》)
> 动，或徙也。(《经上》50) 偏际徙者，户枢、蛇、蚕。(《经说上》)
> 蛇、蚓旋圆，去就也。(《经说上》89)
> 环俱柢。(《经上》48)
> 无久之不止，若矢过楹。有久之不止，若人过梁。(《经说上》51)

尽和俱都是全称量词。就一个特定论域而言，全部个体都静止叫"俱止"，都运动叫"俱动"。如在步兵操练时，让大家都走步，这叫"俱动"，都休息，这叫"俱止"。

有时物体的运动是部分迁徙（"或徙"，"或"指部分），如门的运动是绕轴做扇形旋转。蛇、蚕和蚯蚓的蠕动，是身体一部分动，一部分不动（偏际徙）；或者是既离开，又接近（去就）。行进中车轮的轮环，每一点都轮流着地，这揭示了物体运动的连续性和间断性的统一，跟辩者"轮不碾地"的论点相对立。"轮不碾地"，是用运动的连续性，抹煞运动的非连续性（即间断性）的诡辩。瞬间运动又叫"无久之不止"。例如疾速飞行的箭穿过一根很细的柱子（矢过楹）。历时运动叫"有久之不止"。如人走过一座桥梁。《经说上》44说"时或有久，或无久"。"有久"即经过一段相当长的时间，"无久"指瞬间，其时间值接近于零，但不等于零。可见《墨经》对物体运动的分析是很细致的。

《墨经》论证了物质运动跟时间和空间的关系：

宇或徙，说在长宇久。（《经下》114）宇徙而有处，宇南宇北，在旦又在暮，宇徙久。（《经说下》）

宇进无近远，说在步。（《经下》163，据高亨校）区不可遍举宇也。进行者先步近，后步远。（《经说下》）

行修以久，说在先后。（《经下》164）行者必先近而后远。远近，修也。先后，久也。民行修必以久。久：有穷；无穷。（《经说下》）

这里揭示了物质运动跟时间和空间有不可分割的联系。宇指空间。《经上》41："宇，弥异所也。"《经说上》："东、西、南、北。"久指时间。《经上》40："久，弥异时也。"《经说上》："古、今、旦、暮。"而物体在运动中总要既占有空间，又经历时间。《墨经》认为空间和时间都是无穷的，《经说上》42 说："莫不容尺，无穷也。"《经下》173 说："（空间）无穷不害兼。"在这无穷无尽、茫茫无际的时间之流和空间之域中，无所谓绝对的先后和远近，只有相对的先后和远近。如墨子从鲁国出发，先经过较近的宋国，后到达较远的楚国。《墨经》以人走路为例，深刻鲜明地讲清了物质运动、时间和空间这三者的必然联系，为《墨经》中的力学理论奠定了坚实的自然哲学基础。

二、"举之则轻，废之则重"的谜底：杠杆原理及其妙用

墨者在生产、生活和军事工程中普遍运用了桔槔、滑车和辘轳等简单机械。接下来以桔槔机为例，向读者介绍《墨经》中的杠杆原理。

关于桔槔机的应用，《墨子》中有如下记载：

百步一井，井十瓮，以木为桔槔（据孙诒让

校），水器容四斗到六斗者百。(《备城门》)

城上之备：桔槔。(同上)

穴且遇，以桔槔冲之。(《备穴》)

穴且遇，为桔槔，必以坚材为夫（杆），以利斧施之，命有力者三人用桔槔冲之。(同上)

桔槔为两夫（杆）而旁埋其植（柱），而缚钩其两端。(同上)

这是用桔槔为提水和其他重物的工具，或经改装（安上利斧或铁钩）作为冲撞砍钩敌人的、反坑道战的武器。

以桔槔作为提水工具，早在春秋末期已有应用。据《说苑·反质篇》记载，有个老头，肩扛机器，到井边汲水浇地，一天才浇一畦。邓析路过，下车教他说，做一个机械"重后轻前"，叫作桔槔，一天可以浇一百畦。这位老头说："我听老师说过'有机智之巧，必有机智之心'，我不干。"这位老头大概是老子的学生。老子曾说"绝学无忧"，"绝圣弃智"，"绝巧弃利"，认为"民多利器，国家滋昏。人多技巧，奇物滋起"（《老子》19、20、57章）。这种主张当然不利于新技术的采用和科学的发展。这样的故事在《庄子·天地》篇中也有记载。

有一次，孔子的高足子贡从楚国返回晋国，途经汉水南岸，见一老头浇菜园。他凿一个通道到井边，抱着瓦罐取水。子贡看他"用力甚多而见功寡",于是好意劝他说,有一种机械一天可以浇一百畦,"用力甚寡而见功多",您不想试试吗?这位老头仰起头来看看子贡,问是怎么回事。子贡说,"凿木为机,后重前轻,挈水若抽,数如溢汤",即提水就像抽引,也像煮汤沸腾而溢出,非常快捷便当,这种机械的名字叫桔槔。浇菜的老头不高兴而讥笑子贡说:"吾闻之吾师,有机械者,必有机事;有机事者,必有机心。"即我不是不知道,我是羞而不为啊!您还是赶紧走您的路吧,也免得耽误我的工夫!《庄子·天运》又指出桔槔的特点是"引之则俯,舍之则仰"。

《墨经》进而研究了利用桔槔机起重的力学原理,揭示了"举之则轻,废之则重"的科学谜底:

负(负重)而不翘(据栾调甫校),说在胜(指杠杆标端重力矩大于本端和重物的重力合力矩,《经下》126)。

横木加重焉,而(标端)不翘,极胜重也(标端重力矩大于本端和重物的重力合力矩)。右校交绳(调节移动支点),无加(重)焉而翘,极不胜重也(标端重力矩不大于本端重力矩)。衡(平衡),加重于其一旁,必垂。权、重相若也,相衡(平衡)则本短标长。两加焉,重相若,则标必下,标得权也（因为本短标长，在本、标两端加相等的重量，则标端必然下垂，这相当于标端比本端多出一个重量。《经说下》）。

桔槔的构造，是用一横杆 AB 系于一立柱上端（支点 O），如图十三，它是利用杠杆原理的一种简单机械。《墨经》作者经过反复实验，知道以桔槔机起重之所以能够省力，是令负重（P）的 AO 端比作用力（F）的 BO 端为短（本

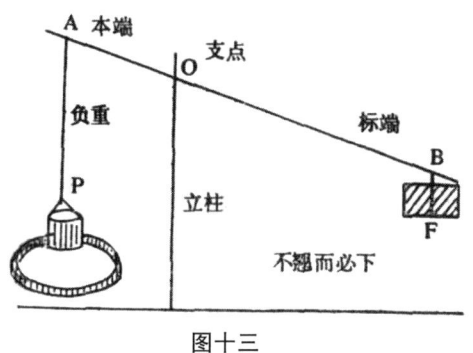

图十三

短标长）。由于"本短标长"，即动力臂大于阻力臂，并且通常在 B 端还加上一块石头（相当于秤杆上的秤锤，即权的作用，即"标得权"）。这就是子贡说的"凿木为机，后重前轻"。杠杆原理是说，在不计算无用阻力的情形下，动力（F）的力矩等于有用阻力（负重 P）的力矩，于是桔槔机的这种结构，就为起重的作用留下了余地：当

以人力引A端汲水或牵引其他重物时，人用很小的力，就能靠桔槔机B端的重力，将水或其他重物轻易地举起。这就是《墨经》所谓本端"负（重）而（标端）不翘"的原因所在。也就是《庄子·天运》说的"引之则俯，舍之则仰"，以及子贡说的"挈水若抽，数如溢汤"、"用力甚寡而见功多"的妙用。发现杠杆定律的古希腊人阿基米德，曾设计过杠杆滑轮系统，用小力把大船拉到水里。他自豪地说："假如给我一个安放杠杆的支点，我就能将地球推动！"

在中国发现杠杆原理的墨者也曾说："举之则轻，废（放置）之则重，若石、羽，非有力也。"（《经说下》111）这一段谜语式的话，可以从杠杆原理和桔槔起重机的妙用中求得解释，其谜底是用桔槔举重。当用桔槔机举起重物时，似乎显得很轻，犹如举起一根羽毛一样，毫不费力，而当把重物放下时，反而显得很沉重，就像放下一块大石头一样，但这并不是由于驾驭桔槔机的人有什么超凡入圣的神力，而是由于机械的作用与力学科学的神功。

这里，《墨经》作者虽然没有像现代科学家一样，以精确的公式表达杠杆原理，但他们经过反复实验，已在实际上掌握了这一原理的精髓，并将它用之于简单机械的设计和制造。

三、上者愈得，下者愈亡；上者愈丧，下者愈得：滑轮和轮轴装置的奥妙

《墨子》中有多处记载滑轮和轮轴应用的事例。

《备穴》篇指出在挖掘坑道时，"穴中为环利索"。穴指坑道。挖掘坑道时，预设滑轮和轮轴装置，即滑车或辘轳之类（类似近世的绞车、缆车），用来作为凿穴"传土"之具，下文说"可提而举投"。《六韬·军用篇》曾说："渡沟堑飞桥一，间广一丈五尺，长二丈以上，著转关辘轳八具，以环利通索张之。"此"环利通索"当即《墨子》之"环利索"，该是指卷绕在滑轮或轮轴上的绳索，起提升牵引重物的作用。

在大型军事器械中，也有滑轮或轮轴装置。如《备高临》篇指出"引弦辘轳收"，"矢长十尺，以绳系于矢端，如弋射，以辘轳卷收"。因为连弩车上的弦有多层，"以弦钩弦，至于大弦"，需大力才能张开，所以要用辘轳牵引。弋射要将十尺长的箭收回，需用辘轳急卷，以争取较快的速度。

《墨经》论滑轮和轮轴的工作原理说：

挈（提升）与收（收取）反（二者方向相反），说在权（权本指秤锤，这里指用来提升和收取重物时

起牵引、平衡作用的重物,《经说下》127)。挈,有力也。引,无力也。不必所挈之止于斜(斜面)也。绳制挈之也。若以锥刺之。挈,长重者下,短轻者上。上者愈得,下者愈亡。绳直,权重相若,则止矣(不上不下)。收,上者愈丧,下者愈得。上者权重尽,则遂挈。(《经说上》,依孙诒让、张惠言、谭戒甫、王闿运校)

这里讨论了滑轮、轮轴提升和收取重物中的力学现象,并跟斜面的利用做了对比。"绳制挈之"即指用绳索绕过滑轮或轮轴以提升重物。这里"绳"(绳索)即《备穴》所说的"环利索"。"制"即控制,如《淮南子·修务训》:"跳跃扬蹄,翘尾而走,人不能制。"《史记·项羽本纪》:"吾闻先即制人,后则为人所制。"犹如现在说"制空权"。

滑轮和轮轴都是属于杠杆类简单机械,利用它们可以改变作用力的方向或大小,从而减轻人类繁重的体力劳动,并提高工作的效率和准确性。

图十四表示利用定滑轮或动滑轮的作用,制成提升重物的简单机械滑车,它或者改变了作用力的方向,因而提供了方便(甲),或者可省力,减轻劳动(乙)。

图十四

图十五表示利用轮轴的作用,制成牵引起重的简单机械辘轳,它可以省力,减轻劳动量。

图十五

在当时的生产、生活和军事工程中,类似的机械有许多应用。上引《墨经》条文谈到图十六所表示的三种情况。

挈，有力也。

长重者下，短轻者上。

上者愈得，下者愈无。

引，无力也。

绳直，权重相若，

则止矣。

收，上者愈丧，

下者愈得。

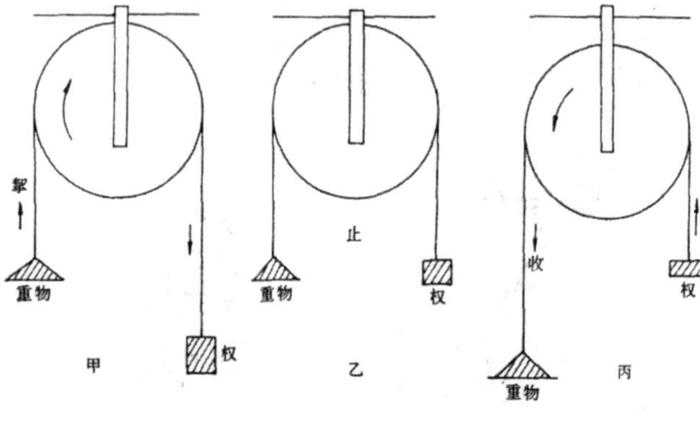

图十六

如图十六甲所示，挈是用力向上提升重物（挈，有力也）。它不同于用斜面搬运重物，而是用绳索绕过滑轮（或轮轴）的办法，它犹如用锥刺物一样方便（不必所挈之止于斜也。绳制挈之也，若以锥刺之）。向上提升重物时，用一个比重物更重的权牵拉，则重物自动被提升。而重物愈往上升，则权愈往下落（长重者下，短轻者上。上者愈得，下者愈无）。

图十六乙表示，当重物和权重量相等时，保持静止牵引状态不变（引，无力也。绳直，权重相若，则止矣）。

图十六丙表示，当权略轻于重物时，则重物下降而被收取。"上者愈丧，下者愈得"，指权愈往上升，则重物愈往下落。"上者权重尽，则遂挈"，指重物降到地面，而权升至顶端，就可以开始下一个提升重物的过程。这时不免要在权上再加上一把力，或者换一个更重的权，或者提升一个更轻的物，这个过程自然就可循环往复地进行。

《墨经》作者对利用滑轮和轮轴升降重物的机械，做了周密的观察和实验，才能对其工作原理有如此精到的论述。"上者愈得，下者愈亡；上者愈丧，下者愈得"这种谜语式的表述，正是对滑轮、轮轴装置妙用的写照。

四、倚者不可正：斜面原理及其妙用

在运用桔槔、滑车、辘轳等杠杆类简单机械的同时，人类已普遍运用斜面类简单机械。公输般为楚国制造攻城器械云梯，就是斜面原理的运用。以墨子为首的墨者集团，制造器械的技能不亚于公输般，甚至还较之稍胜一筹。《墨经》特地论述了斜面类简单机械车梯的构造及其工作原理：

> 倚者不可正，说在梯。(《经下》128)

> 两轮高，两轮为轾，车梯也。重其前，弦其前，载弦其胡，而悬重于其前。是梯，挈且挈则行。凡重，上弗挈，下弗收，旁弗劫，则下直。斜，或害之也，流梯者不得下直也。今也废（放置）石于平地，重，不下，无旁也。若夫绳之引胡也，是犹自舟中引横也。倚：背、拒、牵、射，倚焉则不正。(《经说下》)

倚指倾斜，斜面。正指垂直。《法仪》说"正以悬"。《经下》162论球体的随遇平衡说："正而不可倚。""倚者不可正"和"倚焉则不正"，是说斜面运物和垂直运物的规律不同。

《墨经》以车梯为典型，在跟垂直和水平运动的比较中阐述了斜面原理及其妙用。

车梯，顾名思义，是兼车子与梯子两种用途于一身的器械。其构造特点，是后边两轮高，前边两轮低（"两轮高，两轮为轾，车梯也。"轾比后轮为小），上铺木板以构成斜面，如图十七。由于车梯重心偏前，所以要在车前加重。即以绳索系在车的前端，下悬重物，以为平衡（重其前，弦其前，载弦其胡，而悬重于其前）。当把人或物装上车子时，卸下前悬重物，用人力拉车前行（是梯，挈且挈则行）。

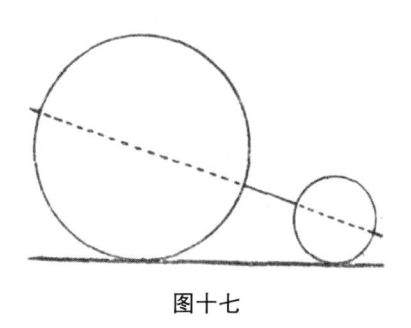

图十七

用车梯这种斜面类机械搬运重物，跟垂直和水平搬运有什么区别呢？《墨经》对此做了比较分析：凡重物，上边不提举，下边不牵引，旁边不推拉，则垂直自由下落。而在斜面（如车梯）上滑动的重物，由于受斜面的限制，不能垂直自由下落。假定在水平地面上安放一块石头，它本身有重量，但由于受地面阻碍，又无从旁边来的作用力，它就会静止不动。以人力引绳拉车行走，就跟用绳子牵引船前面的横木，拉船在水中前进一样（凡重，上弗挈，下弗收，旁弗劫，则下直。斜，或害之也，流梯者不得直也。今也废石于平地，重，不下，无旁也。若夫绳之引胡也，是犹自舟中引横也）。也就是说，用斜面搬运重物，所用的力只是物体重量沿斜面的分力，所以它比垂直和水平搬运重物省力。这就是斜面原理的妙用。《墨经》进而分析肩扛重物、支撑、牵曳和投射等活动中,也都有斜面原理的应用。这说明人们为了省力,提高工作的效率和准确性,早已在实际生活中体会到斜面原理的妙用。

五、堆之必拄:建筑材料的力学规律

《墨经》研究了建筑材料的力学规律:

> 堆之必拄(zhǔ 支撑),说在废(置)材。(《经下》129)
>
> 并石、垒石,循夹寝者,法也。方石去地石,关石于其下,悬丝于其上,使适至方石。不下,拄也。胶丝去石,挈也。丝绝,引也。未变而名易,收也。
>
> (《经说下》,据孙诒让,高亨等校)

即在放置建筑材料(废材即置材,摆放建筑材料)时,要掌握一个原则:堆放一定要有所支撑("堆之必拄")。并砌、垒砌建筑材料,要遵循一定法则,互相夹持着砌放("并石、垒石,循夹寝者,法也。"《经上》、《经说上》72:"循,所然也。""然也者民若法也。"循是人们遵循法则而取得一定结果)。如图十八。

《墨经》作者对建筑材料的受力情况,做了细致的实

验描述，如图十九。取块方石，离地恰如块方石的距离。另放一块方石在它下边，悬挂一根丝线在上边，下端刚好连着方石。这时，可观察方石受力情况如下。

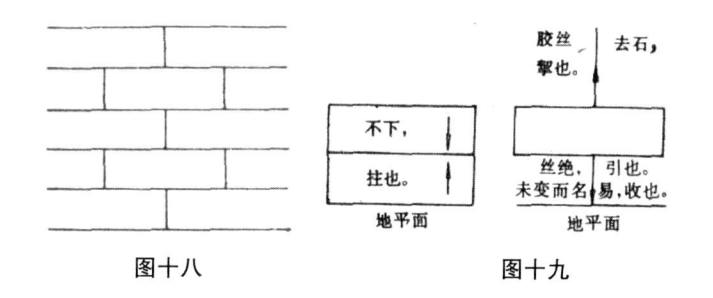

图十八

图十九

①上面方石不会掉下来，可观察到是因为有下面方石的支撑力（不下，挂也）。

②把丝线固定在上面方石上，撤去下面方石，可观察到丝线提举方石的力（胶丝去石，挈也）。

③丝线断了，可观察到方石本身有一种向下的引力（丝绝，引也）。

④上面方石由于引力作用，会掉到地面上来，这种力叫作"收"。即《经下》127所谓"挈与收反"的"收"。

其中，①与②、③与④分别都是大小相等，方向相同的力，而①与③，②与④则分别都是大小相等、方向相反的力。即：

挂＝挈（方向相同）

引＝收（方向相同）

挂＝引（方向相反）

挈＝收（方向相反）

假如墨者在实验中，在所悬挂的丝线上，连接一个弹簧秤，那就可以读出这些力的数值，因而也就可以更明确地指出重力的实质。尽管有这些美中不足，但两千多年前墨者能有上述实验和观察的成就，已属不易，而足堪称道了。

六、正而不可倚：论球体的随遇平衡

《墨经》论述了球体随遇平衡中的力学规律：

> 正而不可倚，说在团。（《经下》162）丸无所处而不中悬，团也。（《经说下》，据高亨校）

"正"指垂直。《法仪》："正以悬。""倚"指偏斜。"团"指球体。球体在运动中的每一地点，其受力的方向线，总是合乎悬挂重物时自由下垂的直线，（"丸无所处而不中悬"）这就是球体运动随遇平衡的秘密所在。这种认识是非常深刻而正确的。见图六（252页）。

七、一根头发丝能牵引三万斤重量吗？——弹性力学和分子物理学奇想

中国古代著名辩者公孙龙曾有"发引千钧"（一根头发丝能牵引三万斤重量，一钧是三十斤）的论题。他曾用这个论题在魏王面前进行滔滔不绝的辩论。魏国公子魏牟悦服公孙龙的辩论，并为之论证说："发引千钧，势至等也。"即一根头发丝之所以能牵引三万斤的重量，是由于它各部分受力状况都完全相等的缘故（《列子·仲尼》）。"发引千钧"，这是由辩者提出的一个被认为是"负类反伦"、违反常识常理的命题，在今天看来它不失为一个有关弹性力学和分子物理学的奇想。乍看违反常识，细想却有某种道理，而并非完全胡说。在许多问题上，墨者与辩者对立，但在有些问题上（例如在头发引重是否断绝的问题上），墨者确曾受到辩者的影响，并为辩者的论题做出新的论证。这是古代百家争鸣中不同学派相反相成、相互渗透之一例。

《墨经》中说：

> 发之绝否，说在所均。（《经下》152，据高亨校）发均，悬轻、重。而发绝，不均也。均，其绝也莫绝。（《经说下》）

即头发断绝与否，就看它的各部分是否都十分均匀。如果头发各部分都十分均匀，那么它就可以悬挂或轻或重的物体。头发断绝，是由于它结构不均匀。如果绝对均匀，那么就不会断绝。这实际上是对辩者"发引千钧"的论题和"势至等"的理由的进一步申述。也就是说，在这个问题上墨者受了辩者的影响，并在辩者奇想异说的基础上，经过分析论证，穷原究委，指明头发结构如果处在理想的均匀状态，那么悬轻、重就不会断绝，而若断绝，则从反面证明其不均匀。经过《墨经》的解释，辩者"发引千钧"的议论，就不能被认为是"负类反伦"的诡辩，而是富有科学内涵的想象。它虽不合乎当时一般人的"常识"之见，但却包含着惊世骇俗的真理颗粒，迸发出关于弹性力学和分子物理学的智慧之光。

第三节 异彩纷呈，独树一帜：《墨经》的几何光学

《墨经》系统论述了物影的定义和成因，本影、半影的现象和成因，小孔成像实验和光的直线传播原理，光的反射性质，物影变化的规律，以及球面镜、凹镜和凸镜成像的规律等几何光学的基本问题。

一、影不徙，说在改为——论物影的定义和成因

什么是影子？它是怎样形成的？这种问题曾经引起古人的好奇与深思。中国古代的辩者（汉朝人称之为名家）和墨家集团中研究了物体影子的问题，各自申述了见解。

《庄子·天下》篇罗列了辩者跟惠施辩论的二十一个论题，其中有"飞鸟之影未尝动也"一项。辩者的特点是故意提出违反常识的论点，然后抓住某些论据，做出出人意料的奇怪论证，让人一时难以驳倒。其目的是为了显示自己的辩才，以博得人们的喝彩，受到某些有权势者的青睐，而被其雇佣，充当其谋士、说客。辩者专以心智和口才取胜，其议论虽不合于常识，但时而却迸发出智慧与真理的闪光。"飞鸟之影未尝动也"的议论，就是如此。

首先，这是一个违反常识的悖论。说"飞鸟"，就是说它在飞行移动。说"影未尝动"，就是说它的影子从来没有移动。一般人的常识认为，鸟的影子是随着其飞行的过程而迁徙移动的，但这里却说飞鸟的影子从来就没有动过，此为违反常识无疑。鸟在飞，其影子在动，而又说从来不动，构成自相矛盾的悖谬之论。假如某位辩者，在贵族饮宴或会客的大庭广众之中讲述这个见解，一定会引起人们强烈的好奇心与兴味，造成所谓"轰动效应"。

其次，这个命题也并不完全是胡说八道，而是包含

着深邃的哲理与洞见。一切机械运动的本质都是连续性和非连续性的统一。飞鸟之影,可以看作飞鸟运动在地面上所画出的轨迹。这个轨迹,显然是连续性和非连续性的统一。没有这种连续性,飞鸟及其影子就不能从这一点过渡到另一点。没有这种非连续性,其运动也就不具有现实性和可描述性。近代摄影的技术与实践,是这种非连续性的最好证明。照相机拍摄的每一画面,是其非连续性的写照。现今的摄像和放像技术,亦可随意再现其任一静止画面。战国时期的辩者,虽然没有直接料到近世的照相、摄像和放像术,但他们凭借自己的聪明才智,已经在思维中抽象地接触到这种连续性和非连续性的矛盾侧面,只不过辩者辩论的特点在于,时而强调这一侧面,时而又强调另一侧面。"日方中方睨,物方生方死"和"一尺之捶,日取其半,万世不竭"等论题,意在强调物体运动的连续性;"轮不碾地"和"飞鸟之影未尝动也"等论题,意在强调物体运动的非连续性;而"镞矢之疾,而有不行、不止之时"等论题,则表达出物体运动在同一时刻既在一点(不行),又不在一点(不止)的矛盾两面。中国古代辩者以诡辩的形式,接触到了辩证思维的精髓,也提出了令人兴味盎然的自然科学问题,给出了带有辩者印记的答案,从抽象的理论上间接预示了后来的科学发现。这是中国古代辩者(类似于古希腊智者)的杰出贡献。

辩者用抽象思维和机智辩才所提出的物影不动问题，被作为工匠理论家的墨者以观察实验材料和逻辑论证的形式，给予了科学的回答。英国著名科学史家李约瑟（Joseph Needham）指出："墨家，或者不如说是后期的墨家，同名家一起，极力争取使逻辑过程臻于完善，并且率先把它们应用于动物学的分类以及力学和光学的基本原理上。"① 这种说法是符合实际的。《墨经》说：

影不徙，说在改为。（《经下》118）
光至，影无。若在，尽古息。（《经说下》）

这里"影不徙"（影子是不迁徙的）是论题，"说在改为"是申述理由、做出论证。意思是，平常所看到的影子迁徙，是由于光源和物体相对位置改变的缘故。影子是物体遮蔽光线而生成的。如果物体不动、光源移动，或光源不动、物体移动，光线照到原先物体蔽光成影的地方，则影子就消失（光至，影无）。如果光源、物体和影屏相对位置永久不变，则影子也就永久不变（若在，尽古息）。本条从影子的存在和不存在、迁徙和不迁徙两面，正确论述

---

① 李约瑟：《中国科学技术史》第二卷，上海古籍出版社1990年版，第578页。

了物影的定义和生成原因，其中隐含断定了光的直线传播的前提。

墨者"影不徙"的论点，可能受到辩者"飞鸟之影未尝动也"命题的启发，不过《墨经》将自己的论点表述为逻辑论证的形式，可能对辩者又有所影响。战国后期的杰出辩者公孙龙，曾在魏王面前摆出一大堆所谓"负类反伦"的论题，其中就有"影不移"一项。对公孙龙的辩辞深为悦服的魏国公子牟，转述公孙龙的论证说："影不移者，说在改也。"我们把这种论证跟《墨经》的上述表达加以对比，可以清楚看出墨者对辩者的影响。墨者和辩者对普及中国古代自然科学知识，是做出了贡献的。

二、影二，说在重——论本影和半影现象及其成因

本影和半影的现象，早就引起人们的注意。战国中期的哲学家庄子，曾以本影和半影现象为素材，编写寓言，以表达自己的哲学观点。他在《齐物论》中说："罔两（半影）问影（本影）曰：'向子行，今子止。向子坐，今子起。何其无特操与？'影曰：'吾有待（指相对于物体）而然者也。吾所待，又有待而然者也。恶识所以然？恶识所以不然？'"这里虽然观察到影子依赖于物体的变化而变化，但被庄子的寓言拟人化了的影子，却替庄子说出影子的生成原因（所以然）为不可知的哲学观点。

《墨经》作者跟唯心主义的不可知论者庄子不一样，他们乃是坚定的唯物主义可知论者。墨者通过实验观察，揭示了本影和半影现象的成因（"所以然"之故）：

> 影二，说在重。（《经下》119）
> 二光夹一光，一光者影也。（《经说下》）

一个物体有两个影子（影二），是由于有光源从不同角度重复照射的缘故（说在重）。两个光源所造成的两个半影夹着一个本影（二光夹一光，一光者影也，这个"影"即本影）。如图二十是由两个光源 S1 和 S2 形成的两个半影夹着一个本影。《庄子·寓言》篇又一次出现关于本影和半影的寓言："众罔两（许多半影）问于影曰：'若向也俯而今也仰，向也括（束发）而今也披发，向也坐而今也起，向也行而今也止，何也？'影曰：'搜搜也（无心运动之貌），奚稍问乎？予有而不知其所以。予蜩甲（蝉壳）也，蛇蜕（蛇脱下的皮）也，似之而非也。火与日（有几个光源），吾屯（聚集）也。阴与夜，吾代（消退）也。彼吾所以有待也。而况乎以有待者乎？彼来则我与之来，彼往则我与之往，彼强阳而我与之强阳，强阳者又何以有问乎？'"这里提到的"众罔两"，是由三个或三个以上光源所造成的半影。又说"火与日，吾屯也"，这是指有火炬和日光构成的许多光源，而使本影与半影相聚。但是这里借拟人化的本影之口所发的"似之而非"、"不知其所以"的怀疑论、不可知论腔调，反映了庄子的思想，而这些思想同积极探索自然奥秘的《墨经》作者是无缘的。

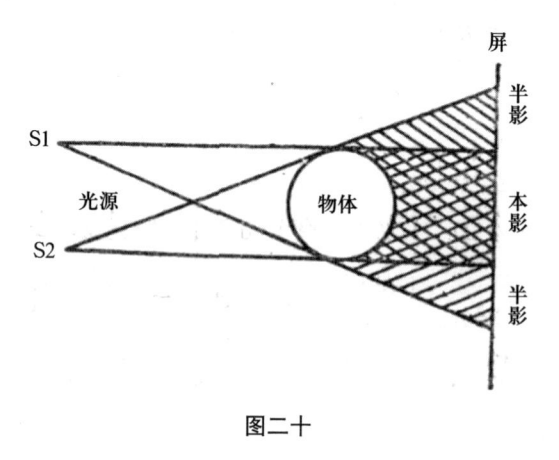

图二十

三、光之入照若射：用小孔成像实验说明光的直线传播原理

《墨经》说：

> 影倒，在午（交错）、有端（小孔）与影长，说在端。（《经下》120）光之入照若射。下者之入也高，高者之入也下。足蔽下光，故成影于上。首蔽上光，

故成影于下。在远近有端与于光,故影窟内也。(《经说下》)

即暗室(窟)内得到一定长度倒影的条件,是光线照到一个人身上,交错于屏上的一个小孔。这里的关键在于有一个小孔(影倒,在午、有端与影长,说在端)。光线的传播就像射箭一样,是直线进行的(这种比喻非常恰当。至今人们还常说照射一词)。下边的光线照进暗室,射到墙壁上边,上边光线照进暗室,射到墙壁下边。人的脚遮蔽下边的光线,所以成影在上边。人的头遮蔽上边的光线,所以成影在下边。如图二十一。由于在光线中或远或近存在一个光屏中的小孔,所以就在暗室的墙壁上形成倒影。

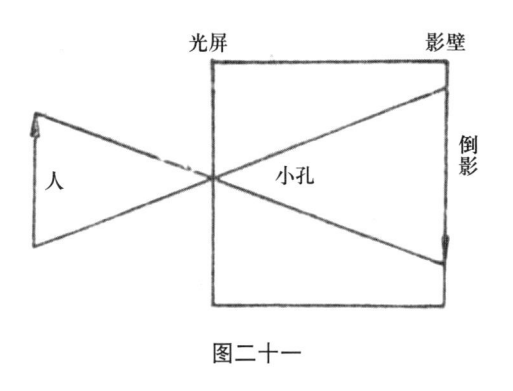

图二十一

这里细致地描述了小孔成像的实验,从而清楚地证明了光的直线传播原理。这种实验和证明,具有某种超越其时代的现代风格。直到现在光学教科书中也还是这样来叙述和证明的。两千年前的墨者精英们，如果不亲自进行实验观察，不具有科学的头脑，是不可能取得这种令人赞叹的成果的。

墨者所设计的这种小孔成像实验，也流传到了民间，为某些聪明的艺术家所掌握。据《韩非子·外储说左上》记载，有一位画家给周君画豆荚（豆角里面的一层薄膜）。由于画工极其精微繁难，画了三年才画成。他在豆荚上画了许多美丽的景致，并且画了许多豆荚，大概像现在的系列幻灯片。周君看了，跟用漆涂抹的豆荚差不多，看不出什么名堂，因而大怒。画家耐心地教周君筑一个暗室，在一面墙上开一小窗口，等到早晨迎着初升的太阳，把所画豆荚放上去观看，能放映出各式各样的彩色大画面。周君照着办了，"望见其状，尽成龙、蛇、禽、兽、车马，万物之状备具，周君大悦"。这种活动类似后来的放幻灯片，而这种活动也是墨者最先发现的小孔成倒像实验和原理的应用。

四、影迎日，说在转——论光的反射

《墨经》说：

> 影迎日，说在转。（《经下》121）日之光反烛人，

则影在日与人之间。(《经说下》)

人站在太阳光下,人的影子一般是背着太阳的,而现在影子却迎着太阳(即人影在太阳和人之间),这是由于太阳光被反射的缘故,"转"和"反烛"都是指的反射。如图二十二所示,人R站在太阳S和平面镜J之间,太阳光从S射于平面镜J,而被反射照于人身R,则成影R'在太阳S和人R之间。这里用实验观察材料清楚地说明了光具有反射的性质。

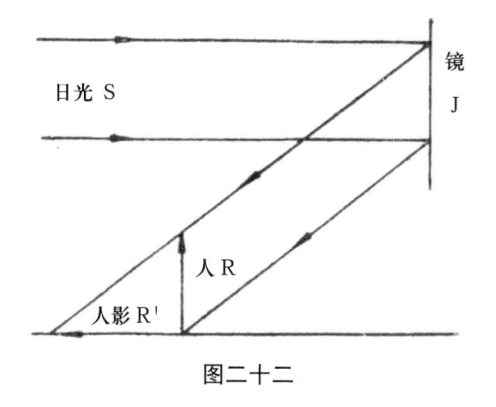

图二十二

五、影之大小,说在斜正远近——论物影变化的规律

《墨经》说:

> 影之大小，说在斜、正、远、近。(《经下》122)
> 木斜，影短大。木正，影长小。光小于木，则影大于木。非独小也，远近。(《经说下》)

这里用一根木头做实验，就木头摆放的斜或正、光源比木头的小或大、光源离木头的远或近等不同情况，论述了物影的变化规律。

1. 木斜，则影短大。当木头斜放时，则屏上影子短而宽（大解为宽）。如图二十三。

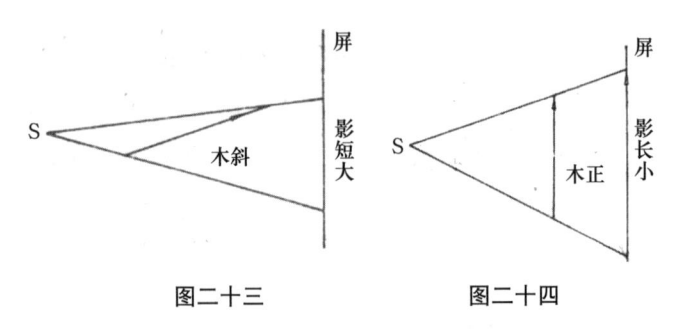

图二十三　　　　图二十四

2. 木正，则影长小。当木头正放时，则屏上影子长而窄（小解为窄）。如图二十四。
3. 光小于木，则影大于木。当光源长度小于物体长度时，则物影长度大于物体长度。如图二十五。
4. 光大于木，则影小于木。当光源长度大于物体长度时，则物影长度小于物体长度。如图二十六。

图二十五　　　　　　图二十六

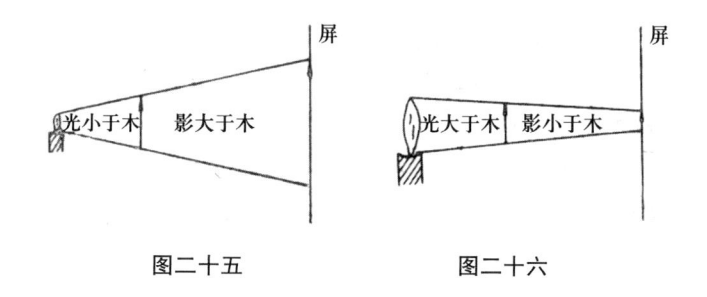

5.光远，则影小。当光源离物体较远时，则物影较小。如图二十七。

6.光近，则影大。当光源离物体较近时，则物影较大。如图二十八。

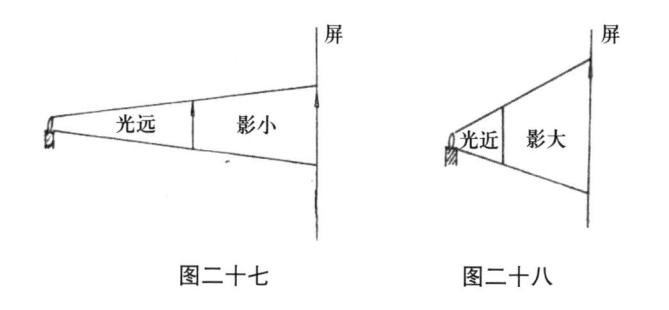

图二十七　　　　　　图二十八

可见，《墨经》作者通过实验观察，从物体摆放的斜正位置，光源跟物体的大小比例和距离远近等角度，对物影变化的规律所知甚详。

六、影一小而易,一大而正——论凹镜成像规律

中国古代有发达的铜镜制造技术。《考工记》说"金(指铜)锡半,谓之鉴燧之剂(配比、剂量)"。鉴就是镜子。铜锡各占一半,可以熔炼用于制造镜子的青铜。因为用来反光自照的镜子,需要显现白色光泽,并磨出光亮的表面。古人说"以铜为鉴,可正衣冠","以镜自照见形容"。近年发掘商王武丁宠妃妇好墓(下葬年代在公元前12世纪),出土铜镜四面,当为妇好生前喜用的心爱之物。到战国时,铸造技术精良的铜器,已大量进入人们的日常生活领域。墨家作为一个兼有实业性的社会集团,其成员中有不少能工巧匠。由于他们没有完全脱离生产,可能还兼有技术管理、把关、改进或咨询任务,所以就亲自做了大量实验观察,精细地研究了铜镜成像的规律,《墨经》说:

鉴凹,影一小而易(倒),一大而正,说在中之外内。(《经下》124)

中之内:鉴者近中,则所鉴大,影亦大;远中,则所鉴小,影亦小,而必正;起于中缘正而长其值也。中之外:鉴者近中,则所鉴大,影亦大;远中,则所鉴小,影亦小,而必易(倒);合于中而长其值

也。(《经说下》)

这是讨论凹面反射镜（简称凹镜）的成像规律。墨者用自己的身体作为发光体，把自己的眼睛作为观察的仪器。实验者从凹镜的远处走向镜面，可以观察到自己小而倒立的像，自焦点迎面而来。如图二十九中的 1 和 1'。待实验者走过焦点，再向镜面走去，可观察到大而正立的像成于镜后。如图二十九中的 5、6 和 5'、6'。这就是"鉴凹，影一小而易，一大而正"的意思。"说在中之外内"即详细地解说在于《经说》的"中之内"、"中之外"两种情况。

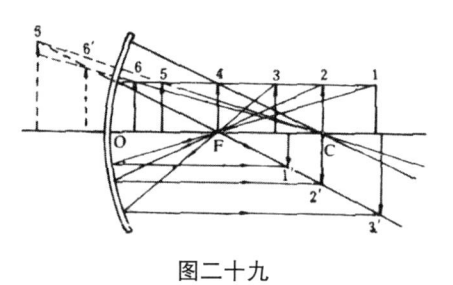

图二十九

"中之内"，指物体在焦点之内成像的情况。当实验者接近焦点时（如图中的 5），则成像较大（如图中 5'）。当实验者远离焦点（如图中的 6），则成像较小（如图中的 6'）。但以上所成之像都是正立的。这就是"鉴者近中，则所鉴大，影亦大，远中，则所鉴小，影亦小，而必正"

的意思。"起于中缘正而长其值也",指光线从焦点（和球心）开始,沿着约与镜面正对的方向,向镜后延长相交而成像。

"中之外",指物体在焦点之外成像的情况。当实验者接近焦点时,则成像较大,如图中的 1 和 1'。当实验者远离焦点时,则成像较小,如图,若人站立位置比 1 离焦点更远,则像在焦点 F 和 1' 之间,显然比 1' 更小。但以上所成之像都是倒立的。这就是"鉴者近中,则所鉴大,影亦大;远中,则所鉴小,影亦小,而必易（倒）"的意思。"合于中而长其值也",指光线通过焦点（和球心）,而在焦点（与球心之间）会合相交而成像。

平行光线经凹镜反射后,聚焦于焦点 F,其成像情况有以下五种:

1. 当物体处在球心 C 之外,在球心和焦点之间得到比物体小的倒立实像（如图中的 1 和 1'）。

2. 当物体在球心处时,在同处得到与物体一样大的倒立实像（如图中的 2 和 2'）。

3. 当物体处在球心和焦点之间,在球心之外得到比物体大的倒立实像（如图中的 3 和 3'）。

4. 当物体在焦点时,不成像（如图中的 4）。

5. 当物体在焦点之内,在镜后得到比物体大的正立虚像（如图中的 5、6 和 5'、6'）。

由于墨者在实验中没有使用烛炬和显像屏，而是以实验者的身体做发光体，用自己的眼睛做观察仪器，所以他们能够正确地把握上述第一种情况中的"小而易（倒）"和第五种情况中的"大而正"，但是却不能指明实像和虚像的区别，也不能观察到第二种和第三种情况。

就第二种情况说，实验者站在球心处，像也成在此处，就好比把所观察物体放在观察者眼球上，由于物体与眼睛的距离小于人的正常视距（25厘米），自然观察不到。

就第三种情况说，实验者在球心 C 和焦点 F 之间正对镜面站着，自然观察不到身后球心 C 之外的成像情况。如图中的 3 和 3'。墨者研究球面镜成像规律的出发点，主要为解决日常生活中照镜子的问题，自然会忽略在照镜者身后的成像情况。

此外，墨者限于实验目的（照镜子）和实验条件（以自己的眼睛、看自己的映像，而没有用烛炬和显像屏），没有观察出第二种情况（即球心处成像），也就没有必要在叙述中区分出球心和焦点，而只以一个"中"字笼统地囊括了二者，相应地也就没有必要指明第四种情况（即焦点处不成像）。

实际上，《墨经》时代对凹镜的焦点已有所认识。《礼记·内则》说"左佩金燧，右佩木燧"。《周礼·秋官》

说：“司烜氏掌以夫燧取明火于日。”这里金燧、夫燧，又名阳燧，即青铜制凹面镜，是用来向日取火的工具：将日光聚于焦点处可以燃火，这在战国时已成常识，而《墨经》中也已知圆或球面有一个"中"心。《经上》55说："中，同长也。"《经上》59说："圆，一中同长也。"《墨经》作者只是限于实验的目的，而没有必要指出凹镜的焦点和中心的区别。

七、鉴团影———论凸镜成像规律

《墨经》说：

> 鉴团影一。(《经下》125)
> 鉴者近，则所鉴大，影亦大；其远，所鉴小，影亦小，而必正。(《经说下》)

这是讨论凸镜的成像规律。团即圆，指球体，这里指凸镜。物体无论放在凸镜前的什么位置，都在镜后成正立的缩小的虚像。所以说"鉴团影一"。当物体距镜面近，则像较大；距镜面远，则像较小，并且都一定是正立的。所以说"鉴者近，则所鉴大，影亦大；其远，所鉴小，影亦小，而必正"。如图三十中的1、2、3和1'、2'、3'。这同现代所知是一致的。

图三十

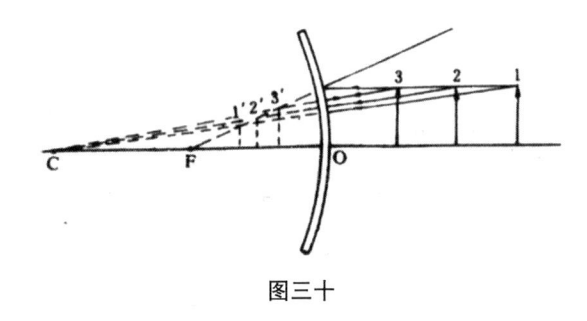

八、影倒，多而若少——总论球面镜成像规律

临鉴而立，影倒，多而若少，说在寡区。(《经下》123)

正鉴，影多寡（大小）、貌态、白黑（明暗）、远近、斜（倒）正异于光（物体）。鉴、影当俱，就、去亦当俱，俱用背。鉴者之容，于鉴无所不鉴。影之容无数，而必过正。故同处，其体俱然鉴分。(《经说下》)

这是总论球面镜（包括凹镜和凸镜）成像的特殊和一般规律。

当人正立在一个球面镜前面（"临鉴而立"，"正鉴"），形成倒立的像（"影倒"），这是凹镜成像的特殊规律（如图二十九）。而形成缩小的像（"多而若少"），

这是凸镜成像的特殊规律（如图三十）。"寡区"是指出镜面乃是一个不大的区域（区指面、区域）。沈括《梦溪笔谈》说"鉴虽小，而能纳人面"，就是这个意思。

《经说》指明了球面镜成像的一般规律：

1. 球面镜成像的范围大小、状貌形态、明暗程度、距离远近，位置正倒都会同物体有所区别（"影多寡、貌态、白黑、远近、斜正异于光"）。

2. 如果在镜中成像，镜和像同时存在，则物体和像接近或离开镜面的运动也同时发生，并且物体和像的运动方向总是相反（"鉴、影当俱，就、去亦当俱，俱用背"，见图二十九和三十）。

3. 物体的容貌在镜中都会有所反映。镜像的容貌多种多样，并且跟原物总有所区别。就磨制不均匀的镜面而言，在同一地方的物体，镜面的不同部分会形成不同的像（"鉴者之容，于鉴无所不鉴。影之容无数，而必过正。故同处，其体俱然鉴分"）。这种不合格产品的制造，在生产中是力求避免的。

《墨经》从影到像，系统论述了几何光学各方面的基本问题，其内容前后连贯，井然有序，逻辑严谨，可以说是异彩纷呈，独树一帜，并且也是属于世界首创，它比西方同类著作要早很多年，是世界科学史上最早的、内容最完整的几何光学著作。限于当时条件，它虽然没有附以图表、公式，缺少定量的描述，但作者进行了有意识、有计划的科学实验，并有理论上的分析、论证和说明，很有特色。墨者之所以能取得上述这些伟大的理论成果和科学发现，除了社会历史的需要和百家争鸣的学术风气之外，跟墨家集团成员中有工匠成分并且不脱离生产，以及具有唯物主义的世界观、辩证的方法论、逻辑的头脑和实事求是的科学精神等都有必然的、深刻的联系。

第六章　积极防御战的经典：墨家的军事学

第一节　非攻：反对攻伐掠夺

一、平民道德的引申与扩大

墨子的战争观有两个基本点，一个是非攻，即反对大国、强国对小国、弱国的攻伐掠夺，另一个是救守，即主张积极防御。

墨子从当时普通劳动人民的朴素道德观念中概括出"兼相爱、交相利"的伦理规范，即"兼爱"学说，又从"兼爱"学说中引申出"非攻"的观念。墨子的"非攻"，实际上是他所理解的平民道德的引申与扩大。

墨子说，如果"天下之人皆相爱"，则"强不执弱，众不劫寡，富不侮贫，贵不傲贱，诈不欺愚"，天下的"祸篡怨恨"（包括强大国家对弱小国家的攻伐掠夺）就不会产生。反之，天下的"祸篡怨恨"就都产生出来了。可见墨子"非攻"和"兼爱"这两个论题是紧密相连、不可分割的。

在存在私有制的社会里，有一个普通的道德规范，即"勿偷盗"。墨子在讲演、游说和交谈中，经常用"勿偷盗"来类比论证"非攻"。

墨子在《非攻上》和《天志下》篇的讲演中说，现在有一个人，闯入人家的果园、菜园，偷窃人家的桃李瓜姜，人听到了都会说他不对，当政者抓到了也会惩罚他。什么原因呢？因为他不劳而获、亏人自利。同样，偷人家犬豕鸡豚牛马；屠杀无辜、抢夺衣裘戈剑；翻墙而入，绑架人之子女；挖洞入室，窃人之金玉布帛，等等，都是不仁不义的，应该加以非难和处罚。

当时有一个楚国的地方封君，叫鲁阳文君，他对弱小邻国宋国和郑国有攻伐兼并的企图，墨子多次游说批评鲁阳文君，向他宣讲非攻的道理。墨子说，假定有一个人，家里牛羊猪狗肉"食之不可胜食"，但看见人家做面饼，就千方百计偷来吃，并说这样可以节省他家里的食物。墨子问鲁阳文君，你说这是他食物不够呢？还是有偷窃病呢？鲁阳文君说：这简直是有偷窃病。墨子说，楚国四境之田，荒芜而不可胜辟，而看见宋、郑之间有空闲地方，就千方百计窃来（占据），这跟那个人有什么不同呢？鲁阳文君说：这跟那个人没有什么区别，也算是有偷窃病。又有一次，墨子对鲁阳文君说："窃一犬一彘则谓之不仁"，而"窃一国一都，则以为义"，这是"知小物而不知大物"。（《耕柱》、《鲁问》）

墨子从当时劳动人民兼爱互利、不要偷窃的普通道德观念出发，从保护小生产者的劳动成果与和平生活的立场出发，批判和谴责大国对小国的攻伐掠夺战争，不失为一种独到的学术见解，其论证也具有一定的启发性和说服力。

二、今天下好战之国齐晋楚越——墨子"非攻"的矛头所向

墨子在"非攻"的讲演中说：

> 今天下好战之国，齐、晋、楚、越。若使此四国者得意于天下，此皆十倍其国之众，而未能食其地也，是人不足而地有余也。今又以争地之故，而反相贼也，然则是亏不足，而重有余也。（《非攻下》）

墨子在《非攻中》也说："南则楚、越之王，北则齐、晋之君"，"所有余"的是土地，"所不足"的是人民，然而他们却"尽民之死"以争虚城，"则是弃所不足，而重所有余也。为政若此，非国之务者也"。墨子认为像齐、晋、楚、越这样的大国，都占有广大未开垦的领土，而不足的却是垦荒种植的人民。但他们所进行的攻伐兼并战争，却恰恰是杀所不足（人民），而争所有余（土地），因而是荒谬悖理的。

墨子学术思想的批评矛头异常鲜明，毫不遮掩和吞吞吐吐。他在《节葬》篇还说：

> 南有楚、越之王，而北有齐、晋之君，此皆砥砺其卒伍，以攻伐兼并。

在春秋和战国间，的确如墨子所说，出现了齐、晋、楚、越四大国对峙，"四分天下"的局面。公元前453年，赵、韩、魏三家分晋，大的诸侯国有楚、越、赵、齐、秦、燕、魏、韩八国，小国有宋、鲁、郑、卫、莒、邹、杞、蔡、郯、任、滕、薛、曾等。战国时期，各大诸侯国不断进行兼并战争，攻城掠地，其矛头首先指向其周围小国，所以小国人民的生活是极不安定的。翻开战国历史大事年表，可见小国不断有被大国攻击、侵略的记载。这虽是中国在走向统一的过程中所不可避免的，但这也确实给小国人民带来深重的灾难。

三、兼国覆军，贼虐万民——历数攻伐掠夺战争的罪状

墨子在"非攻"的讲演中，历数"好战大国"攻伐掠夺战争的罪状。

1. 耽误农时，使百姓陷于饥饿。墨子说："今师徒唯毋（虚词）兴起，春则废民耕稼树艺，秋则废民获敛。今唯毋废一时，则百姓饥寒冻馁而死者，不可胜数。"（《非攻中》）墨子指出农业生产的特点是"以时生财"，必须"力时急"，即抓紧农时，才能"五谷常收"，"生财密"。（《七患》）而统治者要兴师动众，进行攻伐兼并战争，短者数月，长者数年，这必然要贻误农时，破坏农业生产，使人民因饥寒冻馁而死。

2. 抢掠人民辛勤创造的财富。墨子说："今王公大人，天下之诸侯，将必皆差其爪牙之士，皆列其舟车之卒伍，于此为坚甲利兵，以往攻伐无罪之国，入其国家边境，刈（yì，割）其禾稼，斩其树木"，抢掠其牲畜，把人民辛勤创造的财富窃为己有，这是"非其所有而取"，是"亏人自利"，不劳而获的强盗行径。《孙子·军争篇》和《九地篇》说"侵掠如火"，"掠乡分众"，"掠于饶野"，就是大国掠夺小国这一实际情况的反映。

3. 残害无辜，掠民为奴。墨子指出，"好战大国"在

攻伐小国时,"民之格者则劲杀之,不格者则系操而归。丈夫以为仆御胥靡,妇人以为舂酋"(《天志下》)。即被侵略国家的老百姓,若稍有反抗,则予以残害,而不反抗者则用绳索互相拴在一起,像牵牲畜一样掠到本国,迫使他们做奴隶,过牛马般的生活。

4.国家失卒,百姓易务。墨子指出,"好攻伐之国"动辄兴兵"十万",连年战争,弄得"农夫不暇稼穑,妇人不暇纺绩织纴,则是国家失卒,而百姓易务也"。(《非攻下》)即等于使国家失去了劳动力,使老百姓不能务自己的本业。而被迫参与征伐的大国百姓,在千里征途中因饥饿疾病而死者"不可胜数",在战斗中"丧师多不可胜数,丧师尽不可胜计"。即使攻下一个"三里之城","杀人多必数万,寡必数千"。所以这种攻伐掠夺战争,对交战双方的百姓都是巨大的灾难。墨子的结论是:"当若繁为攻伐,此实天下之巨害也。"(《非攻下》)

第二节 救守:主张积极防御

一、入守则固,出诛则强——积极防御的总方针

墨子讲"非攻",但他并不是要反对一切战争。不能把墨子误认作"非暴力论者"或"和平主义者"。实际

上,这种误解在墨子时代就已经存在了。

当墨子向当时的"好攻伐之君"宣传他的"非攻"学说时,那些好战的国君竭力为自己的攻伐掠夺行为辩护,非难墨子说:"子以攻伐为不义,非利物与!昔者禹征有苗、汤伐桀、武王伐纣,此皆立为圣王,是何故也?"这里把墨子的"非攻"解释为"以攻伐为不义",就是一种误解。似乎墨子把一切"攻伐"(战争)都归结为"不义",而加以反对。但这绝不是墨子的观点。墨子的观点一为"非攻",二为"救守"。"非攻"是反对"大攻小、强执弱"(《备城门》),即大国、强国攻伐掠夺小国、弱国。"救守"是"守小国"。《备城门》篇载禽滑厘对墨子说:"吾欲守小国。"《非攻下》载墨子说:"大国之攻小国也,则同救之。"全面表达墨子积极防御战总方针的一句话是:"入守则固,出诛则强。"(《尚贤中》)即坚固设防守御,强力诛讨不义。所以墨子针对"好攻伐之君"的误解,一再辩驳说:"子未察吾言之类,未明其故者也:彼非所谓攻,谓诛也。"(《非攻下》)墨子力主战争分为正义和非正义两类。大国、强国攻伐掠夺小国、弱国为不义,而小国、弱国组织自卫抗击和诛罚敢于入侵的敌寇,则是正义的举动。前者为"攻",后者为"诛",概念类别不同,物情事理有别,不可混淆。

墨子谆谆告诫小国人民积极备战。他说:"备者国之重也；食者国之宝也；兵者国之爪也；城者所以自守也。此三者国之具也。"又说："库无备兵，虽有义不能征无义。城郭不备全，不可以自守。心无备虑，不可以应卒（敌国突然进犯的事件）。"这里再一次明确指出，有了必要的准备，才能用正义的战争来制止非正义的战争，用正义之师征伐诛讨无义之师。

可见，墨子的战争观，包含"非攻"和"救守"这两个相辅相成的方面，不容误解，不可偏废。

二、墨子善守御——一个带军事性的学术团体

墨者在战国时期的特定历史背景下，由任侠尚义而学军救守，组成一个带军事性的学术团体。墨子规定门徒平日过着一种半军事化的生活，衣食住行都有严格制度，受严密组织纪律的约束。墨者平日研究学问，从事各种事业，而一旦战争爆发，可随时拉出几百人，去指挥、组织和参与小国小城的防御战斗，以至于一次战斗可有上百名墨徒牺牲。这在先秦各学派中是独一无二的，构成墨家的一大特色。

（一）由任侠尚义到学军救守

墨者任侠，即以抑强扶弱为己任。正如墨翟大弟子禽滑厘所说："甲兵方起于天下，大攻小，强执弱，吾欲守小国。"(《备城门》)《墨经》特地给出任侠的定义："任，士

损己而益所为也。"(《经上》19)"为身之所恶，以成人之所急。"(《经说上》)任侠精神的特点，是损己以利人，牺牲小我以成全大我，为了社会、国家、集团的利益或急务，可以牺牲自己的一切甚至生命。

墨者尚义，认为"义"是"天下之良宝"，"万事莫贵于义"，一切视听言动都以"义"为指归。而他们所谓"义"，又是天下人的"利"，即为天下"兴利除害"。墨子身先士卒，"自苦而为义"，摩顶放踵利天下而为之。弟子也竞相效法，赴汤蹈火，死不旋踵，似乎个个都是刚强不屈、英武豪爽、见义勇为的侠客义士，不合格者要遭到批评直至斥退、开除。

（二）学射和从军——墨者的军事教育与训练

墨子教育弟子"能谈辩者谈辩，能说书者说书，能从事者从事"。"从事"中包括学军和从军。

墨子少年时代曾学过儒者之业，受孔子之术，精通"六艺之论"(《淮南子·要略》、《主术训》)。这其中就包括学射（射箭）和学习驾车的项目。墨子教学生，也有军事科目。《公孟》篇说："二三子有复于子墨子学射者。"可见墨子平日教弟子有"学射"的课程，篇中记载有已经毕业出去工作的几位弟子，想回墨子学校回炉进修射击课程。不过，他们的申请没有被墨子批准。因为墨子认为他们目前所从事的工作也很重要，"为义"的事业需要大家分工合作，一个人的能力有限，不能既干这又干那。就像一个国家级的优秀战士，不能既打好仗，又兼任好战场救护。这说明墨子教育注重分科和因材施教，但军事科目是墨学的基本科目之一，则是可以断定的。《旗帜》篇说："勒卒中教，解前后、左右，卒劳者更休之。"这是教学生熟悉步兵的基本动作，如向前后、左右转之类，使之合乎教材规定的要领。

墨子的学生要随时准备参军打仗，学生和家属都应有这种思想准备。《鲁问》篇说："鲁人有因子墨子，而学其子者，其子战而死。其父让（责备）子墨子。子墨子曰：'子欲学子之子，今学成矣，战而死，而子愠（发怒），是犹欲粜，粜售（想卖粮食而卖出去了），则愠也，岂不悖哉？'"儿子在墨子学校毕业从军打仗而牺牲，墨子认为是为实现理想事业而死，是死得其所，而烈士的父亲却指责墨子，不该送他儿子去打仗，这是不了解墨子学校的特点和培养目标，自然要受到墨子的批评。《墨经》中说："无说而惧，说在弗必。"（《经下》132）"子在军，不必其死生。闻战，亦不必其死生。前也不惧，今也惧。"（《经说下》）儿子受派遣参军打仗，做父母的不要总是担心他的死活，无端地恐惧。这是墨者对军人家属做思想工作的实录。

(三)赴火蹈刃,死不旋踵——墨徒勇敢精神的培养

墨子门徒英勇果敢。汉初刘邦的谋士和说客陆贾说:"墨子之门多勇士。"(《新语·思务篇》)淮南王刘安说:"墨子服役者百八十人,皆可使赴火蹈刃,死不旋踵。化之所致也。"(《淮南子·泰族训》)这里"化"指教化、教育。墨徒勇猛无畏,为取得防御战的胜利,上刀山,下火海,宁死也不肯后退半步。他们以进死为荣,以退生为辱。这种勇敢精神是墨家老师平日培养、教育和训练的结果。墨子在《修身》篇说:"战虽有阵,而勇为本焉。"战斗要讲究一定的队列阵势,但英勇果敢的精神是最根本的。战争是生死的较量,缺乏勇敢精神就谈不到战争的取胜。《墨经》特地给"勇"下了定义:"勇,志之所以敢也。"(《经上》20)"以其敢于是也命之,不以其不敢于彼也害之。"(《经说下》)勇是人的意志(精神)敢于做某种事情,而同时不敢于做另一事,不妨碍其称之为勇。这说明勇有方向性、选择性,勇敢不是要求什么事都敢做。如有利于人民的事敢做,不利于人民的事就不敢做。

墨者认为,真正的勇敢应该同智慧和道德相配合。因为勇敢要以正确的是非观、价值观为指导,讲究方式和策略。

墨子及其后学跟人辩论过什么叫勇敢。据《耕柱》篇记载:"子墨子谓骆滑厘曰:'吾闻子好勇。'骆滑厘

曰：'然。我闻其乡有勇士焉，吾必从而杀之。'子墨子曰：'天下莫不欲兴其所好，废其所恶。今子闻其乡有勇士焉，必从而杀之。是非好勇也，是恶勇也。'"骆滑厘好称"勇"。但听到本乡还有别人也好勇，他就要去杀人家。这是愚蠢蛮干、暴虐凶残，跟墨者所提倡的勇是两码事。墨子向他指出，真正好勇，应该同时鼓励别人勇敢，而批评怯懦，勇敢并不意谓着自己一个人盲目蛮干。骆滑厘的勇敢，连"兴其所好，废其所恶"这一起码的理智都没有，这不是真正的勇敢，实际上是厌弃勇敢。

又据《太平御览》引墨者胡非子佚文说："胡非子修墨以教。有屈将子好勇，闻墨者非斗，带剑危冠，往见胡非子。劫而问之曰：'将闻先生非斗，而将好勇，有说则可，无说则死。'胡非子曰：'吾闻勇有五等。夫负长剑，赴榛薄，析兕豹、搏熊罴，此猎徒之勇也。负长剑，赴深泉，斩蛟龙、搏鼋鼍，此渔人之勇也。登高陟危，立四望，颜色不变，此陶缶之勇也。剽必刺，视必杀，此五刑之勇也。昔齐桓公以鲁为南境，鲁公忧之，三日不食，曹刿闻之，触齐军，见桓公曰：臣闻君辱臣死，君退师则可，不退，则臣请击颈以血溅君矣。桓公惧，不知所措。管仲乃劝，与之盟而退。夫曹刿匹夫徒步之士，布衣柔履之人也。唯无怒，一怒而劫万乘之师，存千乘之国，此谓君子之勇。勇之贵者也。晏婴匹夫，一怒而沮崔子之乱，亦君子之勇也。五勇不同，公子将何处？'屈将悦，称：'善。'乃解长剑，释危冠，而请为弟子焉。"胡非子学习墨子学说，担任墨者集团的教师，有一个人叫屈将子，生性好斗，平时喜欢别人称颂他勇敢，他把墨子的"非攻"，误认为"非斗"，于是身佩长剑，头戴武士帽，去找胡非子算账，他半路拦住胡非子说："我听说先生非斗。而我喜欢勇敢。你倒是说说为什么要非斗。我听了要是有道理就作罢，要是没道理，就杀了你！"胡非子看得出屈将子是个有勇无谋、没头脑的人，于是很耐心地给他讲解世界上有各种各样的勇敢：有猎人打猎、渔夫捕鱼、陶工取土的勇敢，有杀人犯法的刑徒的勇敢。也有曹刿、晏婴挺身而出、勇赴国难的勇敢。你将挑选哪一种勇敢呢？屈将子对墨者老师论勇敢如此条分缕析，不得不表示叹服，连连点头称是。并且解下长剑，脱掉武士帽，恭请胡非子收自己为徒弟。于是墨者集团又多了一位既懂道理、讲德性，又骁勇善战的斗士。

墨者认为有勇无谋、不讲策略的勇，算不上真正的勇，应该反对，因为这种"勇"对"为义"的整体事业不利。墨子曾对弟子孟山说，王子闾勇敢有余，而智谋不足，算不上仁义。(《鲁问》)可见墨子所提倡的勇敢，是跟智慧和道德相结合的。

墨子和禽滑厘实际上是古代防御战中智勇双全、文武兼备的将帅之才。墨者之师以身作则，身先士卒，坚持勇敢精神的教育，培养出一代又一代勇猛果敢的门徒，他们在古代城池防御战中发挥了骨干中坚的作用。

（四）"善守"和"墨守"

司马迁著《史记》，虽未给墨子立传，但在《孟子荀卿列传》中附言墨子二十四字，其中称墨子"善守御"。墨翟早就以"善守"闻名。战国时齐说客鲁仲连曾写信劝燕将撤离聊城之守，说："今公又以弊聊之民，距全齐之兵，期年不解，是墨翟之守也。"（《战国策·齐策六》）可见战国时已有"墨翟之守"成语流传。后来，"墨翟之守"和"墨子善守"又被简化为"墨守"一词，而"墨守"又与"善守"同义。东汉经学家何休（129—182）著书取名《公羊墨守》，意为《春秋公羊传》义理深远，不可驳难，就像墨子的守城一样。郑玄（127—200）著《发墨守》，反驳何休。（见《后汉书·郑玄传》）明清之际思想家黄宗羲（1610—1695）有"未尝墨守一家"一语（《钱退山诗文·序》）。广为流传的"墨守成规"这个成语，撇开其中固执不知改变的贬义不说，所谓"墨守"也是取"墨子善守"的意思。

三、积极防御战的经典——《墨子》城守各篇的价值

今本《墨子》书中自《备城门》至《杂守》共十一

篇，因专讲守城问题，所以一般称之为"《墨子》城守诸篇"。据孙诒让考证，除这十一篇之外，应有《备钩》、《备冲》、《备堙》、《备空洞》、《备轒辒》、《备轩车》等六篇已佚，另有四篇篇名已不可考。也就是说，《墨子》城守诸篇本共应有二十一篇，现已亡十篇，仅存十一篇。

《墨子》城守各篇，是刘向看到的先秦留传下来的本子。西汉成帝刘骜于河平三年（前26）令光禄大夫刘向整理经传、诸子等书，包括《墨子》在内。《汉书·艺文志》的《诸子略》著录《墨子》七十一篇，其中包括上述城守各篇，同书《兵书略》载"兵技巧十三家，百九十九篇"，班固自注："省《墨子》，重。"所谓跟"兵技巧家"、"重"的《墨子》，就是指这些讲守城技术的篇章。班固说："兵技巧者，习手足，便器械，积机关，以立攻守之备者也。"这里对"兵技巧"的定义，正适合《墨子》城守各篇的情况。因为这些篇章确曾研究了军队的培养训练、守城器械的设计制造、防守工程构筑和技巧关节的设置，建立了积极防御战的守备学说体系。

至于城守各篇的作者，笔者认为是墨子和禽滑厘弟子的作品，即墨子的一传或再传弟子（通常说墨子后学或后期墨家，或用墨家自己的称呼叫"墨者"）记述墨子和禽滑厘的思想。因为这些篇中不仅称"子墨子"，也称"禽滑厘子"或"禽子"。禽滑厘也称"子"，这正是

禽滑厘的学生即墨子再传弟子记载的痕迹。为醒目起见,将各篇称"子墨子"或"禽子"("禽滑厘子")的次数列表如下:

篇名	备城门	备高临	备梯	备穴	备蚁附	杂守	共计
称墨子次数	4	1	5	1	1	1	13
称禽子次数	2	1	5	1	1	2	12

总之,《墨子》城守各篇,是后期墨家记述其师墨子、禽滑厘军事思想的著作,其中有可能融入后期墨家的思想,而对师说有所发挥,但其为先秦墨家的著作则是可以肯定的。①

《墨子》城守各篇的特色,是反映小国小城人民积极防御战争的规律。它透过守城战斗的军队编制、武器装备、工程构筑和战斗过程,论述了积极防御的战略战术。而这正是此书在中国军事学史上的特殊价值所在。从这个意义上说,《墨子》城守各篇是中国古代难得的讨论积极防御战的经典。它跟主要讨论大国进攻战规律的《孙子兵法》,恰成古代军事学说中的双璧,二者相辅相成,互为补充,因此应该受到同等程度的重视。毋宁说,墨家积极防御的军事学说,在当代中国和世界,具有更为特殊的现

---

① 杨宽:《战国史》,上海人民出版社1980年版,第9页。

实意义，应该给予更多的关注。因为从本质上说，人民要想保住自己的劳动成果与和平生活，就只有决心实施积极防御的战略战术。从这个观点看，墨家积极防御战的军事思想能够对我们有许多启示。而以往我们对它的研究相对来说显得不足。

第三节　由止楚攻宋到劝卫蓄士：为非攻救守而游说

为了实行积极防御的战略方针，墨子尽心竭力，进行了许多游说活动，在当时产生重大影响。

一、禽滑厘率众守城待楚寇，墨子巧词辩胜退楚兵——墨子止楚攻宋的故事

止楚攻宋是墨子积极防御战中游说活动的典型事例。

公元前440年的某一天，墨子听到了鲁班帮助楚国造好了云梯，准备攻打宋国。他一方面派禽滑厘率弟子三百人，携带守城器械，在宋城上严阵以待，一方面亲自出马，从鲁国启程，走了十天十夜到达楚都郢，找到鲁班进行游说。

鲁班看见早已熟悉的北方大学者墨翟风尘仆仆，不远千里而来，便问道："先生有什么见教？"

墨子说:"北方有人侮辱了我,想请你去杀了他。"其实这不过是墨子为说服鲁班所预设的计策,目的是引出他早已准备好了的一篇军事游说词。但是鲁班却信以为真,脸上露出不高兴的神色。

墨子又说:"那么,我送你二百两金子!"

鲁班于是表白说:"我讲仁义从来不杀人!"

墨子听到鲁班说出这句话,心中暗自高兴。于是起身再拜说:"请允许我再说几句话。我在北方,听说你造了云梯,要去攻打宋国。宋国有什么罪要被攻打?楚国土地有余,而人民不足。杀自己所不足的,而争自己所有余的,这不能说是聪明。宋国没有罪而要去攻打,这不能说合乎仁义。你要是明白了这番道理,而不到楚王面前去力争,这不能说是忠诚。力争了而没有效果,这不能说你本领大。你说讲仁义从来不杀一个人,而你却帮助楚国去杀许多无辜的宋国人,这不能说你明白事类情理。"

这一番话把鲁班说得理亏心虚,无言以对,不得已只好连连点头称是。墨子于是说:"那么,你为什么不赶快停止攻打宋国的准备呢?"

鲁班说:"不行,因为我已经跟楚王说好了,要去攻打的。"

墨子说:"为什么不赶紧带我去见楚王!"

鲁班说:"好吧!"

墨子见到楚王，打比方说："假如有一个人，不坐自己的豪华轿车，却想偷邻居的破车；不穿自己的锦绣衣服，却想偷邻居的粗布短袄；不吃自己的精米肉食，却想偷邻居的糠糟饭。这算是什么人呢？"

楚王说："这一定是有偷窃病了！"

墨子进一步说："楚国地方有五千里，宋国地方才五百里，这就好比是豪华轿车和破车。楚国有高大好看的松、梓、楠木，宋国连一棵像样的大树都没有，这就好比锦绣衣服和粗布短袄。楚国有云梦大泽，犀兕麋鹿满盈，长江汉水的鱼鳖鼋鼍富冠天下，宋国连雉兔狐狸也没有，这就好比精米肉食与糟糠饭。从这三个比方来看，楚国要去攻打宋国，就跟这个犯偷窃病的人是一类了，我看大王一定会丧尽天良而达不到目的。"

楚王听了墨子这一番宏论，道："说得很好！可是，鲁班已经为我造好了云梯，一定要把宋国攻下来。"

于是墨子解下腰带比作宋城，用木片代表墨子的守城器械，跟鲁班模拟攻城、守城的战斗。鲁班九次改变攻城的器械和战法，被墨子打败九次。鲁班攻城的器械用尽了，墨子设计的守城器械还远未用完。于是鲁班认输了。

但是鲁班灵机一动，想把墨子暗中杀掉，以为这样攻宋就有把握了。于是说："我有了对付你的办法，但是我不说。"

墨子看透了鲁班的心思，说："我知道你打算怎样来对付我了，但是我不说。"

楚王没有听懂鲁班和墨子说话的意思，于是问他们究竟打的是什么哑谜。墨子说："鲁班的意思，不过是想杀我，以为杀了我，宋国守不住，就可以攻下来了。但是我告诉你们，我早已布置禽滑厘率领三百个弟子，拿着我的守城器械，在宋城上等待楚寇来犯呢！你们即使把我杀了，墨子的事业还后继有人！"

楚王说："好吧！我下命令不去攻打宋国了。"

墨子的这篇游说词机智巧妙，词锋犀利，逻辑严谨，大义凛然，令人回味无穷。它为诸多古籍所记载，为千古所传诵。

在墨子止楚攻宋这一故事前后，还有一些富有鲜明戏剧性的情节：首先是墨子肩挎小包袱，脚蹬草鞋，风尘仆仆赶路的形象。据《吕氏春秋·爱类》记载墨子"自鲁往，裂裳裹足，日夜不休，十日十夜而至于郢"。《战国策·宋策》说墨子"百舍重茧"（又见《淮南子·修务训》）。晋葛洪《神仙传》说墨子"脚坏，裂裳裹足"，等等。墨子在赶路中，草鞋走烂了，脚磨破了，从衣服上撕下一片布裹着脚继续走。在当时的交通条件下，墨子只身一人，用十天工夫，走完从鲁国（今山东境内）到楚都郢（今湖北江陵）的上千里路程，其艰难困苦可想而知，墨子积极救世、舍身济难的精神跃然纸上，令人感动。但是，当墨子游说成功，归而过宋时，由于他穿着朴素，平易近人，跟普通百姓无异，以至于使守街门的戍卒，认不出他就是这一场威武雄壮的宋城防御战的真正组织者，是宋国人的大救星，再加上戒严令还没有解除①，竟使墨子找不到一个合适的避雨场所。这就引出记述墨子止楚攻宋故事的墨子后学的一番评论和感叹："治于神者，众人不知其功。争于明者，众人知之。"（《公输》）墨子虽暂时被人误解，疑其为间谍而不许他进街避雨，但他的伟大精神和人格，毕竟是感天地而泣鬼神的。

二、崇贤圣聆听教诲，罢攻郑幡然悔悟——墨子游说鲁阳文君

鲁阳文君是楚惠王时的封君，封邑鲁阳（今河南省鲁山县附近）。他平时仰慕墨子的学识，跟墨子有较多交往。在墨子止楚攻宋的第二年，即公元前439年，墨子曾专程到楚国，向楚惠王奉献自己的著作。墨子观察惠王并不准备实行自己的学说，于是决意离去。在离去时墨子想

---

① 墨者规定在守城戒严期间，"吏、卒、民无符节而擅入里巷，守闾者失苛止（盘查，制止），皆断（追究责任）"。"巷街必为之门，门二人守之，非有信符勿行。不从令者斩。"（见《号令》、《旗帜》）

再见一次惠王，惠王说自己老了，派大臣穆贺接见墨子。鲁阳文君对惠王说："墨子是北方贤圣人，君王不见，不礼貌，别人会说我们慢待知识分子了。"惠王让鲁阳文君追回墨子，想封给他一块地方，让他留在楚国做封君。墨子毅然"不受而去"。

鲁阳文君是楚王室后裔，为楚平王（前528—前516年在位）的孙子，司马子期之子，是楚国较早的封君，跟楚惠王、墨子是同代人。鲁阳文君自恃楚国强大，对相邻的郑国有兼并的意图。墨子尽管对鲁阳文君友善，但对他的侵略意图却旗帜鲜明地反对，不断向他游说"非攻"的道理。

《鲁问》篇记载："鲁阳文君将攻郑，子墨子闻而止之。"鲁阳文君计划好要去攻打郑国，墨子听到了，专程去制止他。郑国是比宋国还小的诸侯国，战国前期占有河南省中部郑州市附近一片地方。墨子按照自己"非攻"的学说，多次对他进行游说。

墨子对鲁阳文君说："假如有一个人，家里放着吃不完的精米肉食，而看见邻居做面饼，却千方百计窃来吃。不知他是由于生计无着，还是由于有偷窃病呢？"

鲁阳文君说："有偷窃病。"

墨子说："楚国四境之内，荒芜的空地辟之不可胜辟，看见宋、郑两国间的空地，却千方百计想去占据，这跟那个偷大饼的人有什么区别呢?"

鲁阳文君说:"没有什么区别,也算是有偷窃病了。"(《耕柱》)

墨子对鲁阳文君的认识提高分析说:"世俗之君子,皆知小物而不知大物。窃一犬一彘,则谓之不仁,窃一国一都,则以为义,譬犹小视白谓之白,大视白则谓之黑。"(《鲁问》)这是用归谬式的类比推理,由"勿偷盗"的道德原则来引申论证"勿攻伐"的政治命题。因为墨子把"偷盗"和"攻伐"都同样看作"不仁义"的一类,二者有共同点。而墨子认为鲁阳文君以强大的楚国为后盾,攻掠弱小的郑国,就如偷大饼、窃猪狗一样为"不仁义",且更有过之而无不及。

此外,墨子还用生产的观点告诫鲁阳文君:"今大国之攻小国也,(被)攻者农夫不得耕,妇人不得织,以守为事。攻人者亦农夫不得耕,妇人不得织,以攻为事。"(《耕柱》)即大国攻伐小国的战争,使交战双方的老百姓都不能正常进行生产,无法安居乐业。

由于鲁阳文君仰慕墨子的学识和人格,所以他就听从了墨子的告诫,改变了攻郑的打算。鲁阳文君回答墨子说:"然。吾以子之言观之,则天下之所谓可者,未必然也。"正可以说是:崇圣贤聆听教诲,罢攻郑幡然悔悟。不过在战国时期大国兼并小国的总趋势中,郑国不久还是为韩国所灭（前375）。

三、过必反于国，孰将受不祥——墨子游说齐将领和齐太公

墨子居于鲁，并且绝大部分时间在鲁国从事学术活动，自然对鲁国有特殊的爱恋之情。但鲁国是一个小国，春秋时占有今山东泰安以南汶、泗、沂、沭水流域地方，春秋后期国势衰落，战国前期不断受北方大国齐国攻掠。如公元前412年，齐攻占鲁的葛和安陵。次年，齐又伐鲁，占领鲁的城市。公元前408年，齐攻取鲁的"郕"地。前394年，齐占领鲁"最"地。公元前385年，齐攻鲁，鲁失利，使鲁国的地盘缩减到今山东费县和曲阜周围一小块地方。所以墨子在《非攻下》点名批评"今天好战之国"，齐居其首（《节葬下》）；点名批评北方"攻伐并兼"的大国，齐占其先。可见墨子对齐国有较充分的认识。为了存鲁抗齐，墨子曾多次游齐，劝说齐国将领和上层贵族，宣传其"非攻"的学说。

墨子为了节制齐将领项子牛对鲁国的侵略行径，曾特地指派弟子胜绰去做项子牛的侍从。但胜绰接受了项子牛的厚禄，并支持、纵容项子牛对鲁国的攻掠。于是墨子把胜绰请退，并给予严厉的批评。（《鲁问》）有一次，墨子听说齐将项子牛要率兵伐鲁，于是亲自出马游说项子牛。墨子对项子牛说：

> 伐鲁，齐之大过也。
>
> 昔者吴王东伐越，栖诸会稽。西伐楚，堡昭王于随。北伐齐，取国子（齐将国书）以归于吴。诸侯报其仇，百姓苦其劳，而弗为用。是以国为虚厉（败亡），身为刑戮也。
>
> 昔者智伯伐范氏与中行氏，兼三晋之地，诸侯报其仇，百姓苦其劳，而弗为用，是以国为虚厉，身为刑戮也。
>
> 故大国之攻小国也，是交相贼（害）也，过必反于国。（《鲁问》）

这篇游说词是用形式逻辑的归纳法，援引历史经验，证明齐伐鲁是犯了大错误。这篇游说词的意思在《非攻中》篇有更详细的展开。墨子并引古语，做出结论说："君子不镜于水，而镜于人。镜于水，见面之容。镜于人，则知吉与凶。今以攻战为利，则何尝鉴之于智伯之事乎？此其为不吉而凶，既可得而知矣。"（《非攻中》）前事不忘，后事之师。墨子充分运用因好战而导致灭亡的吴国和智伯的教训，分析齐国自恃其大而频繁攻伐鲁这个小国，必然会弄得失道寡助，百姓离叛，等于玩火自焚，搬石头砸自己的脚，本想害人却害了自己。这就是"过必反于国"（攻伐的过错和危害反于自身）这个命题的含义。

墨子还找到齐太公田和，对他进行游说。

墨子说："现在有一把刀，用它来砍人，以检验它锋利不锋利。假如被试者人头猝然落地，这算是锋利吗？"

齐太公说："锋利！"

墨子又说："用它砍许多人，人头都猝然落地，这刀算是锋利吗？"

齐太公说："当然锋利！"

墨子问："刀是锋利，但谁应该承担杀人的责任呢？"

齐太公说："刀被证明是锋利的，但试刀的人应该承担杀人的责任。"

墨子进而问："并国覆军，贼杀百姓，孰将受其不祥？"（即齐国兼并鲁国地方，打败鲁国军队，杀害鲁国百姓，谁应该承担这无道不义的责任。）

齐太公低头、抬头想了一会儿，说："我受其不祥。"在墨子大义凛然、振振有词的辩驳下，齐太公田和终于自认齐伐鲁的罪责应该由自己承担。墨子这些游说词的思想与辩技，跟他对鲁班和楚王的游说词一脉相承、如出一辙。

四、强国如林求生存,整军备武立宏志——墨子游说卫卿公良桓子

卫国占有今河南、山东省北部一地,比宋国和鲁国还小。其四周与"好战大国"齐、晋为邻,不断受到齐、晋的攻掠。但卫国上层统治者骄奢淫逸,不思危图强。墨子从他非攻救守的学说出发,游说卫国上层统治者,对他们分析在强国如林的形势下,为求生存,应该立宏志节欲备武,整训军队,不然就难免迅速灭亡的命运。墨子曾先派弟子高石子到卫国游说,没有取得预期效果。(《耕柱》)于是坐着大车,车箱中装载了许多书籍,亲自再到卫国游说。他对卫国卿大夫公良桓子说:

> 卫,小国也。处于齐、晋之间,犹贫家之处于富家之间也,贫家而学富家之衣食多用,则速亡必矣。今阅子之家,饰车数百乘,马食菽粟者数百匹,妇人衣文绣者数百人,若取饰车、食马之费,与绣衣之财以蓄士(训练军队),必千人有余。若有患难,则使数百人处于前,数百人处于后,与妇人数百人处前后,孰安?吾以为不若蓄士之安也。(《贵义》)

卫国上层统治者生活侈靡淫乱。一个卿大夫家就有穿锦绣

衣服的姬妾数百人，有豪华轿车数百辆，吃粮食养肥的马数百匹，整个上层的腐败可想而知。墨子劝卫国改革政治应该从节欲尚俭、整军备武入手，这样才能长治久安，不至于"速亡"。但是墨子的游说，也没有取得预期效果，于是卫这个小国也就在四周强国的不断攻掠下衰落败亡了。

第四节　举全城之民皆兵：
　　　　防御战中的军队编制

一、军事形势和战略任务

在墨者所处时代，散布在中华大地上的各大诸侯国不断争城夺地，战争频繁。墨子时齐、晋、楚、越四大国对峙，形成四分天下局面（《非攻》中、下，《节葬下》），后又形成楚、越、齐、赵、魏、韩、燕、秦八国争霸。越衰亡后，余下七强并立，即所谓"战国七雄"。而夹在其间的宋、郑、鲁、卫等小国，则成为大国蚕食兼并的对象，可谓"弱肉强食"，备受攻掠残害之苦。正如史学家司马迁所说："自是之后，天下争于战国。""有国强者，或并群小以臣诸侯。而弱国或绝祀而灭世。"（《史记·平准书》）

在这种"大攻小、强执弱"的军事形势下，墨者取

"守小国"的立场(《备城门》)。其战略任务是最大限度地利用小国的人力、物力,从而最大限度地消灭敌人的有生力量,以争取小国小城防御战的胜利。即墨子所谓"入守则固,出诛则强","为世除害,兴师诛罚"。(《尚贤中》、《非儒》)

为实现这一积极防御的战略任务,墨者相应地规定了一系列关于军队编制的方针、原则,其实质是充分发挥小国小城人民的主观能动性,调动一切可以调动的积极因素,最大限度地动员、组织民众参与防御战争,以感天动地的大无畏英勇精神,坚守胜围,诛讨强贼。这是颇具特色的积极防御战的军队编制思想。

二、最广泛的抗敌守城统一战线——墨者对人力的重视

墨子非命尚力,反对儒者宣扬的命定论,主张发挥人民奋斗的力量。他常说:"夫岂可以为命哉?固以为其力也。"(《非命下》)后期墨家崇尚朴素唯物论,但也主张充分发挥人力的作用。如《墨经》中说:

> 且然不可止,而不害用功(人力),说在宜。(《经下》151)
> 宜犹是也。且然必然,且已必已。且用功而后然

者，必用功而后然。且用功而后已者，必用功而后已。(《经说下》，据曹耀湘、高亨校)

人在某种无法改变的趋势面前，不能有无所作为的消极思想，应该充分发挥人力的作用，趋利避害，把利益争取到最大，把祸害排除到最小。"宜"是符合原则、标准("是"即正确、合标准)。

例如，在敌人大军压境时，是拱手让出城池、乖乖投降呢？还是组织人民，把力量发挥到极致，誓死守卫城池呢？墨者的方针是后者。

墨者所面临的战略形势是敌众我寡，敌强我弱。墨子所守之城的规模是"率万家而城方三里"(《杂守》)。《非攻中》说："今攻三里之城，七里之郭。"也就是战国时人说的"千丈之城，万家之邑"。(《战国策·赵策三》赵奢语)一万户的城一般有数万人口。而敌方进攻的力量呢？其规模有"十万之众"。墨子在《非攻下》说："今观好攻伐之国，徒十万，然后足以师而动也。"《备城门》述敌我力量对比也说："客(指敌)攻以队，十万之众。"无独有偶，在反映大国进攻战规律的《孙子兵法》中也屡言这种规模的野战军的调动。其《作战篇》说"凡用兵之法"，"带兵十万"，"日费千金，然后十万之师举矣"。《用间篇》说："凡兴师十万，出征千里。"《孙子兵法》中正面阐述的情况和墨子在批判中所说的情况是一致的。综上所述，攻者为强国、大国，拥十万之兵；守者为弱国、小国，止万家之民。这就是墨者所分析的攻守双方力量对比的形势，也恰恰反映了当时进攻和防御战的一般情况，很有典型性。

面对敌强我弱、敌众我寡的战略形势，墨者认为应该结成最广泛的抗战守城统一战线，把小城人民保家卫国的积极性充分调动起来。

（一）男女老少齐动员

1.举全城之民皆兵。一万户居民的小城，要抵挡十万敌军的进攻，怎样组织守城的军队呢？《备城门》篇说：

> 客（指敌方）攻以队，十万之众，攻无过四队者。上术广五百步，中术三百步，下术百五十步，诸不足百五十步者主人（指守方）利而客病。广五百步之队，丈夫千人，丁女二千人，老小千人，凡四千人足以应之，此守术之数也。使老小不事者，守于城上不当术（攻道）者。

在这一种战斗部署中，就用到守军四千人（含男壮丁千人，女壮丁二千人，老人小孩千人）。在这四千人队伍组成中，男壮丁为什么比女壮丁少千人呢？这是由于预备队、突击队、敢死队和各级军事长官的卫队以及各种技术兵种等，需由这些男壮丁担任。即墨者所谓"穴师"（指挥挖坑道的技师）、"陶者"（制陶技工）、"司橐事者"（操作鼓风设备的技工）以及"勇士"、"贲士"、"死士"、"才士"、"有力者"、"案目者"、"有方技者"等（散见城守各篇）。除这四千守军外，还有其他安排，如"守法：五十步丈夫十人，丁女二十人，老小十人计之，五十步四十人。（孙诒让说这是指城下）城上楼卒率一步一人，二十步二十人。城小大以此率之，乃足以守御"。按这种"守法"计算，一个"万家之邑，千丈之城"需守军三千多人。此外，还有城内各处守卫、巡逻，各种后勤保障人员，以及考虑倒班轮换等因素，如果不把全城居民都动员起来，实行"举全城之民皆兵"的方针，是不能胜任的。

2. 妇女尚如此，男子安可逢？——妇女的动员和女兵的运用。广泛组织妇女参战，是墨者组织的积极防御战的一个特色。《号令》篇说："女子到大军，男子行左，女子行右。"几千名青壮年妇女，听到集合的鼓声，一齐放下自己手中的活计，从各家各户出来，拥到城上岗位去报到。既要速度快，又要有秩序，于是要求男左女右，分道而行。《号令》篇又说："丁女子，老少，人一矛。"女兵和男兵一样手持武器直接参与战斗。《旗帜》篇说："守城之法：女子为姊妹之旗。"女兵军团有特殊军旗标志。又说"男女皆辨异衣章徽,令男女可知"。男女兵各着不同制式的军装,佩带不同的臂章徽记,使男女兵易于分辨。这是为了便于管理和严肃军容风纪。女子作战英勇,同男兵一样受到赏赐,如"赐钱",给予免征租税、徭役的优待等。《备穴》篇说:"诸作穴者五十人,男、女相半。"连坑道兵组成也要男、女各一半,可见在防御战中妇女处处显示了"半边天"的作用。

3. 老少有所用,各人尽其力。——老人和儿童的动员。战国时代男子服兵役年龄从十五至六十岁。上文说四千守城军中有"老少千人","老"指六十岁以上老人,"少"指十五岁以下儿童。《旗帜》篇说"五尺童子为童旗"。古代"五尺"指十四五岁成童,即所谓"五尺竖子"(《荀子·仲尼》)、"童五尺"(《管子·乘马篇》)。儿童团有专用军旗,旗上画一儿童形象。以此类推,老人的军旗大概是画一老人形象。《旗帜》:"凡所求索,旗名不在书者,皆以其形名(形状名称)为旗。"

《号令》篇说:"里中父老不与守之事及会计者,分里以为四部,部一长,以苛(盘查)往来。不以时行,行而有他异者,以得其奸。"住在街道上的老人没有参与守城部队及后勤工作的,组织他们担任巡逻、联防队员,其任务是盘查往来行人,发现可疑分子及时报告,以防奸细混入城内。

《杂守》篇说:"睨(审观)小五尺不可卒者,为署吏,令给事官府与舍。"观察十五岁以下儿童不能参加守城部队的,组织他们在官府长官住处服杂役。

在小城保卫战中,连老人、儿童都做了这样彻底的发动,恐怕在城内就不会有一个闲人了。

(二)各行各业用所长

墨者主张在守城战斗中,对各阶层、各行业和各种有一技之长的人都做彻底动员,用其所长,各有分职,全部纳入战时体制,按军队的组织形式加以编制。他们说:

> 收贤大夫及有方技者与工,第之(加以编制,使各有统属)。举屠(屠夫)、沽者(卖酒商人)置厨给事(给军队办理炊事),第之。凡守城之法:百官供财(有钱出钱),百工即事(有力出力),士皆有职(人人有事干)。(《迎敌祠》)

就是说把各级官吏和各种有一技之长的人、手工业工匠等,都编制起来,使他们明白自己的上下级关系。让屠夫、卖酒商人给军队操办伙食。各级官吏提供财力,各种工匠提供人力、技术,知识分子也都分配一定职务。又如《备城门》篇说:

> 敌人为穴而来，我急使穴师选士，迎而穴之，为之具内弩以应之。

"穴师"是精于挖洞穴、坑道的技师。《备穴》篇说："令陶者为瓦窦"，"疾鼓橐熏之，必令明习橐事者勿离灶口"。这里"陶者"，是指制陶技工。"明习橐事者"，是指熟练的冶金属鼓风技工。这意味着在战时组织各种手工业技工、技师利用其专业特长，使之参与军事工程设施的构筑和各种特殊战斗方式的实行。

（三）结成最广泛的抗敌守城统一战线

《杂守》篇说：

> 有谗人（爱讲别人坏话的人）、有利人（爱替别人做好事的人）、有恶人（品德不好的人）、有善人（乐善好施的人）、有长人（高个子）、有谋士（善于谋划的人）、有勇士（勇敢的人）、有巧士（手巧的人）、有死士（不怕死的人）、有内人者（城内老住户）、外人者（外来的人）、有善爱人者（好心眼的人）、有善斗人者（好斗分子），守（指郡守，一郡之长，也是守城战斗的总指挥）必察其所以然者，应名以纳之。使人各得其所长，天下事当。均其分职，天下事得。皆其所喜，天下事备。强弱有数，天下事

具矣。

这里的意思是，在守城战斗的非常时期，当权者应采取开明宽容的用人方针，调动一切积极因素，尽力化消极因素为积极因素，最大限度地团结一切可以参加守城战斗的人员，结成最广泛的抗敌统一战线。在一个拥有数万人的郡级城市中，各阶层，各行业，三教九流，各色人等，无所不有。平时乐善好施、乐于助人者，善于出谋划策的人，心灵手巧的人，勇猛无畏的人，侠客义士等，自然各有所用。高个子、"有力者"（力气大的人，见《备城门》等篇）、"案目者"（能够目不转睛、盯着看的人，见《备梯》）、"聪耳者"（耳朵灵的人，见《备穴》）等，也各有特殊用场。即使平时爱说别人坏话的人，品行不端的人，爱打架斗殴的人等，只要参加守城战斗，改过自新，则无不欢迎。外来不久的新住户，与老居民一律对待，不予歧视。一言以蔽之，凡参加守城战斗的人，不计较他的出身、经历、品质、行业、才能等区别，一视同仁，皆予收纳，各分配给一定的工作，发挥他们的长处，使每一个人都在守城战斗的事业中找到适合于自己的位置。所谓"使人各得其所长"、"均其分职"、"皆其所喜"、"强弱有数"，然后"天下事当、得、备、具"，说的是每一个人都为守城战斗做贡献，都跟守城的事业相联系，结成最广泛的抗敌守城统一战线。做到了这一点，守城这件大事就有了人力的保证。

除此之外，墨者还注意到团结内部，争取外援，瓦解敌人，优待间谍的工作，目的是为了扩大守城的统一战线。《备城门》说："上下相亲"，"吏民和"、"主信以义，万民乐之无穷"。《号令》说："诸有怨仇不相解者，召其人为之解之。"这是团结内部的工作。《备城门》说："得四邻诸侯之救。"《号令》说："豪杰之外多交诸侯。"这是争取外援的工作。又说："守入城，先以候为始，得辄宫养之，勿令知吾守卫之备。候者为异宫，父母、妻子皆同其宫，赐衣食、酒肉，信吏善待之。"这是优待敌方间谍，意在瓦解敌人，化消极因素为积极因素，使之有利于守城一方。

三、严密组织、井然有序——军队的编成和编制

《墨子》城守各篇讨论了守城部队的编成和编制。其自下而上的隶属关系依次为：士卒、伍长、什长、佰长、尉、将帅、郡守，显得组织严密、井然有序。

伍长、什长和佰长是部队的下级军官。《迎敌祠》篇说："城上步一甲、一戟，其赞（佐）三人。五步有伍长，十步有什长，百步有佰长。"城上守军的编制，是每五步（一步是六尺）有一人带甲，一人持戟，三人辅佐，设伍

长一人（管辖五人）。每十步设什长一人（管辖十人）。每百步设佰长一人（管辖一百人）。

尉是部队的中级军官。《备城门》篇说："百步一亭，垣高丈四尺，厚四尺，为闺门两扇，令各可以自闭。亭一尉。尉必取有后重忠信可任事者。"又说："城上四隅，四尉舍焉。"《旗帜》篇说："亭尉各为帜，杆长二丈五，帛长丈五，广半幅者六。"城上每一百步和城的四角，设置守望亭台，并有一尉官管辖。尉从烈士遗属中选拔忠诚能干的人担任。每一尉官配置六面军旗，作为指挥战斗的信号。（《旗帜》）

将帅是部队的高级军官。《迎敌祠》篇说："旁有大帅，中有大将。"《号令》篇说："守城将营无下三百人。四面四门之将，必选择有功劳之臣及死事之后重者，从卒各百人。"镇守城堡四面、四门的将帅，每人手下直接统领的常备兵不下三百人，并各有卫队战士百人。将帅从有功劳的官员和烈士的后代中选拔。《号令》篇说："令将自卫，筑十尺之垣，周环墙。""将出而还（若行县），必使信人先诚舍，室乃出迎，闻守，乃入舍。"将官筑高墙自卫。将官出外巡视返回，先派人告诫家属迎接，并且报告郡守之后才返回。这说明将帅还要服从郡守的统属。

郡守是一郡的行政和军事首长，它通常由武官充任。战时郡守是一郡防御战的最高指挥官、城池保卫战中的主将,相当于城防司令、卫戍司令,被尊称为"太守",简称为"守"。"守"的本意为防守、守御,从这个称呼可见这个职务的军事性质。郡守的住所和办公处被称为楼、堂、宫,有特殊建制和保卫、保密设施。郡守的官署建在城市中心部位高大夯土台基上,居高临下,四周有通道,多重围墙,有岗楼、哨位、窥视孔。其建筑上边能看见下边,下边看不见上边,不知上边有没有人。郡守在厅堂中接待客人,而客人则等待他的接见。郡守不轻易离开住宅在城内走动。《号令》篇说:"守堂下为大楼,高临城,堂下周散道,中应客,客待见。""守无行城,无离舍。""守楼临质宫,而善周,必密涂楼,令下无见上,上见下,下无知上有人,无人。""守宫三匝(围墙),外环隅为之楼(岗楼),内环为楼(守楼)。""环守宫之街衢,置夹道,各垣其两旁,高丈,为俾倪(窥视孔)。"设专人给郡守报告情况,郡守把各方情况加以比较参验,做出决定。《号令》篇说:"守堂下高楼候者,望见乘车与骑卒道外来者,及城中非常者,辄言之守。守以须(待)城上候城门及邑吏来告其事者以验之。楼下人受候者言,以报守。"城门、里门开闭须凭郡守的符节。《号令》:"门有吏,主诸门里关闭必须太守之节。"郡守须做好各方人士的团结工作,不使其妨碍守城。《号令》篇说:"守入临城,必谨问父老、吏大夫诸有怨仇不相解者,召其人明白为之解之。"郡守须派人或亲自慰问抚恤死伤者家属,使他们把仇恨集中在敌人身上,以激发保家卫国的意志。《号令》篇说:"守使吏身行死伤家,临户而悲哀之。""寇去,事已,守以令益邑中豪杰力斗诸有功者,必身行死伤者家以吊哀之,身见死事之后(烈士家属)。城围罢,主急发使者往劳,举有功及死伤者数授爵禄,守身尊宠,明白贵之,令其结怨于敌。"所有这些,都显示郡守在防御战中的领导和指挥地位。

墨者所谈到的这种防御战中的军队编制情况,局限于一个郡级城市的范围,很接近于一些战争战役和战斗的实录。这是墨者参与组织和指挥的宋、鲁等小国小城保卫战军队组织情况的写照。

四、异衣章徽,旗语信号——着装标志和通讯联络

(一)军装和徽章

为保证军队编制的集中统一和军队行动的迅速准确,墨者指出官兵、兵民、男女以及不同的军阶和军团,应有不同的着装与徽章。

《旗帜》说:"城中吏、卒、民、男、女皆辨异衣章徽,令男、女可知。城上吏置之背,卒于头上。城下吏、卒置之肩。左军于左肩,右军于右肩,中军置之胸。各一。"官吏、战士、老百姓、男人和女人穿不同的衣服,

佩带不同的徽章。特地提出男、女有别，要让人一望而知。每个军人、官吏佩带一枚徽章，并按城上和城下，官吏和老百姓，左、中、右军的区别，系于不同部位。这是说的着装标志（异衣章徽）。

（二）军旗和旗语

《旗帜》篇又说："城将为绛帜，长五十尺。四面四门将长四十尺。其次，三十尺。其次，二十五尺。其次，二十尺。其次，十五尺。高无下十五尺。""亭尉各为帜，杆长二丈五，帛长丈五，广半幅者六。"这是规定不同等级的军官有不同制别的旗帜（按颜色、大小分）。同篇还指出："守城之法：木为苍旗，火为赤旗，薪樵为黄旗，石为白旗，水为黑旗，食为菌旗，死士（敢死队员）为仓鹰之旗，劲士（大力士）为虎旗。多卒为双兔之旗。五尺童子为童旗，女子为姊妹之旗，弩为狗旗，戟为旌旗，剑、盾为羽旗，车为龙旗，骑为鸟旗。凡所求索，旗名不在书者，皆以其形名（形状和名称）为旗。城上举旗，备具之官（管后勤保障的官员）致财物，物足而下旗。""五兵各有旗"即用不同颜色、标记的旗帜分别代表不同的人或物。城上需要哪种人力、物力，就悬挂或挥动不同式样、颜色的旗帜。需求满足，就放下旗帜。这是用旗语信号作为通讯联络的方式，用以下达简短命令，保障协同动作。

（三）通讯员

《号令》篇说："传言者十步一人，稽留言及乏传者断。诸可以便事者急以疏传言守。吏、卒、民欲言事者，急为传言情，吏稽留不言情者断。""传言者"是通讯员，规定十步即六十尺设置一人。如果把该传递的讯息无故延迟或不传，要受刑罚。有好建议应该迅速用信件传递给郡守。官吏、士卒和老百姓有话要向上级讲，管事的官吏应该迅速传递，无故延缓不传要受处罚。这是设通讯员传递信息的联络方式。

（四）鸡毛信

《号令》篇说："传令里中者以羽。羽在三老所。庶人各令其家中。失令与稽留令者，断。"在城内街道中传达军令用鸡毛信。"羽"（鸟毛）表示如鸟飞之迅疾。传令的羽毛放在三老所。给庶人的命令用鸡毛信送到家里。丢失命令或无故延缓要处分。这是使用鸡毛信的联络方式。

此外，还有树表（树立标志），燃烽燧和击鼓等通讯联络方式，见下文。

五、勇敢向前行，勒卒中教令——战士的勇敢精神和军事技能

墨者讨论了士卒勇敢精神的培养和军事技能的训练。

墨子说："战虽有阵，而勇为本焉。"（《修身》）把勇敢精神的培养看作战斗取胜的根本要素。他引用历史经验说:"昔者越王勾践好勇,教其士臣三年。"他曾故意"焚舟失火",诈称:"越国之宝尽在此!"并亲自擂鼓命令战士救火,结果战士"蹈火而死者,百人有余"。墨者认为这是由于"君悦之,则众能为之"。(《兼爱》中、下)又引"古者吴王阖闾"教练战士七年,"奉甲执兵,奔三百里而舍焉"(穿着铠甲,拿着兵器,一口气跑三百里才得休息,见《非攻中》)。从墨子、禽滑厘到后期墨家在墨者集团中坚持贯彻"战以勇为本"的指导思想。这在《墨经》中也有所反映,如给"勇敢"和"任侠"精神下定义,教军人家属不要因听到战斗的消息而恐惧(见本章第二节)。《备城门》篇记载墨子"守围城之法"(即守城的基本原则)中的一项是"人众以选",即参加守城的部队和人民经过了认真的训练和选择。所谓"勒卒中教令"(《旗帜》),即训练士兵使之符合军事操作的要领。所谓"勇敢为前行",这包含着对勇士的鼓励和表扬,也是为了发挥他们的表率、榜样作用。在平时训练中被挑选出来的勇士给予特殊待遇(《号令》:"勇士父母、亲戚、妻子、皆时(予)酒肉,必敬,舍之必近太守。"),在战时让他们冲锋陷阵,完成特殊任务,《备蚁附》篇指出在敌人正面攻上来时,"令勇士随而击之,以为勇士前行"。"敌引师而去,则令吾死士(勇敢不怕死的人)左右出穴门击溃师，令贲士（勇士）、主将皆听城鼓之音而出（击）。"可见墨者对勇士作用的重视。

墨者对军事技能训练也很重视。《旗帜》篇说，要训练士卒"解前后、左右，卒劳者更休之"。这是指反复操练步兵编队的基本动作。《号令》篇又说："伍坐，令各知其前后左右。"这是要求战士熟悉自己在战斗编组中的地位，以便于协调配合行动。经过训练挑选适合需要的军事技能优秀的战士，这就是《备水》篇说的"选材士"。材士给予特殊待遇，这就是所谓"养材士，为异舍食其父母、妻子"。而像"陶者"（制陶技工）、"明橐事者"（鼓风技工）、"穴师"（挖坑道技师）、"有方技者"（医生等）各种专业人才，则更受到重视，被委任以相关的专门工作。

六、赏明可信，罚严足畏——赏罚和纪律

墨者认为要维护国家机器的正常运转，必须坚持赏罚制度。在《墨经》中特地给赏、罚下了定义。《经上》36说："赏，上报下之功也。"《经上》35："功，利民也。"《经上》38："罚，上报下之罪也。"《经上》37："罪，犯禁也。"赏是上级对下级功劳的报答。功劳就是做对老百姓有利的事。罚是上级对下级罪过的报答。罪过就是违犯国家禁令（即做国家明令所禁止做的事）。墨者把赏罚的

机制引进守城的军事生活中,规定了军中的赏罚制度和严格纪律。

墨子认为正确地运用赏罚制度是保证守城战斗胜利的基本条件。《备城门》篇记载墨子总结的"守围城之法"十四条,其中之一是"赏明可信而罚严足畏也"。墨子认为"十四者无一,则不能守",即十四条中缺一条都会使守城战斗失败。所谓"赏明可信",即奖赏要明确并予以兑现,从而取得众人的信任。"罚严足畏",即惩罚要严厉,使人因畏惧惩罚而不敢犯罪。《号令》篇还指出:"命必足畏,赏必足利。令必行,令出辄人随,省其可行、不行。"即关于惩罚罪过的命令要足以使人畏惧而不敢犯罪,关于赏赐功劳的命令要足以对人有利。命令当然一定要实行,但下了命令要及时派人跟踪检查,看它可行,还是不可行,有无可改进之处。由此可见墨者主张赏罚要慎重行事。在《号令》篇墨者还指出"诸行赏罚及有治者必出于公",即论功行赏和论罪施罚必须出于公心,不徇私情、泄私愤。

关于赏赐,墨者说:三出却敌,守(郡守)以令召前赐食,予大旗,署百户邑与财物,建旗其署,令皆明白知之,曰:"某子旗。"(《旗帜》)在守城战斗中,一个下级指挥官如果能率领战士,三次击退敌人的进攻,最高指挥官就亲自下令,召他到自己面前,设宴款待,授以百户的封邑和财物，并在其营署树起大旗，上绣"某子旗"，让人都看得很清楚，以表彰他的功劳。这显然是一种很高的奖赏。墨者又说："其疾斗却敌于道，敌下终不能复上，疾斗者队二人，赐上奉。而胜围，城周里以上，封城将三十里地为关内侯。辅将赐上卿。丞及吏比（相当）于丞者赐爵五大夫。官吏、豪杰与计（参与计谋）坚守者十人，及城上吏比（相当于）五官者，皆赐公乘。男子有守者爵，人二级。女子赐钱五千。男女老少无分守者，人赐钱千，复之三岁（免征徭役和租税三年），无有所与，不租税。此所以劝吏民坚守胜围也。"（《号令》）即在战场上英勇杀敌，击退敌人进攻，或击退登城敌人，使敌人不能再上的，每队挑选两人，赐给上等俸禄。指挥守城战斗取得胜利的将帅，授予三十里地封邑和关内侯的爵号，副将赐给上卿的爵号。丞和相当于丞的官吏，赐给五大夫的爵号。官吏、豪杰参与守城计谋者选拔十人，以及城上部分官吏，赐给公乘的爵号。参与守城的男子升爵两级，女子赐给五千钱。其余男女老少没有守城职务的，每人赐钱一千，三年之内免征徭役和租税。这样做的目的，是为了表彰、鼓励官吏和老百姓坚守城池、打退攻城敌人。

而惩罚的目的，是为了禁止各种不利于守城战斗的行为。如："誉敌内毁者断。""誉敌少以为多，乱以为治，敌攻拙以为巧者断。""客（敌）射以书（劝降传单）勿得举。外示内以善无得应，不从令者断。"（《号令》）赞誉敌人，诋毁自己，敌人少赞誉为多，敌人乱赞誉为治，敌人进攻战术笨拙赞誉为巧妙，这是长敌人志气，灭自己威风的行为，要受处罚。不能把敌人用箭射来劝降传单举起来，以扩大敌人的影响。敌人用好话诱降，不能上当受骗，否则也要受处罚。当然"谋反"、"以城为外谋"、"谋杀伤其将长"，更要重罚。连"挟私书，行请谒"（徇私情），"释守事而治私家事"（把守城的事丢在一边而干自己的事），也不放过。由于守军中有许多妇女和老人、儿童，所以特地明令禁止"以众强凌弱小及强奸人妇女"。不过规定"诸有过而无可断者，令除厕罚之"（《号令》），即对有过错而不够判重罪的人，只罚他清扫厕所。

墨者向以严明的组织和纪律性闻名，他们在守城战斗中也是身体力行、为人做出榜样的。

七、安示以危，危示以安；压敌之气，固民之意——形势教育和思想工作

墨子看到了"大国攻小国"的历史必然性，主张小国君民要居安思危，积极备战。墨子说："安则示以危。"（《杂守》）即在暂时的平安中要给人指出遭逢危难的因素和可能。如墨子曾派弟子或亲自出马劝卫国蓄士备武。墨子著有《七患》篇，指出国家面临的各种祸患。其中之一即国君"自以为安强而无守备，四邻谋之不知戒"。这样必然导致社稷倾覆，国罹灾殃。又说："心无备虑，不可以应卒。"即思想上没有备战的考虑，麻痹大意，就不能应付突然到来的事变。

然而，一旦大军压境，战争突然降临，又不能闻风丧胆，把国家、城池拱手让敌。这时就用得着"危示以安"的原则（《杂守》），即在危难的面前，要指出转危为安的因素和可能。据《备城门》篇记载，当敌人以"十万之众"，用"临、钩、冲、梯、堙、水、穴、突、空洞、蚁附、轒辒、轩车"等各种战法（见本章第七节），气势汹汹地来攻城时，墨子却清醒理智地分析了守城战斗的有利形势和坚守胜围的条件。他说："我城厚以高，守器具，樵粟足，上下相亲，又得四邻诸侯之救，此所以持也。"城墙又厚又高，守城器械具备，柴草粮食储备充足，这是物的因素。内部团结，得道多助，这是人的因素。凭借这些人和物的因素，守城战斗就能坚持到最后胜利。墨子接着又分析了"城可守"的十四个条件：

1．"城厚以高。"（城墙修得又厚又高）
2．"壕池深以广。"（护城河挖得又深又宽）
3．"楼斯修。"（城门楼修得坚固）
4．"守备善利。"（防守戒备森严）

5."薪食足以支三月以上。"（柴草粮食可以维持三个月以上）

6."人众以选。"（守城人员经过训练和选拔）

7."吏民和。"（官吏和老百姓关系融洽）

8."大臣有功劳于上者多。"（君臣一致，大臣肯卖力气效忠）

9."主信以义，万民乐之无穷。"（国君对老百姓讲信义，受到百姓拥护）

10."父母坟墓在焉。"（有父母的坟墓在此，喻意人民会誓死保卫）

11."山林草泽之饶足利。"（有山林草泽的富饶物产，可资充分利用）

12."地形之难攻而易守。"（有进攻困难和防守容易的地理形势）

13."有深怨于敌而大功于上。"（有敌人播下的深仇大恨和立下赫赫战功的勇士）

14."赏明可信而罚严可畏。"（赏赐功劳明确，足以使人信赖。惩罚罪过严厉，足以使行为不端的人畏惧）

墨子说："此十四者具，则民亦不疑上矣，然后城可守。"即把所具备的这十四个条件都充分认清了，老百姓就不会怀疑守城的方针，而决心坚守城池，打败围城的敌人。这说明墨者注意到对守城军民的形势教育和思想工作。

第五节 备者国之重也：防御战中的武器装备

墨子重视积极防御战中的武器装备问题。他说："库无备兵，虽有义不能征无义。""兵者，国之爪也。""备者，国之重也。"（《七患》）没有足够的武器装备，就不能用正义战争反对非正义战争。武器装备就像老鹰的利爪一样重要，所以应该重视。

由于墨者集团中有各种技术熟练的工匠，墨子本人就是技术精湛的木工，所以他们设计、制造了在当时最先进的、大型的守城器械，如"连弩之车"、"揿车"（"转射机"）和窑灶鼓橐等。又由于墨者所参与组织的是小国小城人民的守城战斗，所以也广泛运用了最普遍、最一般、可以就地取材、随地取用的攻守之具（如沙、石和经过改造的农业、手工业、畜牧业工具），以便最大限度地利用己方的人力和物力，杀伤攻城之敌。

一、连弩之车：最有力的进攻武器

《备高临》篇详细说明了"连弩之车"的构造、用途和操作要领："备高临以连弩之车。材大方一尺，长称城之薄厚（长度跟城的厚薄相适应）。两轴三轮（有轮轴设备），轮居筐中，重上下筐。左右旁二植（立柱），左右有横植（横杆），横植左右皆圆枘（榫头），内径（直径）四寸。左右缚弩皆于植。以弦钩弦，至于大弦（可见至少有三层弦）。弩臂前后与筐齐，筐高八尺，弩轴去下筐三尺五寸。连弩机郭用铜一石三十斤（即一百五十斤，约合三十四公斤）。引弦辘轳收（引张弓弦用轮轴设备卷收，可见用人力难以引张）。筐大三围半。左右有钩距，方三寸。轮厚尺二寸。钩距臂博（宽）尺四寸，厚七寸，长六尺。横臂齐筐外，爪尺五寸，有距，博（宽）六寸，厚三寸，长如筐。有仪（瞄准仪），有屈伸，可上下（瞄准仪可以上下调节）。为武（弩床）重一石，以材大围五寸。矢长十尺，以绳系矢端，如弋射（用绳系在箭上射），以辘轳卷收。矢高弩臂三尺，用弩无数，出入六十枚，用小矢勿留。十人主此车。"

弩是用机关发射箭的弓，创始于春秋末期。（《孙子兵法·作战篇》）列举兵器有"甲胄、矢弩"等。《势篇》又说："是故善战者，其势险，其节短。势如扩弩，节如发机。"即善于指挥作战的人，他所造成的态势之险峻，犹如已经张满的弓弩；他所发出节奏的短促，犹如正在发射的弩机（形容时间短促）。弩的广泛应用在战国时期。有用手臂的力量引张弓弦的，叫臂张弩。有用足踏张引弓弦的，叫蹶张弩。当时魏国特地培养训练的武卒能引张"十二石之弩"（弓弦可以拉动十二石即720公斤的重量，

见《荀子·议兵》)。而韩国的"劲弩",能射六百步之外,可以一人当百,成为决胜的重要武器。(《战国策·韩策一》)

上述"连弩之车",应属墨者始创。近期出版的《中国大百科全书·军事卷》说"连弩"始见于东汉班固《汉书·李陵传》"发连弩射单于",并说三国时期诸葛亮改制连弩,"一弩十矢俱发"(《三国志·诸葛亮传》),这显然是忽略了《墨子》中的记载。①《墨子》的记载不仅远早于《汉书》,而且比诸葛亮的发"十矢"的弩大得多(《墨子》中的连弩车一次可发矢六十枚)。我们应该肯定墨者的"连弩之车"是领先于当世的"世界之最"。②

按墨者的叙述,他们设计的连弩之车体形甚大,是当时守城战斗中最重型的兵器。仅发射机关用铜就达30多公斤。用来产力弹力的弦至少有三层(以弦钩弦,至于大弦)。引张弓弦已经不是用人的臂力或脚踏力,而是利用简单机械设备辘轳(轮轴),并且用十位大力士来操纵。这就大大增加了弓弩的弹射力,可一次发射60只小矢,或十尺长的大矢(可用辘轳卷收,重复发射)。正因为连

---

① 见《中国大百科全书·军事卷》,中国大百科全书出版社1989年版,第799—800页。杜石然等著《中国科学技术史稿》(上册)关于连弩,也最早只说到《汉书》、《后汉书》中的记载,而未及《墨子》,见该书第281页,科学出版社1982年版。

② 参见李约瑟《中国科学技术史》第一卷。

弩车用矢甚多，所以《杂守》篇规定每隔三十步建一"弩庐"，宽十尺，长一丈二，用以储备弓矢。还有专门"载矢"的车子，叫作"辎车"。杜甫诗说："挽弓当挽强，用箭当用长。"① 墨者所设计的"连弩之车"，要算是古代世界最强劲的弓了，并且所用箭也有十尺长，其杀伤力自然也是最强的。唐杜佑（735—812）《通典》和李筌《太白阴经》曾说"车弩"牙一发，"诸弦齐起，及七百步，所中城垒，无不摧陷"，可见其杀伤和破坏力之大。在守城战斗中，禽滑厘问墨子："敌人积土为高，以临吾城（即在城外筑高台以接近我城），为之奈何？"墨子回答说："强弩射之！"可见连弩之车是墨子、禽滑厘最有力和最得力的守城武器。在上述杜甫诗的下文还说："苟能制侵凌，岂在多杀伤！"杜诗的题旨是拥强兵而反黩武，意在讽刺唐玄宗的开边黩武政策，所以主张征伐以"制侵凌"（制止侵略）为限，而反对乱动干戈，以黩武为能事。墨者处在不同的时代，有不同的战略任务。一万户小城居民对付十万敌国强军进攻，用"连弩之车"之类的武器，力求多杀伤敌人有生力量，破坏敌人进攻设施，正合"坚守胜围"的积极防御战的应有之义。

上述"连弩之车"是特大型弓弩，其优点是威力大，

---

① 杜甫：《前出塞九首》之六。

其缺点是移动困难。为增加守城战斗的机动灵活性，特设中、小型弓弩。《备城门》说："二步（十二尺）一木弩，必射五十步（古尺三十丈，合69米）以上。及多为矢，即无竹箭，以楛、赵柘榆可（适合做箭杆）。益求齐铁矢（战国时齐国以产铁著名），播（布置）以射冲（冲车、冲梯，为攻城器具）及枞枞（指敌人从城外窥伺城内的建筑物，即瞭望塔）。"《号令》又说："诸男子有守于城上者，什六弩，四兵。"即规定城上十二尺配备一张木弩，以射程69米为合乎质量标准。多配备竹箭或楛木、柘榆木做杆的箭，还要求多用著名的齐国造的铁矢。把这种弓弩分布城上各处，以便于远射敌人冲城器具和瞭望塔。由于引张弩弦费力，所以规定由男卒持弩。守城男卒十人中有六人持弩，四人持其他兵器，可见弩这种武器的被重视程度。不过，同"连弩之车"相比，这算是中型的弩。《备穴》篇说："为短矛、短戟、短弩、虻矢（以牛虻形容矢之小），穴彻（坑道打通）以斗。""操吴戈兮被犀甲，车错毂兮短兵接。"①敌我双方坑道打通之后，要准备用短矛、短戟、短弩和细小的虻矢，进行一场"短兵相接"的搏斗。这"短弩"就是小型的弓弩，因为大、中型的弩在狭窄的坑道内施展不开。而这种坑道内"短兵相接"的搏

---

① 《楚辞·九歌·国殇》。

斗，同城上远距离抛射的搏斗一样，令人惊心动魄。

二、掷车（转射机）：古炮的原型

火炮作为发射火药炮弹的兵器出现较晚。明永乐年间（1403—1424）京军中有使用火炮的战斗部队，当时叫作"神机营"。其前身是利用杠杆原理制作的抛掷石弹以杀伤敌人的简单机械石炮，是古代攻守战的重要兵器。据宋兵书《武经总要》说，炮以大木为架，结合部用金属件联接。炮架上方横置可以转动的炮轴，固定在炮轴上的长杆起杠杆抛掷作用，射程可达数百步。西晋文学家潘岳（247—300）《闲居赋》说："炮石雷骇。"唐李善注"炮石，今之抛石也"。《汉书·甘延寿传》注引《范蠡兵法》（已佚）说："飞石重十二斤，为机发，行二百步。"而这种抛掷石弹的炮的原型，当为《墨子》中的掷车或转射机（也简称射机或技机）。

墨者叙述了掷车和转射机的构造和作用：

> 诸掷车皆铁什（用铁件加固和联接）。掷车之柱（立柱）长丈七尺，其埋（埋入土内）者四尺，夫（露出土面部分）三丈以上至三丈五尺。马颊（像马头形状的皮袋或筐笼，用以盛放抛掷物）长二尺八寸，在三分中，试掷车之力而为之困（加固）。治困

以大车轮。

转射机，机长六尺，埋一尺。两材合而为之稳（起稳定、防摇摆作用），稳长二尺。中凿夫（露出土面部分）之为通臂，臂长至垣。二十步一。令善射者主之（操纵），佐（帮助）一人。皆勿离（坚守岗位）。（以上《备城门》）

决外堤，城上为射机疾佐（掩护）之。（《备水》）技机掷之。（《备高临》、《备梯》、《备蚁附》）剑施其面，以（技）机发之。（《备梯》）

以木大围，长二尺四分，而中凿之（中间凿空成桶状），置炭火其中而合幂之，而以掷车投之。（《备城门》）

为疾藜投（掷投尖状物以刺伤敌人），长二尺五寸，大二围以上。（《备城门》）

疾藜投必当队而立（投于敌人正面进攻的道上），以（掷）车推引之。（《备梯》）

看来掷车和转射机（简称射机或技机）的作用类似，它们被用来投掷、抛射剑、炭火筒、蒺藜等杀伤、损害敌人的战具，在破敌人的云梯之攻（《备梯》）、水攻（《备水》）、土台之攻（《备高临》）、密集队冲城（《备蚁附》）等战术中，有重要作用。从上述构造要领来看，掷车比转射机的形体更大，被规定二十、三十或五十步设置一架，而转射机则二十步一架，只用两人（一主一副），更为机动灵活。从墨者对杠杆原理的深入研究和普遍应用的程度来分析，这种"掷车"或"转射机"是利用有轴杠杆的作用来进行投掷、抛射，是古代炮车的原型。

三、为灶如窑，鼓橐而熏——烟雾战具

墨者把制陶、采矿和冶炼金属的一些技术，综合运用于守城战斗，创造了"窑灶鼓橐"，即以烟雾熏敌的战具。

《备穴》篇论述了"窑灶鼓橐"的构造和操作要领："令陶者（制陶技工）为瓦窦（管道），长二尺五寸，大围，中判之，合而施之穴中，仰一，覆一，善涂其窦际（抹缝），勿令泄，两旁皆如此。与穴俱前，下迫地，置糠、炭其中，勿满。炭、糠长亘窦，左右俱杂，相如也。（均匀相拌，便于燃烧生烟）穴内口为灶，令如窑，令容七、八圆艾。灶用四橐。穴且遇，以桔槔冲之，疾鼓橐熏之。必令明习橐事者勿离灶口。"即在坑道内口垒一个灶，像制陶的窑一样，用艾草做引燃物，可以烧煤。《备穴》篇说："置煤，其重四十斤，燃炭佐之。满炉而盖之，勿令气出。"（据岑仲勉校）用艾草、木炭引燃煤块。由熟练的技工操纵四个皮制风箱鼓烟。在瓦制管道中均匀

铺置炭、糠混合物，是为了尽可能扩大烟雾产出量，当敌我双方所掘坑道即将相向开通时，用桔槔机冲开，迅速鼓烟熏敌。下文还说"以矛救窦，勿令塞窦"，即用矛保护烟道，防止敌人堵塞。假如敌人堵塞了烟道，则"凿其窦，通其烟。烟通，疾鼓橐以熏之"。又说："穴中与敌人遇，则皆御而勿逐，且战败以待炉火之燃也。"即在坑道中跟敌人遭遇，则只防守而不追逐，并且假装打败而等待炉火燃烧，鼓烟熏敌，可见鼓烟熏敌是更为厉害的一种作战方式。这是在坑道战中运用窑灶鼓橐的战具。

《备突》篇说："城百步一突门，突门各为窑灶，灶入门四五尺，为其门上瓦屋，勿令水潦（雨水）能入门中。吏主塞突门。门旁为橐，充灶装柴艾。寇即入，下轮而塞之，鼓橐而熏之。"这是用窑灶鼓橐于保卫城门的战斗。《备城门》篇说："救堙池者以火与争，鼓橐，凭垣（女墙）外内，以柴为燔。"这是鼓烟熏敌以防止对方堵塞护城河。

《备穴》篇说："盆持酝（酒），客（敌）即熏，以救目。分方凿穴，以盆盛酝置穴中，大盆勿少四斗，即熏，以目临酝上。"这是反烟熏的办法。跟敌人在坑道中相遇，如果遭到敌人烟熏，就把眼睛贴近预先准备好的酒盆上。《春秋繁露·郊语篇》说"酝去烟"。因为酒精可多溶解、挥发有害气体。

墨者总结的以烟熏敌和以酒解熏的战法，有点类似化学战的味道。韩非子曾把"堙穴伏橐"看成跟"强弩趋发"同样厉害的战斗方式。(《韩非子·八说》)

四、苟利攻守皆战具——最普通的武器

墨者积极防御战武器论的特色，一是用当时最新的技术成就于战争，制造了"连弩之车"、"掷车"（转射机）和窑灶鼓橐等堪称为当时最先进的武器，二是发动人民拣起石块、砖头、沙砾、灰糠，一直到农业、手工业、畜牧业工具，略加改造，有组织地向敢于攻城之敌发起猛攻，从而创造了可歌可泣的守城战的业绩。

墨者说："二步积石，石重半钧（十五斤）以上者五百枚。砖皆可善防。""瓦、石重二斤以上，上城上。""及持沙，勿下千石。""沙五十步一积。""置器备撒沙砾。""灰、糠、秕（中空或不饱满的谷粒）、稗皆谨收藏之。"(《备城门》)"城上繁下矢、石、沙、灰以雨之，薪火、水汤（开水）以济之。"(《备梯》、《备蚁附》、《杂守》)"穴且遇，为桔槔，必以坚材为夫（杆），以利斧施之，命有力者三人用桔槔冲之。"(《备穴》)显然，石头、砖瓦、沙砾、灰、糠、秕、稗和开水，都被守城者当作杀伤或损害攻城敌人的武器，正是"苟利攻守皆战具"。如在当时条件下，对付用云梯攻城或以密集队形爬城的敌人，城上如雨点般地抛下矢、石、沙、灰，辅之以薪火、开水，正是守城者同仇敌忾，一齐打人民战争，设法击退敌人的、可以想象到的办法。或直接给敌人造成杀伤，或延缓敌人进攻速度，总之守城者应该想尽办法，奋力而为，战斗到底。

《备城门》篇说："二步置连梃（即农民打禾用的连枷，分两节，用力省而打击重）、长斧、长锥各一，枪（即标枪，狩猎工具）二十枚。""长斧柄长八尺。十步一长镰，柄长八尺。""长锥柄长六尺，头长尺，锐其端，三步一。"《备蚁附》篇说："客（敌）则蚁附城，烧答以覆之（把草帘子点燃覆盖在爬城敌人头上），连梃、沙灰皆救之。"这是把农业、手工业和畜牧业的工具连梃、斧、锥、标枪、镰刀等工具，略加改造，用于守城战斗。"斩木为兵，揭竿为旗"，举起镰刀、斧头反抗压在自己头上的统治者，是历代人民起义的特点。墨者想到动员人民就地取材，举起镰刀、斧头，以及打禾用的连枷，狩猎的标枪，手工业者的长锥，一切可以想象到的、方便的、有利于守御的工具，都用来作为抗击攻城敌人的武器。这是战国时期被攻打的小国小城人民容易接受的，也是不得已的武装自己、消灭敌人的方法。

第六节　城者所以自守也：防御战中的工程设施

春秋末至战国初期，中国的城市有很大发展。春秋时，城市人口不多，一般诸侯国都不过九百丈，卿大夫的都邑有国都的三分之一、五分之一或九分之一大（《左传·隐公元年》）。一般邑的住户有千室、百室甚至十室。而战国时"千丈之城，万家之邑相望"（《战国策·赵策三》）。当时已普遍设置郡、县，小郡有十多县，大郡有三十多县。而郡、县都筑有城。一般说，郡城比县城大一倍以上，都城又比郡城大一倍以上。墨子在《非攻中》篇抨击好战大国"攻三里之城，七里之郭"。《杂守》篇透露墨者参与所守之城为"率万家而城方三里"。《号令》篇论"守城之大体"也分"千丈之城"和"不尽千丈者"而言。《墨子》城守各篇所论守城的规模，就是这种郡县级的小城。

存在决定意识。墨者平时所居住、活动和参与救守的可能也正是这种规模的城市。但是《墨子》城守各篇没有记载任何一个具体城市的名字。所以墨家的守城理论，实际上不过是当时这种中小规模的城池保卫战的一般概括。

当时的城市，不论规模大小，都是一定范围内的政治、经济、文化和军事中心。在郡、县之城中也有相应的官署和官吏住宅,有各种手工业作坊和集中的商业区,这自然也就成为墨子所指责的"好战大国"兼并攻掠的对象。以抑强扶弱、非攻救守为己任的墨者,就参与了小国小城的保卫战,并从中总结出关于积极防御战工程设施的理论。这种理论主张建立以城墙为主体,与沟地障碍物和外围观察、警戒设施相结合的防御工程体系。

一、城墙厚以高,壕池深以广——城市防御工程的主体

墨子把"城厚以高"和"壕池深以广"作为"城可守"的首要条件。因而主张修好城池,深沟高垒以防敌。(《备城门》)他在《七患》篇说:"城者所以自守也。""城郭不备全,不可以自守。"并把"城郭沟池不可守"看作国之大患。《墨子》城守各篇的题旨,就是研究如何建立以城墙为主的防御体系。观其篇名,就可以看出这一点。如"备高临"是防止敌人筑高台攻城,"备梯"是防止敌人以云梯攻城,"备水"是防止敌人灌水淹城,"备穴"是防止敌人掘坑道攻城,"备蚁附"是防止敌人像蚂蚁似地以密集队冲城,等等。

二、悬门沉机，门关再重——城市出入口的防御

城市的出入口即城门洞是城市的咽喉重地，为防御体系中的薄弱环节，所以需重点设防。墨者说："凡守城之法，备城门为悬门沉机，长二丈，广八尺，为之两相如。门植关必稳固，以固金（铜）或铁包之。门关再重，包之以铁，必坚。"（《备城门》）城市设防有门、闸两层，木制，包以铜、铁。闸门用机械（绞车）操纵升降。必要时门、闸齐关，双重保险。

此外，考虑到积极防御的需要，规定城墙内每隔一百步设一"突门"（暗门），以利守军出敌不意地突击、奇袭。（《备突》、《备梯》）

三、城上建楼亭，谨候望敌人——城上观察、指挥和战斗设施

关于城上的楼亭等建筑，墨者说：

> 备穴者城内（指城墙上）为高楼，以谨候望（观察）敌人。（《备穴》）
> 城门之上，必夹为高楼，使善射者居焉。（《号令》）
> 隅（城的四角）为楼，楼必再重（多层楼）。（《备蚁附》）

三十步置坐候楼。(《备城门》)

城上百步一楼。(同上)

百步一亭。(同上)

城门上、城墙拐角处和城墙上每隔一段距离建立楼亭，这是取其居高临下的优势，便于观察、指挥和战斗（如射击）。

四、昼则举烽，夜则举火——城外围的观察、通讯设施

墨者仔细讨论了城外围的观察、通讯与警戒设施，提出烽燧、树表、举旗和击鼓四种视听信号相结合的通讯联络方式。

树表就是树立标记。《号令》说："士侯无过十里。居高便所树表。表三人守之，比至城者三表。与城上、烽燧相望。昼则举烽，夜则举火。"即选择地势高的方便处所树立标记（如标杆）。每个标记由三名警戒兵（即士侯）掌管。在城的每个方向建立三处标记，与城上的观察指挥所及郊外的烽燧设施互相配合。烽燧设施的特点是白天举烽烟，夜里举明火，以便于观察。

墨者记载了烽燧的建制和应用。《杂守》篇说："筑邮亭者圆之，高三丈以上，令倚杀（有坡度）。为臂梯。梯两臂，长三尺，连板三尺，复以绳连之。堑（壕沟）再匝，为悬梁（吊桥）。亭一鼓，笼灶。寇烽、乱烽、传火，以次应之，至主国（国都或所守之城）止。其事急者，引而上下之。"即在城郊每隔一段距离筑一土台，台上建高数丈的塔式楼亭。内有梯以便攀爬登高，监视敌情。亭内有鼓，另设有笼灶。遇有敌情，即用桔槔（或滑车）升起筐笼放烟（或举火），告知敌情信号。这种烽燧楼亭建筑的周围掘有壕沟，设有吊桥。它实际上兼有警戒守望和发出敌情讯号的双重作用。

墨者还专门讨论了烽燧和树表、举旗、击鼓相配合的军事符号学问题。《杂守》篇说："烽火以举，辄五鼓传，又以火属之，言寇所从来者少多，勿淹滞。去来属次，烽勿罢。望见寇，举一烽。入境，举二烽。射栖（敌矢可射到城郭），举三烽、一篮（装柴草的筐笼）。郭会（进入外城），举四烽、二篮。城会（到了城墙根），举五烽、三篮。夜以火，如此数。"《号令》篇说："即有警，见寇越田表，城上以麾（指挥用的旌旗）指之，辄击鼓，整旗以战备，从麾所指。望见寇，举一燧。入境，举二燧。压郭（到城外墙），举三燧。入郭（进入城外墙），举四燧。压城（到城内墙），举五燧。夜以火，皆如此。"《旗帜》篇说："寇附攻前池外廉（边），城上当队（敌人正面进攻处）鼓三，举一帜。到水中洲，鼓四，举二帜。到藩（篱），鼓五，举三帜。到凭垣，鼓六，举四帜。到女垣，鼓七，举五帜。到大城，鼓八，举六帜。乘大城半以上，鼓无休。夜以火，如此数。寇却解，辄部（部署，即举）帜如进数，而无鼓。"这显然是在城上指挥下，用举旗、击鼓和烽燧、树表四种方式密切配合起来，以视觉和听觉两种信号，来尽可能传递进犯敌寇的数量和位置等讯息。这可以看作是中国较早的军事符号学思想。

近年中央电视台大型电视纪录片《望长城》摄制组，对汉代长城烽火台烽烟运行和汽车运行速度做了对比实验，发现11公里烽火运行速度为七分多钟，比汽车还快一分多钟。可见墨者所记述的烽燧、树表、击鼓和举旗相结合的军事符号系统的运用，在当时是最为迅速、准确的通讯联络方式。

五、候楼、竹箭和战栅——壕池内外密设防

《号令》篇说："寇所从来，如昵道、近俣（捷径）若城场（广场），皆立候楼。立竹箭水中。"即在敌人经过的近道、广场开阔地建岗楼作为观察、警戒设施。护城河水中暗插竹箭，作为阻挡敌人涉水的障碍物。《杂守》篇又说："墙外水中为竹箭，箭尺广二步（竹箭密布于城池外边一丈二的区域），箭下于水五寸（在水面下五寸），

杂长短（长短间杂），前外廉（边）三行。外，外向。内，内向。"这是讲竹箭的设置方法，意在使敌人往来都受阻，不易涉水来攻。

在壕池内外还根据需要设置木栅等障碍物，墨者叫作"柞格"。《备蚁附》篇说："柞格，埋四尺，高者十尺，木长短相杂，锐其上而外内厚涂之。"柞格是阻挡行军的尖桩栅栏，也叫"战格"。杜甫诗《潼关吏》说："连云列战格，飞鸟不得逾。"意为层层战栅高接云天，连飞鸟也难以逾越。

墨者十分重视"柞格"的守卫。《旗帜》篇说："诸守柞格者三出却敌"，太守亲自设宴款待，奖与大旗，以表彰其功。"柞格内广二十五步，外广十步，长以地形为度。"可见柞格的构筑要根据地形来规定，并有专人守护。

类似"柞格"的木栅也叫"薄"。墨者说："凡杀（破）蚁附而攻者之法，置薄城外，去城十尺，薄摩十尺。伐薄之法，大小尽本断之，以十尺为断，离而深埋、坚筑之，勿使可拔。"（《备蚁附》、《备梯》）这里把设置战栅作为破敌密集队攻城和用云梯攻城的方法。

六、引机发梁，敌人可擒——工匠技艺和兵家谋略的结合

《备城门》篇说："去城门五步大堑之（挖大而深的壕沟）。高地丈五尺。下（低洼）地至泉，三尺而止（高地下挖一丈五尺。低地挖到出水线下三尺为止，可见沟中有三尺深的水）。"施栈（zhàn，用竹木编织或阁架而成）其中。上为发梁（悬梁，吊桥）①而机巧之（有暗藏的控制机关）。比附薪土，使可道行（伪装为可行的道路）。旁布沟垒（障碍），勿可逾越。而出挑（挑战，逗引、激怒敌人来战）且败，敌人遂入。引机发梁（开动机关，拆除桥梁），敌人可擒。敌人恐惧，而有疑心，因而离。"即在城门外五步的距离，开掘大而深的壕沟。地势高的地方下掘一丈五尺。地势低洼之处下挖到出水线下三尺为止，这样沟内可积有三尺深的水。壕沟之上横架编木组成的桥面，桥面上有可以吊悬牵离的横梁，能够随意架设或拆除。"发梁"又称"悬梁"（上文曾说"为堑悬梁"），即吊桥，可用辘轳（绞车）牵引。墨者中有许多精通此道的能工巧匠。

在桥面上铺上柴草和黄土，伪装成可以通行的道路。桥两边有深沟高垒作为不可逾越的障碍。

伪装的活动吊桥铺设完毕，就采用兵家的欺诈谋略，向敌人挑战，逗引、激怒敌人来战，而自己则伪装败退，引诱敌人一齐拥上桥面。这时墨者中的技工师傅就指挥开

---

① "发梁"又称"悬梁"。《备城门》和《杂守》曾三次提到"为悬梁"，都是指的吊桥。"发"有掀开、打开、拆开之意。如《杂守》篇"发屋"即拆屋。

动绞车将吊桥拉离,因而使进攻之敌纷纷落入深沟的水中,而乖乖被擒。其他的敌人则惊恐畏惧,疑心后面还有什么暗设的机关,于是赶忙撤离。

兵不厌诈。《孙子兵法·计篇》称:"兵者诡道也。"《军争篇》说:"兵以诈立。"《韩非子·难一》说:"战阵之间,不厌诈伪。"墨者在积极防御战的工程设施中也贯穿了这一指导思想。"引机发梁"(机械操纵的活动吊桥)这种在当时堪称为最新的科技成果,正是工匠技艺和兵家谋略的巧妙结合。

墨家的这种技术曾被后人继承应用。古代兵书《太白阴经》说:"转关桥一梁。为桥梁,端着(放置)横栝(栝即机栝,本指弩的发射机关。这里指控制桥梁的机关)。拔去栝,桥转关,人马不得渡,皆倾水。秦用此桥以杀燕丹。"《通典》称为转关板桥。墨者的"引机发梁",是这种转关桥的前驱。

七、伏罂而听,审知所在——反坑道战的监听设施

《备穴》篇说:"穿井城内,五步一井,附城足(贴近城根),高地一丈五尺,下地(低地)得泉三尺而止。令陶者(制陶技工)为罂(yīng 瓦坛),容四十斗以上,固幂之以薄鞈革(用薄皮蒙口),置井中,使聪耳者伏罂而听之,审知穴之所在,凿穴迎之。"即当敌方挖掘坑道攻

城时，守方在城内沿城墙，每隔一段距离挖井一口，内置一大瓦坛，坛口蒙以薄皮，使听觉敏锐的人伏在坛口谛听，以确定敌方掘坑道的方位，便于守方掘坑道迎击。这是墨者利用声的传播原理设计的地下声源定向装置，是一种简单的测声仪。

墨者在参加守城战斗的实践中，意识到声音在地下的传播速度高，而衰减少。敌军挖掘坑道的声波经由地下传到瓦坛表面后，聚焦到坛子中，引起坛体共振而放大，并引起坛口蒙皮受迫振动，容易被人听到。又可根据若干相邻瓦坛的响度差，确定声源方位。而在低地，坛子要埋到地下水位三尺以下。这是由于土壤孔隙被水充满后，其传声性能提高。墨者所创造的这种罂听技术，是工匠技艺、科学知识和军事指挥才能的结合。

唐李荃《太白阴经》和杜佑《通典》以及宋王致远《开禧德安守城录》中，都有关于"地听"和"瓮听"的记载，其渊源即是墨者的"罂听"。这说明墨者设计的测声装置在后代战争中仍被沿用。

八、以答罗矢和烧答覆之——渠答的一物多用

墨者规定在城上每隔七尺或十二尺设一渠答。渠答的结构类似船上的桅杆和船帆。即深埋一立柱（渠），地上部分十尺或十三尺。柱上凿孔，安装横杆，其上张以草帘

（答），草帘宽九尺，长十二尺。(《备城门》)渠答的作用之一是收罗敌矢。《备高临》篇说："城上以答罗矢。"这是一种很聪明的办法。既起了遮掩防护作用，使敌方射来的箭少伤到人，并且又变害为利，将敌箭收罗起来，以为我所用。这是后来兵家"草人借箭"计谋的先驱。唐将张巡（709—757）于公元756年，曾用墨者的办法来对付叛将令狐潮的进攻。当时令狐潮拥兵四万，而张巡守城兵丁不过两千。城中矢尽，情况十分危急，张巡命令部下绑扎一千多个草人，披以黑衣，在夜间坠于城下，令狐潮士兵争相射之，得矢数十万支。(《资治通鉴·唐纪》)三国时诸葛亮也曾以草人得曹操军箭十万余支。(《三国演义》第四十六回)这些智谋实渊源于墨者的"以答罗矢"。

墨者设计的渠答，还有一个作用，即在敌人以密集队形冲城时，可将草帘解下点燃，覆盖在爬城敌人的头上，这叫作"烧答覆之"。可见渠答的作用，除了遮挡和收罗敌矢之外，还有变为火攻之具，以破敌"蚁附"城的作用。渠答之设，为一物多用，是墨者智慧的一种表现。

九、里门岗亭

为了维护守城战斗期间城内的社会秩序和交通安全，墨者主张在重要地段设置里门岗亭："巷术（街）通周道（大道）者必为之门，门二人守之，非有信符勿行。"(《旗帜》)"门有吏,至诸门里关闭,必须太守之节,谨择吏之忠信者、无害可任事者。"(《号令》)即街巷通大道的地方,设置里门岗亭,有专人掌管,负责检查过往行人证件。墨子止楚攻宋,大功告成,返回时经过宋国城市,因天下大雨,到里门内避雨,守里门的人不让他进去。而这位守里门的人,恰恰是按照墨者的规定办事,墨子也只好服从命令走开。

可见,墨者所论以城墙为主体的防御战工程设施,是相当严谨周密的。

第七节 守城者以急伤敌为上:防御战中的战术

墨子"善守御"(司马迁语),但墨子守御(即防御)是积极防御(即攻势防御或决战防御),是为了反攻和进攻的防御,在防御中要积极采取攻势行动,消耗和歼灭敌人,而不是消极防御(即专守防御或单纯防御)、被动挨打。

一、最大限度地保存自己

墨子在防御战中主张集中力量守城。他说:"城者可以自守也。"(《七患》)因为当时在城中积累了较多的财富,聚居了较多的居民，有发达的手工业和商业。他提出将不便守御的、分散于交通要道和小城镇的人民、财产，转移到大城市中加以保护。《号令》篇说："论小城不自守通（交通要道）者，尽保其老弱、粟米、畜产。""城小人众，保（全）离乡（近边境之邑）老弱国中及他大城。"并主张采取牺牲局部、以保护全局的策略，犹如遇到强盗谋财害命时，采取"断指以免身"（砍断一个指头以保全性命）的策略一样。（《大取》）在敌人大军压境的情况下，不得已在所守城池周围采取坚壁清野的方针。"城之外，矢之所逮，坏其墙，无以为客（敌）御。"（《迎敌祠》）"去池（护城河）百步，墙垣、树木大小俱坏伐除去之。""去郭百步，墙垣、树木小大尽伐除之，外空井尽窒（塞）之，无令得汲也。外空室尽发（拆除）之。诸可以攻城者尽纳城中。当路材木不能尽纳，既烧之，无令客（敌）得而用之。"（《号令》）这样做的目的，是不给敌人提供掩蔽藏身的条件，便于消灭敌人，同时也是为了征集守城物资，并避免敌人利用。

二、最大限度地消灭敌人

墨者主张在防御战中要尽可能采取积极攻势行动，力争最大限度地消灭敌人的有生力量。《号令》篇说："凡守城者以急伤敌为上。其延日持久，以待救之至，不明于守者也。能此，乃能守城。"即把杀伤来犯之敌，看作守城战斗的当务之急。又说："千丈之城，必郭迎之，主人（守方）利。不尽千丈者勿迎也。视敌之部曲众少而应之。此守城之大体也。其不在此中者，皆心术与人事参之。"大约有万户居民的城市，要在外城迎击敌人。具体战斗方式参酌敌我力量对比等因素而定，但尽可能多地消灭敌人，是必须考虑的原则。

如"守柞格（壕池内外的木栅）者"，若"三出却敌"，即三次出击打败敌人，要受到太守最隆重的宴请，并给予最高的奖赏，给予封邑，赠予财物，授予大旗。（《旗帜》）当敌人用云梯攻城被打败，"引兵而去"时，"则令吾死士（敢死队）左右出突门击溃师"。"令贲士（勇士）、主将皆听城鼓之音而出（击）。"并且要利用一切条件设计策"出兵施伏"，即隐蔽接近敌人，出其不意地打击敌人。

三、守城战法种种

墨子和禽滑厘概括当时城池攻守战法有十一种。即临（筑土山居高临下）、钩（钩城而上）、冲（用冲车或冲梯冲击城上）、梯（用云梯攻城）、堙（填塞护城河）、水（水攻）、穴（坑道战）、突（出其不意地突击）、空洞（城墙上挖洞）、蚁附（密集队形冲城，像蚂蚁一样密密麻麻地爬城）、轒辒（用生牛皮蒙护的攻城战具，类似今之坦克或装甲步兵车）、轩车（又称楼车、巢车，登高攻城战具）。今本《墨子》已佚《备钩》、《备冲》、《备堙》、《备空洞》、《备轒辒》和《备轩车》六篇，其他《备高临》、《备梯》、《备水》、《备突》、《备穴》、《备蚁附》等篇今存，使我们可以窥见墨子、禽滑厘所讨论种种守城战法的梗概，并可看出墨者怎样在这些战法中，贯穿最大限度保存自己和消灭敌人的原则。

（一）备高临：破敌筑高台临城之法

据《备高临》篇记载，禽滑厘问墨子："敌人积土为高，以临吾城，薪土俱上，以为羊黔（土台基址），蒙橹（大盾）俱前，遂属（临近）之城，兵弩俱上，为之奈何？"墨子对他说，敌人筑土台攻城，是笨拙的战法，"足以劳卒，不足以害城"。这时只要在城上临时搭起高台（类似建筑施工时用的脚手架），用"强弩射之，技机掷之，奇器投之"，则敌筑高台临城之法可破。

（二）备梯：破敌云梯攻城之法

禽滑厘跟随墨子制造军事器械，挖掘城防工事，率领众弟子替小国人民守城，直累得手上、脚上长满了厚茧，脸面经过风吹日晒，变得乌黑、粗糙。墨子很是心疼这位大弟子。于是带着酒和肉，来到离他们住地不远的泰山上，席茅而坐，招待禽滑厘。这一次，墨子同禽滑厘讨论了破敌云梯攻城之法。

禽滑厘问墨子："客（敌）众而勇，堙茨吾池（填塞了护城河），军卒并进，云梯既施，攻备已具，武士又多，争上吾城，为之奈何？"

墨子说，云梯是一种重型装备，"动移甚难"。这时我方只要挑选大力士"持冲"、"执剑"，"以鼓发之，夹而射之，重而射之，技机掷之，城上繁下矢、石、沙、灰以雨之，薪火、水汤（开水）以济之"，"若此则云梯之攻败矣"。（《备梯》）

（三）备水：破敌水攻之法

据《备水》篇记载，破敌水攻之法，一是在城内挖排水沟。即"城中地偏下，令渠其内。及下地（低地），令深穿之，令漏泉（挖沟到地下水位之下）。置测瓦（相当于水涨表）井中，视外水深丈以上，凿城内水渠"。二是挑选精兵三百，造快船二十只，组成决堤突击队，出其不意地到城外决堤放水。为加强冲击力量，每两船并联在一起，叫作一临。每临配备三十名大力士兼材士（有专门才能的兵卒），携带弓弩、长矛、锄头，头戴盔，身披甲，在城上转射机的配合掩护下，冲"决外堤"，则敌水攻之法可破。

（四）备突：出其不意地突击敌人

"备突"就是准备突击。即在城墙上每隔百步预凿暗

门一座,然后组织突击队乘敌无备,出其不意地突击杀敌。(《备突》、《备梯》)

(五)备穴:反坑道战术

禽滑厘问敌人"穴土而入,缚柱施火,以坏吾城(挖坑道爆破城墙),城坏,或中人(伤人),为之奈何?"

墨子答以"审知穴之所在,凿穴迎之",即凿穴与敌相遇,用坑道战对付坑道战。其中,"窑灶鼓橐","用桔槔施利斧冲之","短兵相接"等,都是很厉害的战法。如此,敌穴攻可败。(《备穴》)

(六)备蚁附:破敌密集队形冲城之法

禽滑厘问"敌人强梁,遂以附城,后上先断,以为法程(下命令让战士蚂蚁一样爬城,谁爬在后面先杀谁)","前上不止,后射既疾,为之奈何?"

墨子说,"蚁附"是敌指挥官因攻城不下,不得已而采取的孤注一掷的办法。这时守军用"技机捫之","烧答覆之,沙石雨之"等办法,则"蚁附"之攻可败。

值得注意的是,墨者介绍"备蚁附为悬脾"的战法,即令大力士四人用机械操纵木仓室,仓内藏一人"操二丈四矛,刃其两端",上下刺杀爬城之敌。"施悬脾,大数二十步一,攻队所在,六步一。"大约二十步设置一架"悬脾"的进攻器械,敌人密集处六步设置一架。为了守城战斗的胜利,墨者充分利用了自己的技术力量,来设计、制造杀伤力更强大的武器,其目的无非是最大限度地保存自己并消灭敌人。

四、为世除害,兴师诛罚。追击穷寇,不留情面

墨子在《非儒》篇特地批判了儒者所宣扬的"君子胜不逐奔,掩函弗射,驰则助之重车"(意为君子打胜仗不追逐逃跑的敌人,按着箭囊不射,还帮着逃跑敌人引挽重车),这是宋襄公式的蠢猪式的仁义道德,不符合两军对垒、你死我活的战争规律。

墨子对这种谬论做了如下驳斥:

> 若皆仁人也,则无说而相敌。仁人以其取舍是非之理相告,无故从有故也,弗知从有知也,无辞必服,见善必迁,何故相敌?
>
> 若两暴交争,其胜者,欲不逐奔,掩函弗射,驰则助之重车,虽尽能,犹且不得为君子也。
>
> 意残暴之国也,圣人将为世除害,兴师诛罚,胜将因用儒术令士卒曰:毋逐奔,掩函弗射,驰则助之重车,暴乱之人也得活,天下害不除,是为群残父母,而深贼(害)世也,不义莫大焉。

这里运用辩证的分析方法和形式逻辑归谬法对儒者的谬论

进行了反驳。

如果双方都是暴人,那么即使做到"胜不逐奔"云云,也算不上君子。

如果一方为暴人,一方为仁人。那么仁人就应该奉行为世除害的方针,兴师诛罚,这时如果将军命令士卒"胜不逐奔"云云,则暴乱之人得以逃脱,为天下留下祸根,这实际上是害了天下父母,对世人不利,是最大的不义。

在墨子的这种议论中,贯穿了坚定明确的是非、善恶观念,颇有"宜将剩勇追穷寇"的意味。《孙子兵法》中有所谓"归师勿遏"、"穷寇勿迫"的话,意思是对逃归的敌军不要拦截,到了穷途末路的敌军不要追击。相比之下,墨子的思想显然更合乎两军对垒、你死我活的战争规律。春秋末,宋襄公(前650—前637在位)伐郑,跟救郑的楚军战于泓水。楚军正在渡河,宋将主张乘机出击,宋襄公拒绝说:"君子不乘人之危。"楚军已渡河,尚未排成阵势,宋将又请出击,宋襄公说:"君子不攻击不成阵势的敌军。"等到楚军排好阵势开战,宋军大败,宋襄公因受重伤而死。墨子批判了宋襄公式的儒家论调,认为用正义之师诛罚非正义之师,为世除害,不使暴人得活,这才是有利于天下父母、深爱世人的仁义之举。

综观墨家的军事思想,可知他们虽然竭力反对大国、强国对小国、弱国的攻伐掠夺战争,但却全力支持小国、弱国的积极防御战争。墨者在积极游说，宣传自己的战争观和军事思想的同时，又积极行动，将自己的学说付诸实践，实际参与小国、小城人民的守城战斗，并从中总结出关于积极防御战的军队编制、武器装备、工程设施和战术战法的系统思想。从这个意义上说，《墨子》城守各篇与主要总结大国、强国进攻战规律的《孙子兵法》，恰成古代军事学史上的双璧，二者相辅相成，交相辉映，到两千年后的今天，仍不失其价值和意义。

第七章 绝学重光待琢磨：墨学的命运和现代价值

第一节 长夜星光，空谷足音：墨学的中绝和研究点滴

一、由兴盛到衰微

墨学这一博大精深的学术思想体系，在战国时期的百家争鸣中，曾经兴盛了两个多世纪之久。在前5世纪40年代，当墨子壮岁时，就因创立了独具特色的墨学，而博得了"北方贤圣人"的美誉。(《渚宫旧事》二）墨子死后出生、活动于战国中期的儒门"亚圣"孟子，曾惊呼"墨翟之言盈天下"。(《孟子·滕文公下》)活动于战国末期的大儒荀子（前316—前238），则在其文学作品《成相》篇中描写学术界的状况说："礼乐灭息，圣人隐伏，墨术行。"杂家学派领袖、曾任秦王政相国的吕不韦说，"孔

墨之弟子徒属充满天下"(《吕氏春秋·有度》)。战国末法家代表人物韩非说:"世之显学,儒墨也。"(《韩非子·显学》)这说明在先秦诸子的争鸣中,墨学大有跟儒学中分天下之势。

在战国末期墨子后学撒遍中华大地的时候,秦国也曾有墨者的活动。《吕氏春秋·去宥》篇说:"东方之墨者谢子,将西见秦惠王。惠王问秦之墨者唐姑果。唐姑果恐王之亲谢子贤于己也。对曰:'谢子东方之辩士也,其为人甚险,将奋于说以取少主也。'王因藏怒以待之。谢子至说王,王弗听。谢子不说,遂辞而行。"吕不韦评论说:"凡听言以求善也。所言苟善,虽奋于取少主,何损?所言不善,虽不奋于取少主,何益?不以善为之恴(诚笃,忠厚),而徒以取少主为之悖,惠王失所以为听矣。"吕不韦此评颇中肯綮。这位"秦之墨者"唐姑果抛掉了墨者积极探求真理的精神,竟为了一己的私利,不惜排斥异己,在背后说别人坏话,先入为主地给秦惠王灌输对谢子的偏见,使这位"东方之墨者"谢子丧失了平等的游说墨学的机会。

《吕氏春秋·去私》篇说,"墨者有巨子(领袖)腹䵍居秦",秦惠王尊称他为"先生"。他的儿子杀了人,秦惠王考虑到他年老了,只有这一个儿子,于是准予赦免,并在腹䵍面前为之讲情,但是腹䵍坚持执行"杀人者死,伤人者刑"的"墨者之法",认为只有执行这条"墨者之法",才符合"天下之大义",故不听秦惠王的讲情,自行将儿子杀死偿命。吕不韦就此评论说:"子,人之所私也,忍所私以行大义,巨子可谓公矣。"这种去私为公、大义灭亲的侠义行为固然有可嘉许之处,但这对于素来奉行法家思想、主张国家政令统一的秦国来说,就有点不甚合拍。"世异时移,事业不必同。"(《论六家要旨》)墨者巨子腹䵍,把墨家集团的法规,看得比国家的统一政令还重要,这就有失迂腐和过分了。

然而,不管是"秦之墨者唐姑果",还是"墨者巨子腹䵍",我们都没有看到其对墨学有什么新的建树。这是否从一个侧面,预示了墨学即将衰亡的命运呢?

不管怎么说,墨学这一复杂多样的学术思想体系,在先秦始终是一种民间"私学",它从来就没有被哪一个诸侯国尊奉为官方之学。不仅为墨子所经常指名批评的"好战大国"齐、晋、楚、越的国君,不喜欢墨学;就是为墨子所扶植的弱小国家鲁、卫、宋、郑诸国的统治者,也未必对墨学表现出什么热情。约公元前439年,墨子曾专程到楚国向楚惠王"献书",惠王口头上赞誉说是"良书",但实际上却不用其书,不听其义,不行其道。楚大臣穆贺解释说墨子之道是"贱人之所为",而君王乃天下之大王,所以不能应用。(《贵义》、《渚宫旧事》二)墨子派弟子公尚过游说越王，越王"亦不知翟之意"，不听其言、用其道。(《鲁问》)墨子派学生高石子游说卫君。卫君坚持不行墨子道，气得高石子跑到鲁国，跟墨子一起谴责"卫君无道"。(《耕柱》)后来墨子亲自"载书"游说卫国，劝卫大夫公良桓子节用节欲、蓄士备武，也没有在卫国为实行墨学争得一块阵地。(《贵义》)至于墨子曾派禽滑厘率三百弟子，手持墨子亲制守御之器，准备用生命保卫其城池的宋国，墨子千里迢迢完成止楚攻宋的游说后，其守街门的吏卒竟然不让被暴雨淋得像落汤鸡似的墨子进街门避雨。这一感人肺腑的场面，是不是也预示了墨学的悲剧性结局呢？①《史记·邹阳传》还曾说："宋信子罕之计而囚墨翟。"可见宋国也没有实行墨学的迹象。在整个战国时期，墨学未变为官学，而是地道的民间"私学"之局面，似乎始终都没有发生根本性的变化。当然这并不排除墨者集团中的某些人，在某个诸侯国做个下级官吏的事实。这种事实并不能改变一个国家的根本政策，分散做一个下级官吏的墨者个人，也很难全面地贯彻墨学的精神，在人间创造出一个"兼爱"互利的墨者理想国。

道不同不相为谋。墨学还在兴盛之时，就受到儒、

---

① 《史记·孟子荀卿列传》和《汉书·艺文志》据墨子止楚攻宋的故事，误断墨翟为宋大夫。近人曾力辩墨子始终为平民，一生未曾做官。见梁启超《墨子学案》；方授楚《墨学源流》。

道、法诸家的攻讦。孟子以批判墨学、捍卫孔学为己任，声称："杨、墨之道不息，孔子之道不著"，"能言距（批判）杨、墨者，圣人之徒也"。而他首发的杨、墨"无父无君是禽兽"的攻击，更成为历代封建统治者禁绝墨学的借口。庄子的"剽剥（攻击）儒、墨"和荀子的非难墨学，可以归之于学术观点的不同。而韩非断言墨学为"愚诬之学"，规劝人主勿听"杂学谬行同异之辞"（《显学》），则是为形成法家思想一家独尊的局面制造舆论。

　　秦统一六国之后，韩非法家独尊的思想，被李斯（韩非的同学、秦王朝丞相）和秦始皇定为国策。秦王朝禁绝私学、焚烧百家之书，自然也包括禁绝墨学和焚烧民间收藏的《墨子》书在内。西汉桓宽《盐铁论》中说："昔秦以武力吞天下"，"专任刑法，而儒、墨既丧焉"。（《论诽》）这话是符合实际的。

　　西汉初年，统治者崇尚黄老之学，主张与民休息、无为而治，墨学似乎在局部地区的民间稍有复苏。《盐铁论·晁错》篇说："日者淮南、衡山修文学，招四方游士，山东儒、墨咸聚于江淮之间，讲议集论，著书数十篇。"两汉学者还经常儒墨并提，孔墨并举（西汉刘安《淮南子》、司马迁《史记》、桓宽《盐铁论》和东汉王充《论衡》等书），这一方面说明在先秦时儒墨并称显学，影响深远，于是两汉学者还经常顺口连言儒墨，另一方面也说明墨学似乎在民间还在流传。汉武帝刘彻（前156—前87）接受董仲舒建议[①]，实行罢黜百家、独尊儒术的政策，把儒学定为官方的正统学术，法、道、阴阳诸学派的思想都被儒学所吸收和改造，只有墨学在近两千年中被视为异端邪说而备受打击、排挤。从秦始皇焚烧百家语的一把火，到汉武帝定儒术为一尊国策的推行，墨学这一中华民族的优秀文化传统被强行中断。墨学由兴盛到衰竭，在近两千年的中华历史上沦为绝学，这是十分令人惋惜的。

二、衰微原因探析

关于墨学中衰的原因，古往今来人们进行过许多探索、分析，值得参考。看来，墨学中衰的原因，需要到墨学本身和中国社会的性质、特点中去寻找。而墨学这个复杂多样的文化思想体系，有一个产生、发展和演变的过程。中国社会的经济、政治、思想文化具有多种多样的性质和规定，在两千多年中有其变动的和不变的因素。所以，墨学中衰的原因也是复杂多样的。

我们认为，墨学中衰的主要原因，是其曾经部分地代表了由奴隶制下解放出来的自由平民阶层（即"农与工

[①] 董仲舒在对汉武帝的建议中说："诸不在六艺之科，孔子之术者，皆绝其道，勿使并进。"《汉书·董仲舒传》说："仲舒对策，推明孔氏，抑黜百家。"

肆之人"）的利益。这一阶层在春秋末战国初曾经活跃于一时，墨子的思想部分地反映了他们的要求。随着这一阶层演变为封建制下的小生产者，就逐渐被纳入封建宗法制度的藩篱，成为巩固封建制度的广泛社会基础。因此，在初期渗透平民色彩的墨子思想，已不符合封建统治者的需要。封建统治者更喜欢儒者所谨守的所谓"圣王之道"，不喜墨子的所谓"役夫之道"。

例如，墨子倡导"兼爱"，即人与人之间不分阶级、阶层和等级而普遍地、平等地相爱。这固然反映了初期民间结社中手工业劳动者的朴素愿望，但要在以宗法等级制为基础的封建社会里作为国策来普遍推行，则是不能实现的空想。墨子要求"视人之家若视其（自己）家"，爱别人父亲跟爱自己父亲一样，这跟封建宗法制的亲疏差别是水火不相容的。无怪乎在墨子创说的同时，就有人对他说："吾譬兼（爱）之不可为也，犹挈泰山以超江河也。"（《兼爱下》）孟子批评墨子兼爱是"无父"，是"禽兽"（《滕文公下》），虽属过分，但也抓住了墨子兼爱说不合宗法制的实质。荀子批评墨子"慢差等"，"曾不足以容辨异、悬君臣"（《非十二子》），"有见于齐（平等）、无见于奇（等级差别）"（《天论》）；班固批评墨家"推兼爱之意，而不知别亲疏"。（《汉书·艺文志》）这都抓住了问题的实质。倒是墨者所批评儒者"亲亲有杀（差别）、尊贤有等（等级），言亲疏尊卑之异"（《非儒》）的观点，更符合当时的社会实际和统治者的需要。所以随着封建统治的巩固，儒兴而墨绝就成了历史的必然。

秦始皇禁私学、焚烧百家语，到汉武帝的罢黜百家、独尊儒术，从根本上结束了战国时期的百家争鸣、学术上自由讨论的生动局面，因而使墨家所总结的辩论术（逻辑学）受到冷落。同时，从秦汉至近代西学东渐之前的近两千年中，由于中国经济主要是以农业为主的自然经济，统治者长期实行重农抑商的政策，天文、历法、农学、医学等科学首先受到统治者的较多关注，而《墨经》所总结的较为高深、抽象的哲理和数学、力学、光学等自然科学知识，则不被人重视。秦汉时中国实现了大一统，墨者所总结的小国、小城防御战的战略战术也被人们置于脑后。这也是墨学中绝的原因。

庄子后学曾批评墨子"节用"、"非乐"等学说，说他"为之太过"。活着连一支歌也不唱，"生也勤"，"死也薄"，"其道大觳"。"使人忧，使人悲，其行难为。""反天下之心，天下不堪。""离于天下。"这不仅为历代统治者所不喜欢，一般人也感到可敬而不可亲。荀子批评"墨子之言昭昭然为天下忧不足"，是"墨子之私忧过计"。墨子"非乐"使天下乱，"节用"使天下贫。（《富国》）"墨子蔽于用而不知文"（《解蔽》），即过分强调功用而没有看到礼乐的调节功能。这自然也成为墨学不受欢迎的原因。

墨者集团的任侠思想在初期曾经有一定的积极意义。如墨子派禽滑厘等三百弟子帮宋国守城，有反对大国掠夺小国、保卫小国人民和平劳动的合理性。但随着社会的发展、封建政权的巩固，墨者的任侠思想就逐渐暴露出其落后性和保守性。公元前381年，楚悼王（前401—前381年在位）死，楚国的地方封君阳城君，跟其他保守的大臣一起，在悼王丧所围攻曾经帮助悼王变法的吴起，射中王尸。楚国将其依法办罪，阳城君出逃，楚收回其封国。这时墨者的领袖孟胜率弟子一百八十三人替阳城君舍命守城，认为这就是"行墨者之义，而继其业"，符合"严师"、"贤友"和"良臣"的标准。（《吕氏春秋·上德》）《墨经》中规定"任侠"精神的定义是"士损己而益所为"，"为身之所恶，以成人之所急"，这究竟是"益"谁人之"所为"，"成"谁人之"所急"。他们所受雇的主人为了保全性命而仓皇出逃了，作为墨者领袖的孟胜，却率众弟子去做无谓的牺牲，连负责传令让宋之田襄子任墨者"巨子"的两位弟子，还要"反死孟胜于荆"，新任"巨子"田襄子止之都不听，可以说是有勇无谋、愚忠的典型。墨者这种言必信、行必果，"已诺必诚，不爱其躯，赴士之阨困"，把死生置之度外的牺牲精神，在新的形势下已暴露出其明显的不合理性。韩非说："侠以武犯禁。"（《显学》)而《墨经》曾经定义说:"罪,犯禁也。"违犯国家禁令也就算有罪了。这样,秦汉统治者镇压墨侠,也就有法律根据了。墨者巨子腹䵍行"墨子之法"而自杀其子,秦惠王虽亲自赦免也不听。可见这时所谓"墨者之法"已经暴露出跟封建政权的国家之法的矛盾。为了维护大一统的封建之法,墨者的侠义行为自然就成了被镇压的对象。

东汉王充曾经思索墨术之所以"废而不传"的原因。他认为是由于墨学"道乖相反","自违其术","术用乖错,首尾相违",即自相矛盾,以及墨子"明鬼"论中的轻理性、重感性的经验主义。实际上,各家学术都不免有若干自相矛盾之处(王充的议论中也有),而且墨翟的经验主义已为其后学所纠正。所以王充说的不一定是墨学中绝的真正原因或主要原因。

笔者认为,墨学衰绝的真正原因或主要原因,是其不适合中国封建社会统治阶级的需要。

三、衰微时期的墨学研究

由汉至清,在近两千年的封建社会中,墨学研究犹如在寂静的山谷里听到人的脚步声,又像在漫漫长夜中看到依稀可辨的星光,弥觉新奇珍贵。

(一)司马谈、司马迁和王充论墨学

司马谈在《论六家要旨》中,将墨家列为先秦六大学派之一,肯定墨学的历史地位,并指出墨学的一个长处,是主张"强本节用"(即发展农业生产和节约开支),是"人给家足之道","虽百家弗能废"(其他各家都无法否定),这是正确的。司马谈还指出,墨者教人学习原始社会领袖的俭朴生活,将导致"尊卑无别",并指出"世异时移,事业不必同","墨者俭而难遵,是以其事不可遍循",即情况有变化,墨者的原则难以遵从。这从一个侧面道出了墨学之所以中绝的原因。(《史记·太史公自序》)

司马迁指出墨翟"善守御,为节用",是正确的。不过他对墨家的地位处理得较低。他曾为名医、商贾、刺客、优伶、占卜者等各色人等立传,将孔子列入"世家",跟帝王一样待遇,并为"仲尼弟子"立传,而对跟孔子齐名的墨子则没有立传,只在《孟荀列传》末尾附言二十四字,还连用几个"盖","或曰"之类不确定的语词,表明他对墨子生平事迹缺乏最基本的考证,对墨学的丰富内容没有全面反映。这说明到司马迁时,墨学的衰微已成定局,墨子的事迹已不甚引起文人的注意。

东汉王充在其著作《论衡》中,揭举了墨子学说中的矛盾,并思索了墨术之所以废而不传的原因,这是值得肯定的。

(二)鲁胜的《墨辩注序》

魏晋南北朝时,知识界兴起"辩名析理"的思潮。郭象（252—312）说，当时士人"能辩名析理，以宣其气，以系其思，流于后世"。（《庄子·天下》篇注）郭象本人亦精于此道，"语议如悬河泻水，注而不竭"。（《世说新语·赏誉下》）

"辩名析理"又简称"名理"。史籍屡说当时人长于谈论名理，如王敦、卫玠"少有名理"，裴遐"以辩论为业，善叙名理"，傅嘏"善名理"，钟会"博学精练名理"等。（《世说新语·文学》注；《三国志·钟会传》）王导有一次召集名士聚谈，对殷浩说："身今日当与君共谈析理。""既共清言，遂达三更。"王衍把女儿嫁给了裴遐，女儿婚后三日，王衍大会宾客，宴请裴遐，裴遐跟郭象辩论。"郭（象）陈张甚盛，裴（遐）徐理前语，理致甚微，四座咨嗟称快。"王衍很兴奋，以有这样一位能言善辩的女婿为荣。卫玠跟王敦通宵达旦地辩论，以至于由体弱到病重、病死。谢朗少年时参加长时间辩论，令其母王夫人非常担心，生怕儿子因辩论过劳而伤生损寿，于是"流涕抱儿以归"。

在这种浓厚的"辩名析理"的思潮中，先秦名家和墨家的著作又重新引起人们的兴趣。于是有鲁胜的《墨辩注》一书问世。

鲁胜（约250—320），字叔时，西晋代郡（今山西阳高西南）人。成年时在京都洛阳做过左著作郎。公元292年前后任建邺（今南京市）令。精通天文历法，在建邺任职时著天文历算专著《正天论》，并上书请求依据自己的推算修订历法。声称:"若臣言合理,当得改先代之失,而正天地之纪。如无据验,甘即刑戮,以彰虚安之罪。"由于上书未果,不久称病离职,做了隐士。西晋大臣张华派儿子劝鲁胜出来做官,"征博士","举中书郎",均被拒绝。《晋书》把鲁胜归入"隐逸"一类,列传叙述了他的事迹。

鲁胜撰《墨辩注》一书,在中国历史上第一次为《墨经》作注。《晋书》说鲁胜"著述为世所称",可见其书在当时学术界有一定影响。可惜《墨辩注》一书"遭乱遗失",仅其序存《晋书·隐逸传》中,我们可据以窥见他关于墨学的见解。

鲁胜的《墨辩注序》全文约三百字,其中有如下值得注意的学术见解。

1. 首创"墨辩"之名,把《墨经》叫作《辩经》。"辩"指辩论或辩论术。鲁胜把《墨经》看作是关于辩论或辩论术的经典,这固然反映了魏晋学者重视"辩名析理"的思潮和眼光,也反映了《墨经》中关于辩论术(相当于逻辑学)的知识本来就占有较大比重这一基本事实。尽管《墨经》中不仅有关于逻辑学的内容,也有许多哲学、其他社会科学和自然科学的知识,但无疑逻辑知识占有最大分量,并且其他知识也是用自觉的逻辑形式表达出来的(如定义、划分、推理论证等)。所以把《墨经》叫《墨辩》亦无可厚非。这一称呼在近现代学术界还有较大影响。近代学者将西方逻辑译为"辩学"①，实以鲁胜的《墨辩注》为其术语之源。另外今人喜用"墨辩"一词代表"墨家逻辑"，而与西方和印度逻辑相对，此一语词含义也要溯源到鲁胜。

2. 揭示了先秦诸子百家逻辑思维和表达方式的共同性。鲁胜说："孟子非墨子，其辩言正辞则与墨同。荀卿、庄周等，皆非毁名家，而不能易其论也。"诸子百家在政治、伦理等观点上的不同，并不妨碍他们应用共同的"辩言正辞"，即逻辑思维和表达方式。孟子声称"距杨、墨"，骂墨子是禽兽，但细读墨、孟之书，可以看出孟老夫子的辩论方式跟墨子的表达方式是多么相似啊！如墨子辩论，讲类、故、法，运用归谬式类比推理，孟子亦然。②在辩论的方式上，似乎孟子是墨子的杰出弟子！由此我们也看出，逻辑学正是先秦诸子百家争鸣辩论的共同产儿！在这点上，鲁胜可谓先知先觉者。

3. 论述了《墨经》中坚白、同异、无厚、两可等辩论的逻辑学、认识论、方法论意义。鲁胜说："名必有形，察形莫如别色，故有坚白之辩。"坚白之辩是正确理

---

① 英国传教士艾约瑟译有《辩学启蒙》，1896年出版。王国维译有《辩学》，北京文化书社1908年版。
② 参见孙中原：《中国逻辑史》（先秦），中国人民大学出版社1987年版，第34—72页。

解名实关系的一个典型事例。"名必有分明,分明莫如有无,故有无厚之辩。"《墨经》中关于"无厚"的几何概念的界定,是逻辑概念论的一个应用。"是又不是,可又不可,是名两可。"《墨经》中关于矛盾命题"不两可(不俱当)"的规定,是形式逻辑矛盾律的核心内容。"同而有异,异而有同,是之谓辩同异。至同无不同,至异无不异,是谓辩同辩异。"此论言简意赅,恰当地道出了《墨经》中同异之辩的辩证逻辑和形式逻辑意义。"同而有异,异而有同"表明同异相互渗透的辩证逻辑原则。"至同无不同"是指最高属概念,即范畴。"至异无不异"是指单独概念。由此说明鲁胜对于《墨经》之学不乏精到之见。

4. 对墨家逻辑的实践意义有精确的了解。鲁胜说:"同异生是非,是非生吉凶,取辩于一物,而原极(探究)天下之污隆(盛衰)。"我们若把鲁胜此论跟《小取》开头那段话加以对比,就可以了解鲁胜对墨家逻辑的精蕴有所体会。《小取》说:"夫辩者将以明是非之分,审治乱之纪,明同异之处,察名实之理,处利害,决嫌疑焉。摹略万物之然,论求群言之比。"墨家学者想借逻辑学的道理来匡正天下,看来鲁胜并不甘于在隐居中的寂寞,也希冀假借注释墨家逻辑经典来思索国家盛衰的深层原因。

5. 提示了"引《说》就《经》"这一《墨经》研究的正确方法。鲁胜以无限惋惜的心情,叙述自邓析至秦时名家一系列著作在魏晋前五百多年中的"亡绝",又以兴奋的心情庆幸狭义《墨经》四篇的"独存"。他说:"今引《说》就《经》,各附其章,疑者缺之。"《墨经》的结构,是《经》与《说》并行,后者解说前者,二者既连为一体,又分别独立成篇。若想准确地了解《经》的意义,不可不以《说》为参照标准。引《说》就《经》,各附其章,是阅读理解《墨经》的正确方法和入门捷径。这样做,可以避免许多误读和误解。而"疑者缺之",即对有疑问,暂时做不出肯定解释的部分,就姑且空缺,而不做武断的解释,这是实事求是的科学态度,值得提倡。

6. 提出了接续墨学研究的期望。鲁胜说:"其或兴微继绝者,亦有乐乎此也。""兴微"就是期望处于衰微之中的墨学能够得以振兴、发展,"继绝"就是期望处于亡绝之中的墨学(也包括名家学说)能够得到继承、弘扬。鲁胜有通过自己的撰著来征求同好、互相切磋的盛情雅意。不过,他的《墨辩注》一书,就像是划过中国封建社会漫漫长夜苍穹上的一颗流星,一闪而过。《墨经注》一书佚失,而仅存其序之事实,再一次表明了墨学命运之可悲及其研究道路之坎坷。

鲁胜《墨辩注序》中也有其失误之处。如谓:"墨子著书,作《辩经》以立名本。"断言《墨经》为"墨子著书",此见似不确。当然,这种说法对于历史上第一个研究《墨经》的人来说，是很难避免的。这似乎也反映了鲁胜对《墨经》和墨学研究的科学性之不足，是一种比较肤浅和表面的看法。中国古人著书，喜欢假托一个更古的人，或者冠以自己学派领袖或创始人的名字。考证作者辨别一本著作的时代，是近人运用科学的分析方法才能做到的。指出这一点，不是苛求于鲁胜，何况所谓"墨子著《墨经》"之说，时至今日还有一些学者深信不疑。相信通过讨论，对此问题可有较为接近的看法。

此外，鲁胜又谓："惠施、公孙龙祖述其学。"即认为惠施、公孙龙传承阐发了《墨经》的学问。这更是一个错误的断语，是一种片面的、表面的看法。惠施是战国中期的人，公孙龙是战国末期的人。《墨经》作者似与公孙龙同时代。惠施的观点主要是辩证法和辩证逻辑，公孙龙的观点是多元客观唯心主义（《名实论》是唯物论）、形而上学方法论，诡辩论和逻辑学的杂拌。尽管惠施、公孙龙和后期墨家曾经讨论了坚白、同异之类的共同问题，可是他们的观点并不是相同的，他们分属于不同的学派或派别。不能一看讨论了共同的问题，有一些类似的字句，而不去细分其观点的同异，就立即断言为一派或曰"祖述"。这也反映了对《墨经》和墨学的研究不够全面、深入和系统。这对鲁胜来说也是难免的。他的这种错误看法对后人有一定影响。如清代汪中和近代胡适等人就持有类似的看法。①

(三) 韩愈的《读墨子》

唐代韩愈(768—824)著有《读墨子》一文(《昌黎集》)。韩愈尊儒，维护儒家的传统思想，并以儒家"道统"的继承人自居，但他在此文中同情墨家。他说儒家讥评墨子的尚同、兼爱、尚贤、明鬼之说，但孔子实际上也有相似的观点。并认为"儒墨同是尧舜，同非桀纣，同修身正心，以治天下国家"。他提出，"孔子必用墨子，墨子必用孔子。不相用，不足为孔墨"。我们不否认孔、墨学说中有相同的部分，包括韩愈所指出的内容。墨子也承认孔子学说中有"当而不可易"的部分，他有时也称引孔子的话。(《公孟》)但是不能由此而否认儒墨对立的基本事实。墨子先是学儒师孔，然后又创造了独具特色的、跟儒学对立的文化思想体系。韩愈戴着儒家的有色眼镜来看待墨学，有调和儒、墨，合孔墨为一的想法，但这想法并不符合儒墨对立的实际。韩愈认为儒墨之间的辩论，"生于末学各务售其师之说"，而"非二师之道本然"。这种看法也不符合实际。

我们看今本五十三篇《墨子》中有许多儒墨辩论的记载，墨子曾跟儒者信徒公孟子、巫马子、程繁、子夏之徒

---

① 见于汪中的《述学·墨子序》和胡适的《先秦名学史》。

等有过尖锐的争论，而韩愈似乎没有看到。韩愈很可能没有看过这五十三篇《墨子》，他看的可能是社会上流传的一个并不完全的本子①，自然就不能对墨学有较为全面的认识，做出更为中肯的评价。不过，韩愈作为一位坚决维护孔、孟"道统"的学者，能够置孟轲许多攻击墨翟的言论于不顾，而站出来为墨子说几句好话，这在儒门中已属难能可贵、颇具新意了。清学者俞樾说："乃唐以来，韩昌黎（即韩愈）外，无一人能知墨子者。"（《墨子·序》）就是指的这种情况。由此可见，在墨学中绝时期，晋代鲁胜、唐代韩愈的议论就犹如暗夜星光之可贵、空谷足音之难得了。

第二节　否极泰来，绝学再兴：墨学研究的重振和展望

一、以往知来，以见知隐——近世墨学研究回顾

（一）注释《大取》的第一人——傅山

随着社会的发展和知识界思想的逐渐解放，墨学在经历了近两千年的中绝时期之后，到近世又渐次走上再兴的

---

① 宋郑樵《通志·艺文略》著录《墨子》十五卷即今五十三篇本，另著录有乐台注《墨子》三卷（已佚），指从《亲士》至《尚同》十三篇，是一个不完全的本子。

道路。

墨学再兴的源头，可以追溯到明清之际的思想家傅山（1607—1684）。傅山的经历和思想，跟晋鲁胜有点相似。傅山青年时中过秀才，明亡后隐居不仕，拒绝跟清政府合作。不满儒家"辟异端"的正统思想，开清代子学研究之风。

《大取》在今本《墨子》中，被排在狭义《墨经》四篇之后，《小取》之前。狭义《墨经》四篇再加上大、小《取》，算作广义的《墨经》或《墨辩》。《墨经》素称难读，而《大取》又是广义《墨经》中更为难读的一篇。其内容以逻辑学和伦理学为主，而伦理学的意义又用自觉的逻辑形式表达，它可以说是墨家的道义逻辑。其中有相当于形式逻辑的内容，也有相当于辩证逻辑的内容。如建立论题的"以故生、以理长、以类行"三原理，相当于形式逻辑的充足理由律、推理形式有效律、类别的同异律（同一律，矛盾律）。又如，"凡兴利，除害也，其类在漏雍"，具有"凡S是P，其类在S1"的形式，这相当于形式逻辑的典型归纳法。而其论同异关系和取大利、不避小害的辩证思维方法，则具有辩证逻辑的意义。如果不具备一定的逻辑修养，不了解墨家逻辑的真谛，是很难读懂它的。加之《大取》篇幅较长，在全部《墨经》中是篇简错乱、传抄致误最厉害的一篇。所以自从秦汉墨学中绝之后，就没有人研究。晋鲁胜注《墨辩》，只涉及狭义《墨经》四篇，而未及《大取》。傅山说，《大取》"奥义奇文，后世以其不可解而置之"①。他作为中国历史上第一个注《大取》的人，"逐字逐句为之，积累而疏之，以求其通"的精神，开清代注释《墨子》古籍的先河，值得嘉许。

傅山的《大取》篇释义间有可取之处。如他把《大取》中"以形貌命者"解为"实指之词"，"必知是物为某物"。"不可以形貌命者"解为"想象之词"，"不能的确知是物为某物"。这跟我们今天的理解前者为实体概念，后者为属性概念，有某种程度的接近。

又如对《大取》"有其异也，为其同也，为其同也异"，傅山注作："因有异也，而欲同之。其为同之也，又不能混同"，而各有其异，"《楞严》'因彼所异，因异立同'之语，可互明此旨"。此注接触到《大取》同异相互渗透的辩证观念，又跟佛经的思想做了比较研究，可以说是独到的见解。

《大取》的"迁"，指转移论点的逻辑谬误。傅山解作："既然之，而时复不然之"，"既不然，而又时复然之。""强"指牵强论证的逻辑谬误。傅山解作："本然之，

---

① 《霜红龛集》卷三十五《墨子大取篇释》。

而强不然之。本不然，而强然之。"这些解释都有一定启发。

傅山在对《大取》做了一番释义之后，自谓"文本难尽通"，看到了注释墨家绝学的难度，这种实事求是的科学态度，也值得称赞。

（二）"墨者汪中"的研究

近世第二个墨学研究者，是清中叶思想家汪中（1745—1794）。江苏江都（今扬州）人。出身贫寒，少时做书商佣工，因而得以遍读百家之书。在学术研究上有叛逆精神，敢于"针砭俗学"。（孙星衍《汪中传》）汪中曾为明陆稳序刻的五十三篇《墨子》作校注，并收集古籍中涉及墨子的材料编为《表微》一书。他的《墨子》校注和《表微》都没有留传下来，仅有《墨子序》（1780）和《墨子后序》，载于《述学》一书。

由上述汪中的两篇序来看，他敢于大胆地提出跟传统不同的新见解，对久已成为绝学的墨学十分推崇。认为墨学是先秦显学，到秦汉之际才衰微。墨学跟荀子之学相反相成。墨子是积极救世的仁人才士。孟子攻击墨子"无父"等是歪曲诬枉的说法，后儒不看《墨子》之书，而盲目相信了孟子的说法。汪中告诫"后之从政者"不要借仁义而诬蔑墨子和墨学。

汪中在推崇墨学的同时，把批评的矛头直指传统儒学和"从政"的统治者,引起当权者和儒教卫道士的憎恨。曾做过内阁学士的官僚兼道学家翁方纲(1733—1818)指责说:"有生员汪中者,则公然为《墨子》撰序,自言能治《墨子》,且敢言孟子'兼爱无父'为诬墨子,此则名教之罪人无疑也。"① 就因为汪中在《墨子序》中批评了孟子对墨子的诬蔑,为墨子讲了几句好话,就被指斥为"名教之罪人",这在当时是可以被判杀头的吓人罪名。由此可见,在儒学独尊、墨学被视为"异端"的封建社会里,实事求是研治墨学是多么不容易。封建统治者的不喜欢,也正是墨学长期中绝的社会历史原因和政治原因。原来汪中在34岁曾经通过省级考试,得到"拔贡"的头衔,此后汪中即不再应举。翁方纲看到汪中推崇墨学的言论,就认为应该"褫革其生员衣顶"(即取消其"拔贡"的资格),而给他扣上一个"墨者汪中"的帽子。所谓"墨者汪中"在当时也是一顶政治帽子,犹如说"异端汪中"一样厉害。不过在今天看来,称之为"墨者汪中",倒是证明汪中曾经发表了跟传统儒学不同的见解,为墨学的复兴造了舆论。

对于类似翁方纲的指责,汪中并没有屈服,他回敬说:"欲摧我以求胜,其卒归于毁,方以媚于世,是适足

---

① 《书墨子》,见《复初斋文集》卷十五。

以发吾之激昂耳！"(《述学·与刘端临书》)指出企图摧毁别人以求胜的人，最终必将导致自己的毁灭，而那些"媚世"的攻击言论，恰恰激发了他的反抗精神。可惜的是，汪中《墨子注》和《表微》两书不传，使我们无法窥见其墨学研究之全貌。

（三）《墨子》古籍的整理：从毕沅到孙诒让

与汪中同时及以后，从清中叶乾嘉之世到清末光绪年间，随着考据学、诸子学研究的兴盛，墨学研究也逐渐复苏。17世纪明末以后的西学东渐，作为一个刺激的因素，曾激发中国的知识界从传统儒学的范围以外去寻找知识的领域。重视科学和逻辑的墨学，成了人们所重新关注的一个中心。一些儒家正统学者，亦参加进整理《墨子》古籍的行列。18至19世纪，整理《墨子》古籍最著名的学者有卢文弨（1717—1796）、毕沅（1730—1797）、王念孙（1744—1832）、孙星衍（1753—1818）、张惠言（1761—1802）、王引之（1766—1834）、俞樾（1821—1907）、孙诒让（1848—1908）诸家。其中卢文弨、毕沅、王念孙、孙星衍为乾隆年间进士，张惠言、王引之是嘉庆年间进士，俞樾是道光年间进士，孙诒让是同治年间举人。他们作为正统学者、经学家，使用汉学（朴学）的考据训诂方法，为整理注释《墨子》做出了一定贡献。这里着重讨论有较大影响的毕沅、孙诒让等人的成果。

第一个为《墨子》全书系统作注的是乾隆年间的毕沅,江苏镇洋(太仓)人。由进士而授修撰,历任陕西按察史、陕西巡抚、河南巡抚、湖广总督。毕沅以存于《道藏》中的五十三篇《墨子》为底本,集合卢文弨、孙星衍、翁方纲等人的校注成果,从1782至1783年编成《墨子注》一书。

毕沅在1783年撰写的《墨子注序》中肯定《墨子》一书不可忽视,并引墨子主要学说,认为是"通达经权,不可訾议"。而其《备城门》诸篇的"古兵家言"则"有实用"价值。但他接受韩愈的看法,认为墨翟"未尝非孔",并认为《经》上下为墨翟自著,则似非真知灼见。毕沅于1783年3月写信给孙星衍说:"《经》上下,《经说》上下四篇,有似坚白异同之辩,其文脱误难晓。"孙星衍在1783年12月,撰《墨子注后序》,也承认"《经》上下略似《尔雅·释诂》文,而不解其意旨"。这说明第一批的《墨子》整理者,对于《墨经》的思想,基本上还处在一种茫然无知的状态。这是不足为奇的。因为理解《墨经》"绝学"需要更多的知识准备,在毕沅、孙星衍的时代,这种条件还不具备。

孙诒让是清末古文经学家,曾任刑部主事,后来归里专事研治古籍。孙氏将明正统《道藏》本《墨子》跟毕沅校本、明吴宽写本、顾广圻校本、日本人刻本等互相校勘，参考综合毕沅、苏时学、王念孙、王引之、张惠言、洪颐煊（1765—1833）、俞樾、戴望等人的注释成果，以很大功力撰成《墨子间诂》一书，俞樾称"自有墨子以来，未有此书"①。一般认为孙著为《墨子》较好的读本。墨学从未成为官学，又长期成为绝学，仅在民间流传，经由竹帛本、纸卷本辗转传抄，误、衍、脱、窜在所难免。经毕沅、孙诒让等人整理校注，为墨学研究打下较好的文献资料基础。

孙氏推崇墨子"探精道术，操行艰苦"，"勇于振世救敝"，"九流汇海，斯为巨派"，非其他诸子所能伦比。他指出墨学"不合于儒术"，所以遭到孟子等儒者的"排诘"非难，对墨学抱有一定程度的同情。②

孙诒让对于校释《墨经》和兵法诸篇，用了较大精力。他说："《经》、《说》、兵法诸篇，文尤奥衍凌杂，检览旧校，疑滞殊众，研核有年，用思略尽，谨依经义字例，为之诠释，至于订补《经》、《说》上下篇旁行句读，正兵法诸篇之讹文错简，尤私心所窃自喜，以为不谬者，辄就毕本、更为增定。"③但孙氏深知校释《墨经》之难，

---

① 《墨子序》。
② 《墨子序》；《与梁卓如论墨子书》。
③ 《墨子序》。

他说《墨子》书中"最难读者,莫如《经》、《经说》四篇"。"《经》、《说》诸篇,宏义妙旨,所未窥者尚多。"①他认为《墨经》中必有如亚里士多德演绎法、培根归纳法和因明的道理,可惜他"不能尽得其条理"。孙氏又说,"《经》、《说》上、下篇与庄周书所述惠施之论,及公孙龙书相出入",并认为惠施、公孙龙学说"似源出《墨子》","窃其余绪"。②从孙氏这些说法来看,他对于墨家逻辑的真谛仍无准确把握。而《墨经》的逻辑跟惠施、公孙龙的学说是不能混同的。孙氏也认为《墨经》中有跟西方相似的自然科学知识,"综西士通艺之学","用近译西书,复事审校,似有足相证明者"。他认为"用天、算、光、重诸学,发挥其旨",乃为"旷代盛业",殷切盼望后人能接续他完成未竟的志业。③

墨子曾经说:"谋而不得,则以往知来,以见知隐。谋若此,可得而知矣。"(《非攻中》)回顾近世墨学研究的历程,正可以明确我们墨学研究的任务,收到"以往知来,以见知隐"的功效。

---

① 《墨子间诂·总目》。
② 《墨子序》;《与梁卓如论墨子书》。
③ 见《与梁卓如论墨子书》。

二、取精用宏，温故知新——墨学的现代价值和研究展望

历史的发展进入20世纪，延续了两千年之久的封建制度已无可挽回其颓势，以儒学为核心的封建文化堤防也被新文化运动冲开缺口，孔孟之道被公开批判，非儒学的优秀文化遗产受到重视。西方的哲学、逻辑和自然科学较为系统地引进，科学和民主的思潮极大地改变了学术界的面貌。在整个20世纪，研治墨学者日渐增多，谈论墨学成为学术时尚。陆续出版数十种有关墨学的专著，如陈柱的《墨学十论》、方授楚的《墨学源流》等。对于《墨经》的研究，也比以前深入。人们看到《墨经》重理性，讲科学，谈逻辑，可与西学相贯通，足以启发千年蒙昧，解放众人思想，是反对封建文化和儒学流弊的诸般精神武器之一。专门注释、研究《墨经》的著作也出了几十种，如谭戒甫的《墨辩发微》、高亨的《墨经校诠》等。在20世纪初期，研究墨学而较有影响者有梁启超、胡适等人。

（一）墨学复兴的鼓动家梁启超

梁启超（1873—1929），早年爱好、服膺墨学。取墨者任侠之义，自号"任公"。梁氏与康有为倡导变法维新，人们合称"康梁"。1898年变法失败后梁氏逃亡日本，在其所主编的《新民丛报》上发表《子墨子学

说》、《墨子之论理学》等论文,后汇刻为《墨学微》一书。在此书《序论》中他说:"(中国)今欲救之,厥唯墨学。"他在文中举例说:"假使今日中国有墨子,则中国可救。""墨学救国"的口号固然有失偏颇,但把墨学作为反对封建文化和传统儒学的思想武器之一,却反映了当时一部分知识分子的心情。1921年梁氏又刊行《墨子学案》,1922年刊行《墨经校释》,分门别类地阐述墨学中的政治思想、知识论、逻辑和自然科学等内容,并特别推崇墨家的逻辑学。

梁氏认为在先秦诸子中,《墨子》于逻辑学持之最坚、用之最密。《墨子》一书盛水不漏,纲领条目一贯,就是由于有逻辑学的"城壁"。逻辑学是全部墨学的根据。① 梁氏断言,《墨经》是世界最古的逻辑著作之一。②

在充分阐发墨学的逻辑和科学精神之后,梁氏满怀深情地慨叹说:"只可惜我们做子孙的没出息,把祖宗遗下的无价之宝,埋在地窖子里二千年。"以至于"今日我们在世界文化民族中,算是最缺乏论理(逻辑)精神、缺乏科学精神的民族,我们还有面目见祖宗吗?如何才能一雪此耻?诸君努力啊!"③ 梁氏作为墨学的研究者和墨学复

---

① 见《墨子之论理学》。
② 见《墨经校释·自序》。
③ 《墨子学案》,第142页。

兴的鼓动家，在中国文化思想界发生了重要影响。

（二）呼唤墨学复兴的胡适

胡适（1891—1962）早年接触西方学术文化，深受新思想的影响。1910年赴美留学，1915年至1917年在美国哥伦比亚大学攻读哲学博士，用英文写成学位论文，自署中文副题《先秦名学史》①。他解释"名学"即逻辑。② 这是中国人用近代观点写的第一部关于中国逻辑史的断代专著。

在《先秦名学史》的导论部分，胡适指出儒学已长久地失去了它的生命力，而中国哲学的将来，有赖于从儒学的枷锁中解放出来。儒学应该回到它产生时的地位，即只是盛行于古代中国的许多学派中的一派，只是当时灿烂的哲学群星中的一颗明星。同时胡适断言，中国哲学的未来，却大有赖于非儒学派的复兴，而这些非儒学派曾经在古代中国跟儒学同样盛行。正是在这些非儒学派中，可望找到移植西方哲学和科学最佳成果的合适土壤。胡适认为强调经验、科学方法和历史的、发展的观点，这些西方现代哲学的最重要贡献，都能在前5、前4、前3世纪伟大的非儒学派中找到高度发展了的先驱。新中国的责任是借

---

① 此书中译本1983年由学林出版社出版。
② 参见胡适：《中国哲学史大纲》（卷上），商务印书馆1937年影印版，第187页。

鉴和借助现代西方哲学,去研究这些久已被忽视了的本国学派。这种研究能够使中国人民看到,西方的方法对中国人的心灵并不完全是陌生的。利用和借助于中国哲学中许多久已失传的财富,才能以最有效的方式吸收西方现代文化,并使它同我国的固有文化相一致、协调和继续发展。这也就是要求成功地把西方现代文化的精华和中国固有的文化精华结合起来。从非儒学派的复兴中,可以找到有机联系现代欧美体系的合适基础,使我们能在新旧文化内在协调的新基础上建立自己的哲学和科学。①

在胡适的这篇博士论文中,用了三分之一的篇幅考察墨翟及其学派的逻辑。胡氏称五十三篇《墨子》是这一时期"真正有价值的唯一著作",称墨翟也许是在中国出现过的最伟大的人物,写作《墨经》六篇的后期墨家是"科学的和逻辑的墨家","是伟大的科学家、逻辑学家和哲学家"。"他们是以同异原则为基础的一种高度发展的和科学的方法的创始人","这是发展归纳和演绎方法的科学逻辑的唯一的中国思想学派"。"它继承了墨翟重实效的传统,发展了实验的方法。""在整个中国思想史上,为中国贡献了逻辑方法的最系统的发达学说。"胡适首次深刻揭示了墨翟"三表法"作为推理论证方法的逻辑意义,

---

① 参见胡适:《先秦名学史》,学林出版社1983年版,第8—10页。

具体阐发了后期墨家的逻辑学和认识论。

《先秦名学史》一书中的内容被胡适扩充修订为《中国哲学史大纲》(卷上)，墨学部分占有其中近三分之一的篇幅。他认为"古代哲学的方法论莫如墨家的完密"，指出墨家逻辑学在世界逻辑史上"应该占有一个重要的位置"。可见，胡适期望复兴的"非儒学派"，首先是或主要是墨学。

胡适在写《先秦名学史》这篇论文时，年龄不过24至26岁，出版《中国哲学史大纲》(卷上)时也不过28岁，正值风华正茂的青年时期，是胡适思想中最富创造性和最激进的时期。他的论著着重从科学和逻辑学上阐发了墨学的现代价值和意义，对后人的研究颇有启发。

(三)墨学研究现状一瞥

通过"五四"前后梁启超、胡适等人的研究，墨学在历史上的地位重新被确定下来。近几十年来，墨学所蕴藏的丰富内容，逐渐被人们研究阐发，墨学的现代价值及其在世界学术文化中的意义，也逐渐被更多的人所承认。一些影响较大的思想史、哲学史著作，如侯外庐、赵纪彬、杜国庠的《中国思想通史》，冯友兰的《中国哲学史新编》，任继愈的《中国哲学发展史》等，都把墨学放在较重要的地位来加以论述。

沈有鼎的《墨经逻辑学》对墨家的普通逻辑思想有较

深的研究。

方孝博的《墨经中的数学和物理学》对墨家的自然科学思想有较全面阐述。英人李约瑟的《中国科学技术史》巨著对《墨经》的自然科学思想也给予较多注意。

1991年6月，山东大学和墨子故里滕州市召开墨子学术研讨会并成立墨子学会。张知寒主编《墨子研究论丛》反映了会议研讨成果。由中国科学史学会、中国逻辑史研究会和中国科技大学自然科学史研究室发起成立《墨经》研究会，已组织了三次研讨会议，推动了对《墨经》自然科学思想的研究。这说明，墨学研究已经受到学术界更多的注意。但是从墨学在中国优秀传统文化中的重要地位和现代意义来看，研究似还有不足。

（四）墨学的现代价值和研究展望

墨学的内容是多方面的，其价值也表现在诸多方面。我们设想，以下数点似应引起墨学研究者的关注：发扬墨者的生产和节约意识，而克服其忽视文化娱乐的弊端；发扬墨者崇尚贤才的思想，而扬弃其某些成员盲从的弊端；发扬墨者互爱互助的人道主义精神，而扬弃其不切实际的幻想因素；发扬墨者利他主义的崇高精神，而克服其苦行和禁欲的弊端；发扬墨者酷爱和平、反对霸权的意识，又汲取其积极防御的战略战术和战备思想；发扬后期墨家重视理论、理性、科学技术和逻辑的优良传统，而克服墨子的迷信思想和经验主义的弊端等。就是说，对墨学要采取分析的态度，注意汲取其合理思想和精粹内涵，而抛弃其糟粕和不合时代需要的内容，做到去粗取精、去伪存真、古为今用。

取精必先用宏，温故可以知新。我们相信，详细地占有墨学各方面的丰富资料，总结墨学研究的历史经验和教训，在对墨学进行分门别类的准确细致钻研的基础上，加以综合的高屋建瓴式的概括，墨学的历史真相和现实意义，就一定可以更好地把握。由墨子及其后学所贡献的这一份珍贵文化遗产，也一定可以得到合理的继承和发扬。

参考文献

1. 孙诒让:《墨子间诂》,《诸子集成》第四册,中华书局 1954 年版。

2. 高亨:《墨经校诠》,科学出版社 1958 年版。

3. 岑仲勉:《墨子城守各篇简注》,中华书局 1958 年版。

4. 方授楚:《墨学源流》,中华书局 1937 年版,1989 年重印。

5. 栾调甫:《墨子研究论文集》,人民出版社 1957 年版。

6. 方孝博:《墨经中的数学和物理学》,中国社会科学出版社 1983 年版。

7. 沈有鼎:《墨经的逻辑学》,中国社会科学出版社 1980 年版。

8. 梁启超:《子墨子学说》,见《新民丛报》第三卷,第 1、2、4、5、9、10 期。收入《饮冰室专集》,上海中华书局 1936 年第 1 版，1940 年第 3 版。

9. 梁启超：《墨子学案》，商务印书馆 1921 年版。

10. 梁启超：《墨经校释》，商务印书馆 1922 年版。

11. 胡适：《先秦名学史》，原文为英文，上海亚东图书馆 1922 年出版。中文本由学林出版社于 1983 年出版。

12. 胡适：《中国哲学史大纲》（上卷），商务印书馆 1919 年版，1987 年影印版。

13. 谭戒甫：《墨辩发微》，中华书局 1964 年版。

14. 詹剑峰：《墨家的形式逻辑》，湖北人民出版社 1979 年版。

15. 陈孟麟：《墨辩逻辑学》，齐鲁书社 1983 年版。

16. 张知寒主编：《墨子研究论丛》（一），山东大学出版社 1991 年版。

17. 陆世鸿：《墨子》，中华书局 1947 年版，中国书店 1988 年影印版。

18. 伍非百：《中国古名家言》，中国社会科学出版社 1983 年版。

19. 任继愈：《墨子》，上海人民出版社 1956 年版。

20. 严灵峰：《墨子知见书目》，台湾学生书局 1969 年版。

21. 李渔叔：《墨子今注今译》，台湾商务印书馆 1976

年版。

22. 李渔叔:《墨辩新注》,台湾商务印书馆1968年版。

23. 王冬珍:《墨学新探》,台湾世界书局1980年版。

24. 王寒生:《墨学新论》,台北民主宪政杂志出版社1953年版。

25. 高葆光:《墨学概论》,台北中华文化出版事业委员会1956年版。

26. 李绍崑:《墨子研究》,台湾现代学宛月刊社1968年版。

27. 李绍崑:《墨子:伟大的教育家》,湖南教育出版社1985年版。

28. 李绍崑:《墨学十讲》,台湾水牛出版社1990年版。

29. 陈问梅:《墨学之省察》,台湾学生书局1988年版。

30. 谢湘:《墨子学说研究》,香港上海印书馆1967年版。

31. 詹剑峰:《墨子的哲学和科学》,人民出版社1981年版。

32. 王焕镳:《墨子校释》,浙江文艺出版社1984年版。

33. 张纯一:《墨学分科》,上海定庐1923年版。

34. 陈柱:《墨学十论》,商务印书馆1928年版。

35. 邓高镜:《墨经新释》,商务印书馆1931年版。

36. 张纯一:《墨子集解》,上海世界书局1936年版。

37. 范耕研:《墨辩疏证》,商务印书馆1934年版。

38. 鲁大东:《墨辩新注》,中华书局1936年版。

39. 王心湛:《墨子集解》,上海广益书局1936年版。

40. 杨宽:《墨经哲学》,正中书局1942年版。

41. 吴毓江:《墨子校注》,重庆独立出版社1944年版。

42. 杨荣国:《孔墨的思想》,上海生活书店1947年版。

43. 侯外庐等:《中国思想通史》第一、二、三卷,人民出版社1957年版。

44. 侯外庐:《中国早期启蒙思想史》,人民出版社1956年版。

45. 冯友兰:《中国哲学史新编》第一册,人民出版社1982年第3版;第二册,1984年第2版。

46. 任继愈主编:《中国哲学发展史》(先秦),人民出版社1983年版。

47. 赵纪彬:《困知录》(上、下),中华书局1963年版。

48. 杜国庠:《杜国庠文集》,人民出版社1962年版。

49. 张岱年:《文化与哲学》,教育科学出版社1988

年版。

50. 张岱年:《中国哲学大纲》,中国社会科学出版社1982年版。

51. 汪奠基:《中国逻辑思想史》,上海人民出版社1979年版。

52. 杨宽:《战国史》,上海人民出版社1981年版。

53. 彭漪涟:《中国近代逻辑思想史稿》,上海人民出版社1991年版。

54. 方克力:《中国哲学史论文索引》,中华书局1986年出版第一册,1988年出版第二、三册。

55. 程发轫主编:《六十年来之国学》第四册子学之部,台湾正中书局1974年版。

56. 刘建国:《中国哲学史史料学概要》(上、下),吉林人民出版社1983年版。

57. 张岱年:《中国哲学史史料学》,生活·读书·新知三联书店1982年版。

58. 姜义华等编:《港台及海外学者论传统文化与现代化》,重庆出版社1988年版。

59.《中国大百科全书·军事》,中国大百科全书出版社1989年版,《物理》卷于1987年出版。

60. 杜石然等:《中国科学技术史稿》(上、下),科学出版社1982年版。

61. 李约瑟:《中国古代科学思想史》,江西人民出版社1990年版。

62. 李约瑟:《中国科学技术史》第一卷总论(第一、二册),科学出版社1975年版,第三卷数学1978年版。第二卷科学思想史,科学出版社和上海古籍出版社1990年版。

63. 本田济:《墨子》,见《人类知识的遗产》第6卷,日本讲谈社1978年版。

64. 钱穆:《墨子》,商务印书馆1930年版。

65. 郭沫若:《十批判书》,人民出版社1954年版。

66. 孙中原:《战国初期中国逻辑学的奠基者墨翟》;《中国古代逻辑学的建立——后期墨家的逻辑学说》,见《中国逻辑史》(先秦),中国人民大学出版社1987年版。

67. 孙中原:《先秦逻辑思想的奠基——墨子的逻辑思想》,见《中国逻辑史》(先秦卷),甘肃人民出版社1989年版。

68. 孙中原:《墨翟的谈辩方法》,见《中国逻辑思想史教程》,甘肃人民出版社1988年版。

69. 孙中原:《墨子逻辑思想》;《后期墨家逻辑》,见《中国大百科全书·哲学》,中国大百科全书出版社1987年版。

70. 孙中原:《墨子及其后学》,新华出版社1991

年版。

71. 孙中原:《墨家逻辑的经典——〈墨经〉》,《诡辩和逻辑名篇赏析》,中国人民大学出版社 1992 年版。

72. 孙中原:《中国古代辩论的逻辑艺术》,见《讲演辩论中的逻辑诀窍》,北京师范大学出版社 1990 年版。

73. 孙中原:《墨家杀盗非杀人的命题不是诡辩》,《光明日报》1963 年 11 月 1 日。

74. 孙中原:《墨家的一种反驳方式——"止"》,《光明日报》1964 年 2 月 21 日。

75. 孙中原:《略论墨经中同和异的辩证思维》,《社会科学》1981 年第 4 期。

76. 孙中原:《日本学者对中国古代逻辑的研究》,《国外社会科学》1983 年第 4 期。

77. 孙中原:《日本学者论中国古代逻辑》,见《逻辑语言写作论丛》第一辑,南开大学出版社 1984 年版。

78. 孙中原:《论墨家逻辑范畴的演进》,《求是学刊》1983 年第 3 期。

79. 孙中原:《墨家逻辑中的归纳问题》,《哲学研究》1983 年第 8 期。

80. 孙中原:《略论墨子学派的归纳逻辑思想》,见《归纳逻辑》,中国人民大学出版社 1986 年版。

81. 孙中原:《墨子对矛盾律思想的表述和应用》,《逻辑与语言学习》1984年第1期。

82. 孙中原:《印度逻辑与中国、希腊逻辑的比较研究》,《南亚研究》1984年第4期。

83. 孙中原:《墨经论时间的模态》,《逻辑与语言学习》1985年第6期。

84. 孙中原、孙茂新:《墨经中集合思想之端倪》,《社会科学战线》1986年第1期。

85. 孙中原:《中国古代的语言逻辑》,见《逻辑语言写作论丛》第二辑,南开大学出版社1986年版。

86. 孙中原、许毅力:《墨经中的几个语义学概念》,见《逻辑语言写作论丛》第三辑,北京大学出版社1988年版。

87. 孙中原、栾建平:《墨经的无穷说》,《中国哲学史研究》1987年第1期。

88. 孙中原、许毅力:《论墨经中的名意实诸范畴》,《中国人民大学学报》1987年第5期。

89. 孙中原:《墨经的逻辑成就》,《中国人民大学学报》1990年第3期。

90. 孙中原:《论墨者的合理思想》,见《墨子研究论丛》(一),山东大学出版社1991年版。

91.〔日〕末木刚博:《逻辑学的历史》,孙中原译,见《现代逻辑学问题》,中国人民大学出版社1983年版。

92.〔日〕末木刚博:《东方合理思想》,孙中原译,江西人民出版社1990年版。

93.水渭松:《墨子导读》,巴蜀书社1991年版。

94.李广星:《滕州史话》,中华书局1992年版。

95.周富美:《救世的苦行者——墨子》,台北时报文化出版事业公司1981年版。

96.王祥裕:《墨子的传说》,三环出版社1992年版。

97.蔡仁厚:《墨家哲学》,台湾东大图书公司1983年版。

98.钟友联:《墨家的哲学方法》,台湾东大图书公司1986年版。

99.陈癸淼:《墨辩研究》,台湾学生书局1997年版。

100.陈拱:《墨学研究》,台湾东海大学1964年版。

101.严灵峰编:《墨子集成》,收墨子著作99种,台北成文出版社1977年影印版。

后 记

　　本书系统论述墨家学术思想创立、发展、中绝和重振的过程，创新论述墨家经济学、政治学、伦理学、教育学、哲学、逻辑学、各门自然科学和积极防御军事学的知识。全书以全面性、总结性和深刻性为宗旨，受到学界好评。张岱年评论说："孙中原同志研治墨学，历有年所，对于墨家学说的各个方面都探索较深，对于墨家学说进行了系统的论述，于墨学精蕴颇多阐发，特别是对于前人未注意的墨家军事学说评述尤详，这是值得称赞的。"曾繁仁评论说，本书以对墨学论述的系统性和对墨家逻辑分析的深刻性为人称道，对墨家军事理论的清理付出辛苦。本书修改使用的底本，是拙著《墨学通论》（辽宁教育出版社1993年版，1995年重印），收入《墨子大全》第75册（北京图书馆出版社2004年版）。现经本人重新整理，由商务印书馆接洽出版，在此向商务印书馆编辑同仁致以由衷的谢意。

孙中原

2017年10月18日于北京世纪城寓所